Barbara Rothmüller
Franz Wagner

Bildung - Beruf - Profession

Eine bildungs- und professionssoziologische
Einführung für Studierende

www.tredition.de

© 2017 Barbara Rothmüller Franz Wagner

Verlag: tredition GmbH, Hamburg

ISBN
Paperback: 978-3-7345-9269-0
Hardcover: 978-3-7345-9270-6
e-Book: 978-3-7345-9271-3

Printed in Germany

Inhaltsverzeichnis

Bildungs-, Berufs- und Professionssoziologie als Themenschwerpunkt

In einer Informationsbroschüre der Studierendenvertretung der Universität Linz wurde die Bildungs- und Professionssoziologie in folgender Weise kurz beschrieben und allgemein vorgestellt:

Die (vergleichende) Entwicklung der institutionellen Ausformung von Bildungseinrichtungen, die Frage nach dem Einfluss von Bildung auf die individuellen Lebenschancen und vor allem die Thematisierung sozialer Ungleichheit im Zusammenhang mit Bildungsprozessen stehen im Zentrum bildungssoziologischer Diskussionen und Analysen. Bildungs-expansion, Durchlässigkeit des Bildungssystems, Integrations- und Differenzierungsleistungen, Statuszuweisungsprozesse, Bildungsfolgen, Investitions- und Ressourcenfragen, Genderthemen, internationaler Wettbewerb – viele Themenbereiche und empirische Ergebnisse sind unter den aktuellen wirtschaftlichen und gesellschaftlichen Rahmenbedingungen soziologisch zu reflektieren.

Viele (neue) Berufe in sozialen, pflegerischen und pädagogischen Handlungsfeldern gelten als Professionen, zeichnen sich durch hohe Autonomie aus und begründen dies unter anderem mit formalisierten Zugangs- und Qualifikationsregelungen. Professionssoziologie thematisiert Prozesse der Professionalisierung und Deprofessionalisierung, die Kriterien professionellen Handelns bzw. die Herausbildung / Übernahme eines professionellen Habitus auf dem Hintergrund der (auch bildungs- und qualifikationsbedingten) Phänomene sozialen Wandels in der Arbeitswelt.

Die Perspektive auf den Lebensbereich Arbeitswelt und die Fokussierung auf die dort wahrnehmbaren Phänomene des sozialen Wandels stellen grundlegende verbindende Aspekte zwischen den Bereichen Bildung, Beruf und Professionalisierung dar. Bildung und berufliche Qualifizierung, Bildung und Arbeitsmarkt, Bildung und Chancengleichheit, geschlechtsspezifische Phänomene im Bildungswesen und in der Wirtschaft, Bildung und Demokratisierung bzw. gesellschaftliche Teilhabe, Professionalisierungsprozesse über (neue) Bildungswege und damit gravierende Veränderungen in vielen Berufsfeldern – es gibt eine Reihe von (zusammenhängenden) Fragen, welche aus soziologischer Sicht gegenwarts- und zukunftsrelevant zu thematisieren, zu kommentieren und zu analysieren sind.

Derzeit ist die Forderung nach „praxisrelevanten" Inhalten in der Lehre sehr deutlich zu hören und jegliche theoretische „Arbeit" hat es ungleich schwerer, das eigene Anliegen zu vermitteln. Das aus dem Griechischen kommende Wort *theorein* hat ursprünglich die Bedeutung von Betrachten, Schauen, Zuschauen, Erkennen; im aristotelischen Sinne wird es zur Suche nach Wahrheit und *theoria* dient der Erforschung der Wahrheit. Im universitären Kontext wird diese „Wahrheit" mit wissenschaftlichen Mitteln gesucht, und zwar kontinuierlich. Wissenschaftliche Beschäftigung mit einem Thema bedeutet also nicht nur bestehendes Wissen zu vermitteln, sondern ebenso die Haltung zu leben und zu lehren, dass über die vorläufigen Kenntnisse hinweg immer nach neuen Verständnissen und Sichtweisen gesucht wird. Nach Thomas von Aquin sollen Studierende nicht lernen, etwas zu wiederholen, was andere gedacht haben, sondern vor allem selbst daran interessiert sein und wissen wollen, wie sich die Welt darstellt. Die theoretische Herangehensweise an Themen oder Fragestellungen erfordert eine gewisse Distanz zur unmittelbaren Praxis, denn es geht nicht in erster Linie um unmittelbar umsetzbaren Nutzen, sondern vor allem um Erkenntnis. In diesem Sinne sind die hier vorgestellten Themenbereiche, Fakten, Überlegungen und Fragen als Einladung zu sehen, die gesellschaftliche(n) Wirklichkeit(en) und Wirkungsfaktoren rund um die Bereiche Bildung, Beruf, Professionalisierung usw. soziologisch zu denken, zu sehen und zu benennen.

Ein Themenschwerpunkt der Bildungssoziologie ist die enge Verschränkung zwischen Bildung und Arbeitsmarkt; neben der institutionalisierten Bildung stellt die berufliche Differenzierung ein wichtiges Merkmal gesellschaftlicher Organisation dar. Professionalisierungsprozesse verändern Berufsinhalte und Berufsbilder in einer Weise, in der wichtige Fragen – zum Beispiel jene der sozialen Kontrolle – neu gestellt werden müssen.

In der Schnittmenge von Bildungs-, Berufs- und Professionssoziologie werden verschiedene Theorien verwendet. Sehr verbreitet zur Beschreibung des Verhältnisses zwischen Bildung und Arbeitsmarkt ist zum Beispiel der Arbeitskräftebedarfsansatz, bei dem das technische System vorherrschender Sachzwänge im Vordergrund steht, oder die Humankapitaltheorie, in welcher Bildung als Investition gesehen wird. Es gibt aber auch Sichtweisen, welche mehr als nur Marktbeziehungen berücksichtigen. Professionalisierungstheorien gehen häufig auch auf Herrschaftsbeziehungen oder Individualisierungstrends ein.

Kernthema vieler bildungssoziologischer Diskussionen ist nach wie vor soziale Ungleichheit. Die soziale Herkunft ist ein wesentlicher Einflussfaktor für den (beschränkten) Zugang zur Bildung und auch für die Leistungsbereitschaft. Theoretisch zutreffende, durch empirische Forschung gesicherte Beschreibungen zur Erfassung und Erklärung dieses Phänomens sind eine große Herausforderung für interdisziplinäre Forschungen. Diese Herausforderungen sind nicht nur wissenschaftlicher Natur, sondern stellen sich in der Verantwortlichkeit für gesellschafts- und bildungspolitische Reformmaßnahmen, deren Grundlage sie bilden. Zunächst wird nun ein kurzer Überblick zur Entwicklung, zu Themen und Theoriekonzepten in der Bildungssoziologie gegeben; diese Bereiche werden in den nachfolgenden Kapiteln vertiefend ausgeführt und diskutiert, bevor in die Berufs- und Professionssoziologie eingeführt wird.

1. Bildungssoziologie: Entwicklung, Gegenstand und Themenfelder

Einleitende Skizzen zu wichtigen bildungssoziologischen Fragen und Themenstellungen geben einen kurzen Überblick über die vertiefenden Ausführungen in den nachfolgenden Kapiteln und dienen der strukturierenden Information über den speziellen Gegenstandbereich.

1.1. Zur Aktualität bildungssoziologischer Fragen

Bildung wird im 21. Jahrhundert als „...zentrale individuelle und gesellschaftliche Ressource" gesehen (Quenzel/Hurrelmann 2010: 11). Bildung ist aber auch ein Thema, über das vor allem deshalb so intensiv und widersprüchlich diskutiert wird, weil Bildung zum einen in allen Lebensbereichen eine Rolle spielt, vom Arbeitsmarkt bis zur Gesundheit, von sozialer Ungleichheit bis zur Persönlichkeitsbildung, und weil der Begriff Bildung zum anderen mit sehr vielen Bedeutungen besetzt ist, die in den meisten öffentlichen Diskussionen mehr oder weniger unreflektiert mitschwingen.

Weil Bildung in gesellschaftlichen, wirtschaftlichen, politischen und kulturellen Feldern einen entscheidenden Faktor darstellt, wird sie als der Schlüssel auch zur Lösung vieler Probleme in diesen Bereichen gesehen: von der Qualifizierung für den Arbeitsmarkt, als wichtige Ressource für das persönliche Glück und die gesamte gesellschaftliche Entwicklung und das wirtschaftliche Wachstum, für die demokratische Entwicklung, als Beitrag zur Autonomie, zur individuellen Selbstverwirklichung, zum funktionierenden Gemeinwesen und zum Abbau von Ungleichheiten.

Die Anforderungen und Ansprüche an das Bildungssystem und an die Menschen, die in den Bildungsinstitutionen arbeiten, sind groß und von unterschiedlichen Interessen und Werteorientierungen getragen und beeinflusst. Bildung mit all ihren sozialhistorischen und kulturgeschichtlichen Hintergründen stellt auch ein wesentliches gesellschaftliches Differenzierungs- und Orientierungssystem dar. Wie empirische Untersuchungen belegen, stellt das Bildungssystem selbst eine Art

„Bildungstrichter" dar, der bestehende soziale Ungleichheiten immer wieder reproduziert, obwohl es ja Ziel demokratischer Bildungspolitik war und sein muss, soziale Ungleichheiten zu verringern. So schaffen durchschnittlich 40 Prozent der Kinder von Selbständigen oder Angestellten und Beamten den Universitätszugang, während es vergleichsweise aus der Arbeiterschicht nur etwa 10 Prozent der Kinder schaffen. Auch im Zusammenhang mit Geschlecht und sozialer Ungleichheit bzw. ungleich verteilten Lebenschancen spielt Bildung eine zentrale Rolle: Frauen sind im Bereich des Grundschulwesens überrepräsentiert, auf universitärer Ebene stark unterrepräsentiert; weltweit hat etwa jedes 6. Kind überhaupt keine Chance, Lesen und Schreiben zu lernen, ein Drittel aller nicht eingeschulten Mädchen leben in Afrika und zwei Drittel der fast 900 Millionen Analphabeten sind weiblich. Vermittelt uns das Bildungssystem auch solche Fakten und lernt uns damit umzugehen?

Die Ansprüche an das Bildungssystem sind enorm; eine öffentliche Auseinandersetzung über Ziele, gesellschaftlichen Auftrag und Funktionen, über Identität und Selbstverständnis von Schulen und anderen Bildungsinstitutionen findet kaum statt; zentralistisch orientierte Steuerungsmechanismen und marktwirtschaftlich legitimierte Argumente scheinen auch in der Bildungspolitik im Vordergrund. Es gibt viele Gründe, Bildung generell neu zu denken: von den Ergebnissen der Hirnforschung über das Lernen bis zum Einsatz und den Möglichkeiten neuer Technologien. Bildung im arbeitsmarkt- und wirtschaftspolitischen Kontext allein zu thematisieren, greift zu kurz – so wichtig und bedeutend diese Verbindung auch ist: immer stehen Wirtschaftswachstum und Bildungsinvestitionen in engem Zusammenhang. Spannend sind also auch Fragen wie: inwiefern (weltweite) Krisenphänomene auch als Bildungsprobleme interpretiert werden können, ob sich Bildung / Schulbildung auch um die Schlüsselprobleme unseres Zusammenlebens kümmert, ob die emanzipatorischen Möglichkeiten der Schule genützt werden, ob Bildung / Schulbildung jenen Ort der Reflexion zur Verfügung stellt, der eine Entwicklung von eigenständiger und sozial verantwortungsvoller Orientierungs- und Handlungsfähigkeit begünstigt. Schule / Universität bereitet dann sinnvoll auf das Leben (nicht nur das Arbeitsleben) vor, wenn auch Raum geschaffen wird zur Thematisierung der eigenen gesellschaftlichen (und wirtschaftlichen) Situation, wenn dadurch Erkenntnisse gewonnen werden, um die eigene Lage im Zusammenhang interpretieren zu können und auch sozial verantwortungsvolle Handlungsstrategien in Verbindung mit einer stabilen sozialen Identität entwickelt werden können. Wissensvermittlung wird immer ein Bestandteil des schulischen / universitären Bildungsauftrags sein. Bildungsinstitutionen sollten aber auch zum mitmenschlich verantworteten Umgang mit Wissen befähigen, denn noch immer gilt: Wissen ist Macht.

Bildung, Lernen und Ausbildung und die Voraussetzungen und Bedingungen dafür und die Konsequenzen daraus haben deshalb einen zentralen gesellschaftlichen Stellenwert. Die Schulpflicht ist für uns eine Selbstverständlichkeit, das duale Berufsausbildungssystem hat international Nachahmer gefunden, es gibt eine Vielzahl universitärer und außeruniversitärer Forschungsinstitute, die sich mit Bildungsfragen auseinandersetzen, die Ausbildung für PädagogInnen ist staatlich organisiert – und dennoch gibt es in den letzten Jahren wieder verstärkt Klagen über die mangelnde Leistungsfähigkeit des Bildungswesens. Die Geschichte liefert Hinweise darauf, dass derartige Beschwerden in allen Hochkulturen vorgebracht wurden und auch im deutschsprachigen Raum „...werden seit 100 Jahren regelmäßig Bildungskatastrophen ausgerufen." (Roth 2011: 13)

Ein berühmtes Zitat ist uns allen in Erinnerung: Nicht für die Schule, sondern für das Leben lernen wir (non scholae, sed vitae discimus). Weniger bekannt ist allerdings, dass dieses Zitat, das wohl motivierend sein soll, im Hinblick auf die spätere Lebenstüchtigkeit einige Erschwernisse des Schulalltags besser akzeptieren zu können, eine Sinnumkehr des Originalsatzes von Seneca ist. Seneca hatte seinerzeit sich kritisch zur Schule geäußert: *Non vitae, sed scholae discimus* (nicht für das Leben, sondern für die Schule lernen wir). Ziehen wir doch auf der Grundlage eigener Schul- und Bildungserfahrungen kurz Bilanz: Wofür haben wir gelernt? Für Prüfungen, richtig reproduzierte Antworten, Tests, Scheine, Zertifikate, Zeugnisse, Bestätigungen, Diplome? Neben diesem individuellen Aspekt ist in letzter Zeit die Institution Schule selbst, sind schulische Organisationsformen ins Zentrum der Aufmerksamkeit und der Kritik geraten (Gesamtschule usw.). Breite gesellschaftliche Initiativen (Beispiel Volksbegehren: „Österreich darf nicht sitzenbleiben") versuchen die Öffentlichkeit auf die Zukunftsrelevanz bildungspolitischer Fragen und Entscheidungen hinzuweisen und Bewusstsein dafür zu schaffen, dass Bildung der zentrale Motor gesellschaftlicher, wirtschaftlicher und demokratischer Entwicklung ist.

„Ja, unsere Bildung ist in der Krise, und dennoch ist Bildung unsere einzige Chance, den Weg aus der globalen Krise zu finden und zu gehen." (Spitzer 2010: X) Spiegeln solche Erwartungen aktuell zwar wieder einen hohen Stellenwert von Bildungs- und Erziehungsfragen, so muss doch festgehalten werden, dass dieser sehr wechselhaft und widersprüchlich sich entwickelt: in wirtschaftlich schwierigeren Zeiten wird zwar der Ruf nach dem Zentralschlüssel Bildung zur Lösung aller Probleme lauter, gleichzeitig werden aber Sparmaßnahmen auch im Bildungsbereich umgesetzt.

Die unterschiedlichen Bedeutungen des Begriffs Bildung und die starke Einbettung von Bildung und damit verbundenen Themen, Anliegen und Fragen in kulturelle, wirtschaftliche, politische (staatsideologische), technologische und allgemein gesellschaftliche Kontexte lässt (fast) alle Diskussionen von vornherein kontrovers ablaufen – sind doch davon Grundverständnisse von Staat und Gesellschaft berührt, Grundverständnisse des Verhältnisses Individuum und Gesellschaft, von den möglichen Formen des menschlichen Zusammenlebens generell angesprochen. Damit erhalten aber viele bildungspolitische und bildungsideologische Fragen auch bildungssoziologische Relevanz: Soziologische (zeit- und gesellschaftsdiagnostische) Befunde und Sichtweisen dienen der beschreibenden und ideologiekritischen Analyse jenseits unreflektierter normativer und möglicher stark interessengeleiteter Ansprüche an das Bildungswesen (vgl. Prisching 2008: 10)

1.2. Geschichte und Entwicklung: wichtige Stationen

In den letzten 20 Jahren hat die Bedeutung der Bildungssoziologie und der bildungssoziologischen Forschung wieder enorm zugenommen. In den Jahrzehnten davor fristete sie hingegen ein „recht tristes Mauerblümchendasein in der Soziologie" (Becker 2011: 5).

Die aktuelle Bedeutung hat ihre Grundlage einerseits in der steigenden Wertigkeit der individuellen Kumulation von Bildungskapital, um im stärker werdenden Wettbewerb der Existenzicherung bestehen zu können und andererseits in der hohen Bewertung von Bildung im weltweiten Wettbewerb, denn übereinstimmend wird argumentiert, dass Bildung und Bildungsinvestitionen entscheidende Faktoren für die internationale ökonomische Positionierung sind und in Zukunft sein werden. Bildungspolitische Diskussionen konzentrieren sich auf Ergebnisse diverser Prüfungs- und Evaluierungsverfahren und untersuchen die Funktionalitäten bzw. kritisieren das Leistungspotenzial des Bildungssystems. Bildungssoziologische Befunde lieferten auch eine Bilanz zu den in den letzten Jahrzehnten umgesetzten Bildungsreformen; auch diese Ergebnisse sind widersprüchlich. Die zunehmende Bedeutung der Bildungsforschung ergibt sich zum einen aus diesen Widersprüchlichkeiten in den Ergebnissen, zum anderen folgt sie den institutionellen Prozessen der Bildungsexpansion. Parallelen zwischen bildungspolitischen Diskussionen in der Öffentlichkeit und bildungssoziologischen Hochkonjunkturen ergeben sich auch aus der inhaltlichen Nähe zu gesellschaftspolitischen Themen (zum Beispiel: Chancengleichheit, Chancengerechtigkeit), denn ExpertInnen aus der Bildungsforschung werden in der Politikberatung vermehrt beigezogen, um Reformmaßnahmen begleitend umzusetzen und zu evaluieren.

Lester F. Ward, einer der Begründer der amerikanischen Soziologie und erster Präsident der ASA (American Sociological Association) und Emile Durkheim, der im europäischen Raum als bildungssoziologischer Pionier gesehen werden kann, haben von Anfang an die Bedeutung von Erziehung und Bildung für die gesamtgesellschaftliche Entwicklung betont (vgl. Kahlert 2010: 70). Durkheims Lehrstuhl für Sozialwissenschaften an der Universität Bordeaux war zugleich ein pädagogischer

Lehrstuhl und der Erziehungsprozess wurde von Durkheim weniger als individuelles Anliegen denn als soziale Tatsache dargestellt. Beide erforschten Integrationsmechanismen, durch welche Individuen zu Mitgliedern der Gesellschaft werden. Institutionen des Erziehungs- und Bildungswesens wurden als bestimmende Agenten des gesellschaftlichen Wandels und der sozialen Integration der Jugend charakterisiert. Durkheim stellte auch die Forderung auf, die Soziologie zur wissenschaftlichen Grundlage der Ausbildung von PädagogInnen zu machen.

Bildungssoziologische Fragen beinhalten im Kern das Spannungsverhältnis von Individuum und Gesellschaft und wurden in den ersten Jahrzehnten des 20. Jahrhunderts immer wieder neu thematisiert (etwa Theodor Geiger oder Karl Mannheim an der London School of Economics; beide gehören zu den Wegbereitern der Erziehungs- und Bildungssoziologie).

„Der eminent gesellschaftliche Charakter der Erziehung steht über allem Zweifel. Gesellschaft ist ohne Erziehung nicht denkbar, wie andererseits Erziehung nur in der sozialen Sphäre möglich ist. Weshalb denn auch das Erziehungsdenken immer dem Gesellschaftsdenken entspricht" (Geiger 1930: 405).

Geigers Anliegen war, den pädagogischen Gegenstand mit soziologischen Methoden zu bearbeiten. In der Pädagogischen Soziologie wurden die Spannungen zwischen Freiheit und Selbstbestimmung auf individueller Ebene und den zwingenden und bestimmenden gesellschaftlichen Strukturen thematisiert. Im Nationalsozialismus wurde diese Diskussion (unfreiwillig) unterbrochen, denn sowohl für die Pädagogik wie auch für die Soziologie war auf der Grundlage der gesellschaftlichen Bedingtheit des menschlichen Handelns die Bedrohung durch kollektiven Druck ein bedeutendes Thema (vgl. Sommerkorn 1993: 32).

Viele bildungssoziologische Impulse stammten in der Zwischenkriegszeit nicht aus der klassischen Soziologie, sondern aus Nachbardisziplinen, etwa der Pädagogik. (vgl. Sommerkorn 1993: 31). Die Gedanken

Durkheims wurden zu seiner Zeit auch wenig diskutiert; in den 60er und 70er Jahren des vorigen Jahrhunderts im Zusammenhang mit wichtigen Debatten zu Bildungsreformmaßnahmen aber wieder neu entdeckt.

Einige Forschungsarbeiten der deutschen Nachkriegszeit konzentrierten sich auf den universitären Bereich, zum Beispiel die Analysen des Frankfurter Instituts für Sozialforschung zu Bildungsvorstellungen, Arbeitsmotivation und Lebensbedingungen von Studierenden oder die Studie von Helmut Plessner, in welcher er die Lage der deutschen Hochschullehrer untersuchte.

Der Soziologe Helmut Schelsky begutachtete 1957 die Voraussetzungen und Auswirkungen einer deutschen Schulreform und formulierte darin, die Schule sei die „primäre, entscheidende und nahezu einzige soziale Dirigierungsstelle für Rang, Stellung und Lebenschancen des einzelnen" (Schelsky 1957: 17f). Die Kölner Zeitschrift für Soziologie und Sozialpsychologie erschien 1959 mit einem Sonderband zur ‚Soziologie der Schule' (die Beiträge bezogen sich vor allem auf englische und amerikanische Quellen) und im selben Jahr wurde der Fachausschuss für Soziologie der Bildung und Erziehung der Deutschen Gesellschaft für Soziologie gegründet.

Mit der Rezeption einer ‚Sociology of Education' aus dem angelsächsischen Raum sowie mit den Forderungen nach Reformmaßnahmen im Zuge der Kritik der Leistungen des Bildungswesens wurden die Grenzen zwischen Pädagogik und Soziologie unklarer:

„Im Zuge der immer intensiver werdenden Zusammenarbeit zwischen den beiden Disziplinen kann man mitunter nur mühsam zwischen einer als Sozialwissenschaft sich verstehenden Erziehungswissenschaft und einer das Erziehungssystem als einen zunehmend wichtigen Teilbereich industrieller Gesellschaften analysierenden Soziologie unterscheiden. Beide Disziplinen verstehen sich mehr und mehr als integrale Bestandteile einer breit angelegten Sozialisations- und Bildungsforschung" (Hurrelmann 1974: 17).

Bedeutenden Einfluss auf die deutsche Erziehungssoziologie hatte auch Talcott Parsons, der in einem gleichnamigen Aufsatz 1959 „The School Class as a Social System" beschrieb und darin das gesellschaftliche Umfeld der Schule analysierte. Schule, so diagnostizierte Parsons, steht in engem funktionalen Zusammenhang mit anderen sozialen Institutionen: Familie, Berufs- und Arbeitswelt, Jugendgruppen. Die Schule hat damit nicht nur klassische Erziehungs- und Sozialisationsfunktionen, sondern auch Qualifikations- und Selektionsaufgaben zu erfüllen und wird damit wichtig für die Zuteilung von (Aus-) Bildungs- und Lebenschancen. Mit diesem engen Zusammenhang von Schule und Gesellschaft werden die Funktionen des Bildungs- und Erziehungssystems in die Nähe der Fragen sozialer Schichtung gebracht. In diesem Zusammenhang (Ungleichheit, Schicht, Mobilität usw.) lässt sich die Bildungssoziologie auch als Teil der Allgemeinen Soziologie begreifen (vgl. Sommerkorn 1993: 35).

Mitte der 1960er Jahre des vorigen Jahrhunderts gab es in Deutschland öffentliche Diskussionen über Rückstände in der vor allem technologischen Entwicklung im Vergleich zum Osten („Sputnikschock"). In der Folge kam es auch zur medialen Auseinandersetzung über bildungspolitische Reformmaßnahmen. Der Altphilologe Georg Picht beklagte in der Zeitschrift „Christ und Welt" lautstark in einer Serie „Die deutsche Bildungskatastrophe" (Picht 1964) und der Soziologe Ralf Dahrendorf veröffentlichte in der Wochenschrift „Die Zeit" Beiträge mit der Überschrift „Bildung ist Bürgerrecht – Plädoyer für eine aktive Bildungspolitik". Die anklagende Meinung Pichts gründete sich vor allem auf eine ökonomisch vergleichende Sichtweise, während Dahrendorf auf der Grundlage verfassungsmäßig gesicherter Grundrechte (Bildung, Chancengleichheit) die in der Realität feststellbare Ungleichheit der Bildungschancen argumentierte. Dieser Punkt und die Frage, inwiefern das Bildungssystem selbst zur Reproduktion sozialer Ungleichheit beiträgt, wurden damit in die weitere bildungssoziologische Diskussion und Forschung als bestimmendes Thema eingeführt.

Zwischen 1970 und 1980 rückten die Themen rund um Bildung und soziale Ungleichheit wieder in den Hintergrund, als Grund dafür werden die offensichtlich vergeblichen Reformbemühungen um die Chancengleichheit angeführt. Die bildungssoziologischen Diskussionen beinhalteten allerdings vor allem die herkunftsbedingte Ungleichheit – weitere Ungleichheitsdimensionen wie Geschlecht, Religion, Migrationshintergrund wurden fachspezifisch noch nicht ausführlich diskutiert (vgl. Krais 1996). Parallel mit den Initiativen in der Frauen- und Gleichstellungspolitik wurden ausgehend von der Frauenforschung Aspekte der Geschlechterungleichheit in den Bildungschancen thematisiert und das Bürgerrecht auf Bildung wurde auf dem Hintergrund der Möglichkeiten verstärkter beruflicher und allgemein sozialer Teilhabe von Frauen öffentlich behandelt. Gleichstellungserfolge zwischen den Geschlechtern werden „...eng mit der bildungspolitisch und rechtlich aktiv unterstützten Herstellung von Chancengleichheit zwischen Jungen und Mädchen bzw. Frauen und Männern in den Bildungs- und Erziehungseinrichtungen verbunden" (Kahlert 2010: 72). Aktuell ist allerdings festzuhalten, dass die bisherigen Erfolge im Bildungsbereich sich noch nicht adäquat in der Arbeitswelt widerspiegeln; Mädchen haben zwar hinsichtlich der Bildungsbeteiligung und der Bildungsabschlüsse zu den Burschen aufgeschlossen, die Chancengleichheit zwischen den Geschlechtern am Arbeitsmarkt (z.B. Bewerbungssituation, Entlohnung) bleibt aber weiterhin ein wesentliches gesellschaftspolitisches Anliegen.

Die ‚zweite Bildungskatastrophe' im deutschsprachigen Raum wurde nach Veröffentlichung der Daten der PISA-Studie 2002 (Programme for International Student Assessment) diagnostiziert. Im internationalen Vergleich hatten Jugendliche in Deutschland und in Österreich in den gemessenen Kompetenzvergleichen Lesen, Mathematik, Naturwissenschaften relativ schlecht abgeschnitten; Diskussionen über unterschiedliche Ergebnisse einzelner Bundesländer wurden mehr politisch-ideologisch als fachlich-wissenschaftlich ausgetragen. Bildungssoziologische und öffentliche Beachtung fanden die Ergebnisse der internationalen Leistungsvergleiche aber insofern, als sie im „...Zusammenhang von familiären Lebensverhältnissen im Berufs- und Bildungsstatus sowie dem Migrationshintergrund der Eltern" gesehen und erklärt werden konnten (Kahlert 2010: 73). Die Einflussfaktoren soziale Herkunft, das bestehende Beziehungsgefüge zwischen den Jugendlichen, die bisherigen Bildungsprozesse der Familienmitglieder spielen eine wesentliche Rolle für das schulische Leistungsverhalten und damit für die unterschiedlichen Möglichkeiten des Eintritts in ein erfolgreiches Berufsleben.

National und international gab es als Folge der intensiven Diskussionen um die Ergebnisse und die daraus ableitbaren bildungspolitischen Reformschritte viele Förder- und Rahmenprogramme im Bereich interdisziplinärer Bildungsforschung; die bildungssoziologischen Schwerpunkte konzentrieren sich dabei hauptsächlich auf den Themenbereich Bildungsungleichheiten.

1.3. Gegenstand, Themen und Forschungsbereiche

Zum Gegenstandsbereich der Bildungssoziologie gehören im Prinzip alle (soziologisch zu untersuchenden) Prozesse und Phänomene im Bildungsgeschehen, er umfasst das gesamte Bildungssystem; die Kindergärten, die Gesamtheit allgemeiner und berufsbildender Schulen, den wissenschaftlichen Hochschulbereich genauso wie die Erwachsenenbildung.

Bekannt wurde Horkheimers Satz in seiner Rede zum Thema ‚Begriff der Bildung' an der Universität Frankfurt: „Erwarten Sie nicht, dass ich ihn definiere" (Horkheimer zit. in Sommerkorn 1993: 34). Die Schwierigkeiten und Probleme der begrifflich-inhaltlichen Abgrenzung (vgl. Kap. 3) wirken sich nicht unmittelbar auf die Kernthemen der Bildungssoziologie aus, denn hier wird vor allem ein ‚allgemein' soziologischer Blick auf das Bildungssystem und auf alle darin beteiligten AkteurInnen gerichtet. Das soziale Handeln dieser AkteurInnen mit all seinen Folgen setzt aber wiederum voraus, dass zu diesem Agieren ein gewisses Maß an ‚Bildung' notwendig ist (nicht nur formale Wissensbestände und Qualifikationen, sondern auch Orientierungen über gesellschaftliche Vorgänge und Fähigkeiten, diese entsprechend zu verarbeiten). In diesem weiten Verständnis können von der Bildungssoziologie auch viele theoretische und methodische Impulse für allgemeine soziologische Fragestellungen ausgehen.

Ein stark „identitätsstiftendes Moment" in der jüngeren Entwicklung der Bildungssoziologie war die wissenschaftliche Auseinandersetzung mit dem Themenschwerpunkt ‚Chancengleichheit' und die Diskussion jener sozialen Barrieren, welche der politisch geforderten Gleichheit der Bildungschancen – und damit der Lebenschancen – entgegenstanden (Sommerkorn 1993: 39).

Vor 40 Jahren diente zur Gestaltung einiger Reformen das aus den USA übernommene Konzept der ‚kompensatorischen Erziehung', bei der die schulische Formalerziehung familiäre Defizite auszugleichen gefordert war. In der weiteren Entwicklung nahmen immer mehr ökonomische Leistungs- und Wettbewerbsaspekte den zentralen Stellenwert ein.

Aktuell beschäftigt sich die Bildungssoziologie mit den Bildungssystemen, den Fragen zur Bildungsungleichheit und den Bildungsfolgen. Motor hinter all diesen Bereichen ist die bedeutende Frage der Ungleichheit, die Beschäftigung mit dem Bildungssystem wie auch die Auseinandersetzung mit den Folgen von Bildungsmaßnahmen und Bildungsreformen scheint von dieser wesentlichen Frage getrieben.

Die entscheidenden Fragestellungen lauten also:

> Wie hat sich die institutionelle Gestaltung von Bildungseinrichtungen entwickelt?

> Wie wirken sich verschiedene Ungleichheitsdimensionen auf den Bildungserfolg aus?

> Wie wirken sich durch Bildung bewirkte Statuszuweisungen auf die beruflichen Karrieren oder Lebenschancen aus?

Zahlreiche Konsequenzen sind mit ‚Bildung' in Verbindung zu sehen: Erwerbschancen, Einkommen, berufliche Position, Wissen, Kulturkompetenzen, politisches Interesse und Partizipationsfähigkeiten usw. Nachgewiesenermaßen steigt die Erwerbsbeteiligung und sinkt das

Arbeitslosigkeitsrisiko mit dem Bildungsniveau; Wirtschaftswachstum und Produktivität korrelieren mit den Bildungsausgaben.

Soziologische Diskussionen im Kontext von Bildung und Erziehung thematisieren u.a.:

- den Stellenwert von Sozialisation und Erziehung auf dem Hintergrund jeweiliger ökonomischer, politischer und allgemein gesellschaftlicher Entwicklungen
- die gesellschaftlichen Aufgaben, welche die Schule als soziales (Teil-) System für viele andere gesellschaftliche (Teil-)Systeme in enger Verflechtung übernimmt
- soziale Ungleichheiten von Bildungschancen und ,stabile' Bildungsungleichheiten
- Bildungsinstitutionen im gesellschaftlichen Wandel sowie Auslese- und Statuszuweisungsprozesse, welche im und durch das Bildungssystem geschehen (Selektion und Allokation)
- Bildungsexpansion, Faktoren individueller Bildungsentscheidungen (Verweigerung)
- individuelle Bildungsaktivitäten und ihre soziale Kontextuierung
- die institutionalisierten Prozesse des Lehrens, des Lernens, des Prüfens und des Zertifizierens und die damit verbundene Funktionalisierung (Zugänge, Abgrenzungen)
- das Verhältnis von Bildung und Berufschancen (hier sind Verbindungen zu den berufs- und professionssoziologischen Themen und Fragestellungen), Weiterbildung
- Interaktionsbedingungen und (beabsichtigte sowie unbeabsichtigte) Sozialisationswirkungen in der Schule; die Schule selbst als Institution
- den Ausbildungs- und alltäglichen Handlungskontext von PädagogInnen (auch hier in der Verbindung mit Professionalisierungsprozessen im pädagogischen Handlungsfeld)
- vertiefend die Frage der Chancengleichheit von Frauen / Mädchen im Bildungssystem (geschlechtsspezifische Rollenbilder in Schulbüchern, Probleme der Koedukation, Technikdistanz und *gender-gap* in den Naturwissenschaften, Diskrepanz von Bildungs- und Berufsabschlüssen, usw.).

Aus diesen (nicht vollständigen) Themenbereichen lässt sich unschwer erkennen, dass es viele Berührungspunkte mit zentralen Fragen der Allgemeinen Soziologie gibt, ebenso viele Verbindungen zu Nachbardisziplinen bestehen (Wirtschaftswissenschaften, Psychologie, Pädagogik, Politikwissenschaften usw.) – die Bildungsforschung kann nur interdisziplinär ausgerichtet brauchbare Ergebnisse liefern; sie ist ähnlich wie die Mobilitätsforschung, die Ungleichheitsforschung oder die Lebenslaufanalyse ein sehr weit umfassender Forschungsbereich in der Soziologie. Eine all diese Aspekte zusammenfassende Beschreibung könnte lauten: Bildungssoziologie analysiert die „ökonomischen, kulturellen, politischen und sozialstrukturellen Rahmenbedingungen von Bildungsprozessen ... sowie ihre individuellen und gesellschaftlichen Folgen" (vgl. Becker 2011: 10).

Untersucht, analysiert und erklärt werden also
- gesellschaftliche Rahmenbedingungen von Bildungsprozessen
- die Rahmenbedingungen von Institutionen im Bildungswesen
- die Integrationskraft des Bildungssystems
- wechselseitige Beziehungen von Bildungssystemen und sozialen Strukturen
- die Einflüsse des Bildungssystems auf andere soziale Einheiten
  (vgl. Mangold 1978).

Obwohl in den letzten Jahren immer wieder in öffentlichen Diskussionen zu Ergebnissen der Bildungsforschung der Fokus auf den Beitrag der Bildung für die wirtschaftliche Wettbewerbs-fähigkeit gelegt wurde, so ist doch in modernen Gesellschaften Bildung auch ein wesentlicher Faktor für die Prozesse der Demokratisierung und Emanzipation (vgl. Allmendinger/Aisenbrey 2002: 42). Dies ist mit ein Grund dafür, dass die soziologische Forschung sich neben allen ökonomischen Verwertungsaspekten von Bildung vor allem auch mit den Zugangsbeschränkungen zur politischen und demokratischen Teilhabe durch Bildungsprozesse beschäftigt.

Im Zusammenhang mit der Chancengleichheit werden die Konsequenzen der so genannten Bildungsexpansion diskutiert; der Anteil der HauptschülerInnen hat sich innerhalb von 40 Jahren halbiert, der Anteil der GymnasiastInnen hat sich im selben Zeitraum verdoppelt. Die empirischen Daten belegen aber zugleich, dass das Ausmaß an Bildungsungleichheit gestiegen ist, besonders bei Frauen (Leschinsky/ Mayer 1999: 31).

Wurde lange Zeit die Diskussion vorwiegend zu den Einflussgrößen individuelle Leistung und Schule geführt, spielt in den Ergebnissen der letzten 40 Jahre das Elternhaus bzw. der familiäre Hintergrund eine entscheidende Rolle für die Bildungschancen der Kinder.

„Der Erfolg im Schulsystem (ist) in einer so massiven Weise von Bedingungen der familiären Herkunft abhängig, dass dem Schulsystem als solchem nur eine geringe chancenegalisierende Funktion zukommt. Im Gegenteil, das Schulsystem wirkt vielmehr in der Weise, dass über Ausbildung Herkunftsprivilegien auf die nachfolgende Generation übertragen werden" (Müller/Mayer 1976: 54).

In diesem Zusammenhang wird auch vom ‚Bildungstrichter' gesprochen: die Chancen für Kinder von BeamtInnen, ein Universitätsstudium zu beginnen, sind etwa sieben Mal höher als die Chance von Kindern von ArbeiterInnen. Diese empirischen Tatsachen sind soziologisch weiter zu klären und zu erklären. Die soziologische Bildungsforschung verweist auf der Grundlage bisheriger Forschungsergebnisse über Zusammenhänge von sozialer Herkunft, Intelligenz und Bildung darauf, dass derartige schichtspezifische Zugangsunterschiede zu Bildung nicht durch intelligenzmäßige Unterschiede zwischen den Schichten erklärt werden können.

Das Bildungsthema Ungleichheit hat noch weitere Schwerpunkte: die Ungleichheiten im Bildungszugang nach Geschlecht, die regionalen Unterschiede zwischen städtischen und ländlichen Gebieten und die Wirkungen von Nationalitäten bzw. Migrationshintergründen.

Bildungssoziologie entwickelt(e) sich in engem Zusammenhang mit der Bildungsforschung. Die Bildungsforschung selbst wiederum hängt stark mit bildungspolitischen Problemfeldern zusammen, wenn sie öffentlich diskutiert werden und auch medial entsprechend transportiert werden. Die Bildungsforschung wurde so zu einer „…direkt an politisch-organisatorischen Maßnahmen beteiligten Wissenschaft" (Plake zit. in Sommerkorn 1993: 36). Diese enge Verbindung bzw. die Verwendung bildungswissenschaftlicher Erkenntnisse als Grundlage bildungspolitischer Entscheidungen wurde bereits 1967 sehr klar von Goldschmidt, einem bedeutenden Vertreter der Entwicklung einer eigenständigen deutschen Bildungssoziologie aufgezeigt:

„Die Bildungsforschung ist eine junge, von der gesellschaftlichen und erzieherischen Praxis angeregte und prinzipiell ihr zugewandte Wissenschaft. Bildungspolitik und Bildungsplanung sind auf der Suche nach verlässlichen Ausgangsdaten in wachsendem Maße auf sie angewiesen. ... Der politische Bezug ist aus der Bildungsforschung überhaupt nicht wegzudenken. (Goldschmidt 1967: 456)

Der Blick in die Entwicklungsgeschichte und auf die aktuellen Forschungsergebnisse und die intensiv wie kontrovers geführten Diskussionen zu aktuellen Bildungsfragen und Reformvorschlägen belegen sehr deutlich den Praxisbezug und die gesellschaftliche Relevanz der Bildungssoziologie; bildungssoziologische Daten und Erkenntnisse bilden Fundamente für bildungspolitische Planungen und Entscheidungen, diese selbst sind aber keineswegs Auftrag der Bildungssoziologie.

1.4. Theoretische Zugänge und Konzepte

Neben den empirischen Untersuchungen liegt ein bildungssoziologischer Schwerpunkt auf der Theorie- und Modellbildung. Die beschriebenen Phänomene (Ungleichheiten nach sozialer Herkunft, individuelles Bildungsverhalten usw.) verlangen nach einer theoretischen Erklärung. Die derzeit bekanntesten und einflussreichsten Denk- und Erklärungsansätze sollen hier skizziert werden; sie werden später etwas ausführlicher beschrieben.

Zwei wesentliche theoretische Perspektiven waren über einen längeren Zeitraum vorherrschend, um den Stellenwert von Bildung und Erziehung zu beschreiben bzw. zu erklären:

- die funktionalistische und
- die konflikttheoretische Perspektive.

Das funktionalistische Modell sieht am Arbeitsmarkt die Bereiche Bildung und Erwerbsarbeit in einem klaren korrespondierenden Verhältnis. Die unterschiedlichen Positionen in der Gesellschaft gründen in Begabungen und Fertigkeiten, wobei dem Bildungssystem die Aufgabe zukommt, die notwendigen und benötigten Fertigkeiten zu vermitteln. Jene, welche sich diesen Bildungsprozessen länger unterwerfen und damit auch Entbehrungen auf sich nehmen, werden dafür im späteren Leben mit höherem Einkommen, Status und Sozialprestige belohnt bzw. entschädigt (meritokratischer Ansatz). Die Familiensituation ist dabei wenig mitgedacht; Begabung wird mit Schule und Erwerbstätigkeit gekoppelt.

Die Konflikttheorie legt den Schwerpunkt auf die Frage der Reproduktion der Klassenstrukturen und durch welche Mechanismen dies bewerkstelligt wird. Dabei kommt den Schulen in der Weitergabe des gesellschaftlichen Status enorme Bedeutung zu, denn durch den Ausbau des Schulsystems und dem offeneren Bildungszugang kann dies allein nicht mehr ausreichend durch Vererbung geschehen; das Bildungssystem stellt entsprechende Selektionsmechanismen und schichtspezifische Bildungsanstrengungen zur Verfügung. Schulen werden aus dieser Perspektive von den Eliten vereinnahmt und das Bildungswesen legitimiert gleichsam eine von ihm selbst mitreproduzierte gesellschaftliche Ungleichheit. Die Arbeiten von Pierre Bourdieu argumentieren die These, dass in der Moderne das Bildungssystem jene klassengenerierende Leistung übernommen hat, welche in der Zeit der Vormoderne über die ständischen Ordnungen gesichert war (vgl. Bourdieu et al. 1981).

In der zeitgenössischen Bildungssoziologie sind ein Theorienpluralismus sowie ein starker Einfluss der französischen Soziologie, zurückgehend bis auf die grundlegenden Ansätze Durkheims, feststellbar. Dabei steht die Verbindung von individuellem Handeln, institutionellen Bezügen und gesellschaftlichen Strukturen im Mittelpunkt (vgl. Kahlert 2010: 74). Zwei Denkansätze zählen bei der Analyse des Beitrags des Bildungswesens zur Produktion bzw. Reproduktion sozialer Ungleichheit zu den Hauptrichtungen: der konflikttheoretische Ansatz von Pierre Bourdieu und der Ansatz von Raymond Boudon, der den Rational-Choice-Theorien zugeordnet wird. In einigen Aspekten sind diese Ansätze vergleichbar, in anderen argumentieren sie wiederum gegenläufig (siehe auch Kapitel 5).

Zwei bestimmende Faktoren in den Ansätzen von Bourdieu sind ‚Habitus' und ‚Feld', welche durch das (ökonomische, kulturelle und soziale) Kapital verbunden sind. Bildungsentscheidungen gelten hier primär nicht als Ausdruck rationaler Entscheidungskriterien, sondern sie werden (unbewusst) auf der Basis des vorhandenen Klassenhabitus mit unterschiedlichen Haltungen, Einstellungen und Bewertungen zur Bildung getroffen. Der intergenerative Transport von sozialem Status wird durch Qualifikationsmaßnahmen möglich. Dieser Prozess ist aber insofern paradox, als er zwar durch Bildungsabschlüsse die Voraussetzungen für berufliche Positionierungen schafft, zugleich aber durch die vermehrten Abschlüsse und Zertifikate auf diese wieder entwertend zurückwirkt. Junge Menschen kommen mit sehr unterschiedlichen sozialen Voraussetzungen in das Bildungssystem und dort werden aber alle auf der Basis standardisierter Curricula und gängiger pädagogischer Konzepte gleich behandelt; Bourdieu nennt dies „Illusion der Chancengleichheit" und kritisiert, dass damit soziale Ungleichheiten zu individuellen Leistungsmerkmalen werden (vgl. Bourdieu/Passeron 1971). Schule wird damit zur Vermittlungsagentur herrschender (ungleicher) Kulturmuster und im Bildungswesen werden damit auch die Fundamente für symbolische Herrschaft gelegt (vgl. Kahlert 2010: 76).

Boudon konzentriert sich in seinen Analysen auf die Verbindungen von Bildung und sozialer Mobilität und erklärt den paradoxen Effekt der Bildungsexpansion ebenso damit, dass die Zunahme der Bildungsabschlüsse mögliche Vorteile auf der individuellen Ebene aufhebt. In den theoretischen Ansätzen von Boudon wird unterschieden zwischen

- primären und
- sekundären Herkunftseffekten.

Erstere beschreiben die Auswirkungen ungleicher Herkunftsbedingungen auf die Schulleistungen (kognitiv, sprachlich, sozial); soziale Herkunft und schulische Erfolgswahrscheinlichkeiten stehen von Anfang an in engem Zusammenhang und die Bildungskosten benachteiligen zudem ökonomisch gut situierte Familien weniger. Sekundäre Herkunftseffekte beschreiben die unterschiedlichen Bildungsentscheidungen in Übergangssituationen bei vergleichbaren Leistungen. Diese Effekte könnten auch als Ausgangsverteilung (Beginn von schulischen Bildungsprozessen) und Übergangsaufteilung (Entscheidung für und Auswahl von höheren Bildungswegen) charakterisiert werden.

In neueren theoretischen Arbeiten wird der Versuch einer Synthese bisheriger Entwürfe unternommen, der auch die erreichten Verbesserungen des Zugangs zur Bildung und die verstärkte Bildungsbeteiligung berücksichtigt (vgl. Vester 2006)

In vielen bildungsökonomischen und bildungssoziologischen Studien wird der Ansatz der Humankapitaltheorie vertreten. Dieser individualistisch-handlungstheoretische Ansatz bestimmt den Wert der Arbeitskraft bzw. der ArbeitnehmerInnen auf dem Markt über die individuelle Produktivität. Hier wird Bildung als aktives, auf der Grundlage einer individuell getroffenen Entscheidung basierendes Handeln verstanden und erklärt, warum Menschen in unterschiedlicher Weise in verschiedenste Bildungsformen investieren. Bildungsentscheidungen sind in der Humankapitaltheorie das Resultat aus einer Gegen-überstellung von Kosten und Nutzen; Bildungskosten wirken sich direkt und als Opportunitätskosten, die Erträge möglicherweise das ganze Leben über aus. Bildungsungleichheit wird damit erklärt, dass die Kosten bei geringen Einkommen größere Bedeutung haben und damit der erreichbare Nutzen (Grenznutzen) früher in den Hintergrund tritt.

Weitere Versuche, verschiedene Phänomene und Wirkungen innerhalb des Bildungssystems bzw. in seiner Wechselwirkung zur Gesellschaft zu erklären sind

- bürokratietheoretische und
- modernisierungstheoretische Ansätze.

Es wird davon ausgegangen, dass die zunehmende bürokratische Entwicklung bestimmte zu besetzende Berufspositionen erhöht bzw. dass in einer immer komplexer und moderner werdenden Gesellschaft und

Arbeitswelt Bildung ein funktionales Erfordernis zur Bewältigung der Herausforderungen dieser Entwicklungen darstellt. Auch die *Konsumthese* wird fallweise vorgebracht; Bildung stellt demnach ein einfaches Verbrauchsgut zur Befriedigung individueller Bedürfnisse dar; die Inanspruchnahme (Nachfrage) steigt mit dem Realeinkommen. Die *Signalhypothese* (Signal- und Filtertheorie) betont, dass Bildungserfolge nicht die individuelle Produktivität abbilden und diese auch schwer über den Arbeitsplatz zu messen ist. Der (erfolgreiche) Übergang in die Berufswelt hängt diesem Ansatz nach viel mehr von den erworbenen Zertifikaten und deren ‚Signalwirkung' für die Bildungsausstattung und die zu erwartende Produktivität ab. Die Selektion von Arbeitskräften erfolgt somit über die ‚signalisierten' Kompetenzen und Qualifikationen und der daraus folgenden und erwarteten Produktivität.

Als Einführungsliteratur wird das kurze Lehrbuch von Martina Löw (2006) empfohlen, das einen guten Überblick über verschiedene BildungstheoretikerInnen und Bildungsinstitutionen bietet, aktuelle Debatten skizziert und die Zusammenhänge zwischen Bildung und sozialer Ungleichheit darstellt. Zu jedem Kapitel gibt es ergänzende Grundlagenliteratur und weiterführende Literatur.

Zum Weiterlesen ist das Handbuch Bildungs- und Erziehungssoziologie *von Ullrich Bauer, Uwe Bittlingmayer und Albert Scherr (2012) sehr gut geeignet, es beinhaltet vertiefende Kapitel zu vielen Theorien und wichtigen Gegenstandsbereichen der Bildungssoziologie.*

2. Bildung: der soziologische Blick

Viele Phänomene, welche die Bildungssoziologie bearbeitet, sind auch – wie einleitend schon erwähnt – Thema in anderen (Teil-) Disziplinen, etwa in den Erziehungswissenschaften oder der Bildungspsychologie. In einem ersten Schritt ist es wichtig zu wissen, was die soziologische Perspektive von anderen Disziplinen unterscheidet. Der Bildungssoziologe Thomas Brüsemeister (2008: 13) nennt als eine wesentliche Abgrenzung, dass bei der Soziologie „Kollektivphänomene" im Mittelpunkt stehen würden, während Erziehungswissenschaften und Psychologie an individuellen Phänomenen interessiert wären. Historisch betrachtet war die Pädagogik stärker am Individuum, die Soziologie mehr an der Gesellschaft orientiert (Löw 2006: 27). Entsprechend ordnet Brüsemeister der Soziologie eher die Makroebene, den anderen beiden Wissenschaften die Mikroebene zu.

Obwohl diese Abgrenzung bis zu einem gewissen Grad plausibel ist, kann in einem zweiten Schritt gefragt werden, ob sie über die historische Ausdifferenzierung der Disziplinen (siehe unten), die jeweils ‚ihren' Erkenntnisgegenstand besetzen und gegen Vereinnahmungen anderer Disziplinen verteidigen, hinaus sinnvoll ist. So gibt es WissenschaftlerInnen, die die *Trennung* von Mikro- und Makroebene, von Gesellschaft und Individuum, Struktur und Handlung, Objektivität und Subjektivität, und ähnliche Dualismen grundsätzlich problematisch finden (vgl. bspw. Institut für Sozialforschung 1956: 47; Adorno 1993: 69; Bourdieu 2010). Darüber hinaus lässt sich vor allem in der konkreten Forschungsarbeit recht schnell feststellen, dass viele Fragestellungen und wissenschaftliche ‚Rätsel' nicht beantwortet werden können, wenn man den Erkenntnisgegenstand ‚zerschneidet' und sich darauf zurückzieht, dass einen Soziologen oder eine Soziologin die anderen ‚Stücke' nichts angehen. Insofern ist es wichtig, immer wieder auch über den disziplinären Tellerrand zu schielen und bspw. die Erklärungen der Soziologie für Bildungsungleichheiten mit Erklärungen von Psychologie, Erziehungs-, Wirtschafts-, Politikwissenschaften oder anderen Disziplinen (sofern sie sich mit Bildungsaspekten beschäftigen) zu konfrontieren.

Allgemein formuliert sind soziologische Themen wie soziale Ungleichheit oder sozialer Wandel komplex und würden prinzipiell ein Überschreiten der primär historisch begründeten Disziplingrenzen erfordern. Trotzdem ist es am Anfang wichtig, die Perspektive der eigenen Disziplin gut zu kennen, auch deswegen, weil eine Analyse aus allen Perspektiven ohnehin nicht möglich ist, und selbst die Analyse aus mehr als einer Perspektive schon sehr viel Vorwissen und Zeit erfordert. Aus diesem Grund konzentriert sich diese Einführung auf soziologische Perspektiven, gibt aber Hinweise auf relevante Ansätze anderer Disziplinen, vor allem der Erziehungs- und Wirtschaftswissenschaften, die von BildungssoziologInnen aufgegriffen werden.

Nicht immer haben sich SoziologInnen für Bildung gleichermaßen interessiert und es gab unterschiedliche inhaltliche Themenschwerpunkte in Anhängigkeit von jeweils gesellschaftlich aktuellen oder bildungspolitisch relevanten Fragestellungen (vgl. Überblick im ersten Kapitel). Eine bildungswissenschaftliche Hochphase ebbte um 1970 herum ab, bis 1990 war Bildung im deutschsprachigen Raum wissenschaftlich von geringem Interesse (Kopp 2009: 12). Erst danach wurde das Thema vermehrt wieder aufgegriffen; es etablierte sich eine breite bildungssoziologische Forschungs-landschaft und viele empirische Arbeiten zu unterschiedlichen Bildungsaspekten entstanden. Bildung ist also, so Manfred Prisching (2008), ein Thema, das manchmal über Jahre ignoriert, und dann wieder entdeckt und öffentlich heftig diskutiert wird. Meistens stehen dabei konkrete bildungspolitische Probleme und ihre Lösungen im Zentrum der Debatten. Verschiedene Gruppen versuchen dann ihre Interessen durchzusetzen, Bildungseinrichtungen zu ändern oder auch zu bewahren, Verantwortung abzugeben, oder Schuldige für die Bildungsmisere zu finden (z.B. LehrerInnen, MigrantInnen, ‚das System'). Sozialstrukturelle Aspekte von Bildung würden in solchen Debatten oft individualisiert oder psychologisiert (ebd.: 7f.). Ergänzend müsse jedoch immer wieder überlegt werden, was Bildung grundsätzlich bedeutet und welches Ziel durch Bildung erreicht werden soll. Die verschiedenen Bildungsbegriffe werden in Kapitel 3 näher vorgestellt.

Auch die Erziehungswissenschaften beschäftigen sich prinzipiell mit dem Begriff der Bildung, aber anders als viele SoziologInnen. ErziehungswissenschaftlerInnen lesen bspw. oft dieselben BildungstheoretikerInnen wie SoziologInnen, interessieren sich aber nicht so stark wie SoziologInnen für den Zusammenhang mit der Gesellschaftsstruktur zu einem bestimmten Zeitpunkt. In dieser Hinsicht lässt sich eine empirisch orientierte Bildungssoziologie von einer eher geisteswissenschaftlich orientierten Pädagogik in den deutschsprachigen Ländern abgrenzen (Kopp 2009: 13f.).

Vielleicht *das* Hauptthema, das BildungssoziologInnen bearbeiten, ist die Rolle, die Bildung bei der *Reproduktion sozialer Ungleichheiten* spielt (ebd.: 16; Krais 2003). SoziologInnen fragen nach Gründen von Bildungsungleichheiten, und zwar von sozialen, nicht von individuellen Bildungsungleichheiten. Bspw. untersuchen SoziologInnen u.a., welche sozialen Prozesse dazu beitragen, dass Kinder von Eltern mit niedrigen Bildungsabschlüssen oft selbst nur niedrige Bildungsabschlüsse erreichen, während Kinder von AkademikerInnen häufig ebenfalls AkademikerInnen werden. Demgegenüber arbeiten PsychologInnen zum Beispiel daran, welche Merkmale einer Person (etwa Intelligenz oder Persönlichkeit) man messen muss, um ihren Studienerfolg am besten prognostizieren zu können. PädagogInnen fragen wiederum eher nach didaktischen Umsetzungen eines guten Unterrichts, oder welche Arten der Förderung etwas beitragen könnten, um bestimmte pädagogische Ziele am besten verwirklichen zu können. Beides interessiert SoziologInnen nur am Rande. Sie würden eher danach fragen, welche sozialen Faktoren Bildungsprozesse prägen, und dabei u.a. auch auf die Art und Weise schauen, wie Schulen und Hochschulen funktionieren, welchen Einfluss breitere gesellschaftliche Machtungleichheiten auf die Machtkonstellationen ‚im Kleinen' ausüben, wie Bildungssystem und Arbeitsmarkt zusammenspielen, usw. Nach Antonia Kupfer (2011: 13) kennzeichnet Bildungssoziologie deshalb vor allem die Fokussierung auf gesellschaftliche Macht- und Herrschaftsverhältnisse, welche den Erziehungswissenschaften eher fehlen würde. Diese interessiert sich stärker für eine individuelle Emanzipation aus Machtverhältnissen durch Bildung als für diese Verhältnisse selbst.

Die Hoffnung auf eine ungleichheitsmindernde Wirkung von Bildung benennt Kupfer ebenfalls als zentrales Merkmal der Bildungssoziologie: Bildung würde als Allheilmittel, als „Erlösung" betrachtet (Kupfer 2011: 17), weshalb die Bildungssoziologie als Ziel eine Analyse dessen verfolge, „wie Bildungssysteme, Bildungsinstitutionen und Bildungsprozesse zu einer demokratischeren und egalitäreren Gesellschaft beitragen können" (ebd.).

Eine sozialwissenschaftliche Beschäftigung mit den Fragen, was Bildung heißt und wozu sie gut ist, bindet die verschiedenen Antworten an soziale Interessen derer, die darauf eine Antwort geben, also z.B. „Interessen der Wirtschaft und der Frauen, der LehrerInnen und der WissenschaftlerInnen, der BildungspolitikerInnen und der TherapeutInnen" (Prisching 2008: 12). Durch eine solche grundlegende Analyse kann verhindert werden, dass BildungssoziologInnen vorschnell *eine Perspektive* auf Bildung verallgemeinern.

Dies könnte passieren, wenn das Bild, das sich etwa die Wirtschaft von Bildung macht, als allgemein gültiges Bildungsverständnis von SoziologInnen einfach übernommen wird, ohne zu sehen, dass aus ökonomischer Perspektive Bildung auf den Aspekt der Investition und des Gewinns verkürzt wird. Auch wenn diese ökonomische Sicht mittlerweile von sehr vielen Menschen vertreten wird, so müssen SoziologInnen doch berücksichtigen, dass dies erstens nicht immer so war, und zweitens auch heute andere soziale AkteurInnen ganz andere Erwartungen an Bildung knüpfen. SoziologInnen interessiert deshalb auch, wie es dazu gekommen ist, dass sich ein bestimmtes Bildungsverständnis durchgesetzt hat, und welche Folgen das für verschiedene gesellschaftliche Bereiche hat.

Damit verzerrte Vorstellungen von Bildung nicht unabsichtlich in die Arbeit von SoziologInnen einfließen, ohne dass dies überhaupt bemerkt wird, ist es wichtig, sich kritisch mit verschiedenen Konzeptionen, Auffassungen und Entwürfen von Bildung zu beschäftigen. Manfred Prisching (2008) unterscheidet bspw. neun „Bildungsideologien", die „ihre jeweils eigene Perspektive als allein gültige in der Vordergrund stellen, sodass als Ergebnis der schmalspurigen Übertreibungen einzelner Aspekte oft nur *Karikaturen* übrig bleiben" (ebd.: 9f.). Die verschiedenen Perspektiven auf Bildung im Hinterkopf zu behalten ist für SoziologInnen auch wichtig, wenn sie angewandte Bildungsforschung machen. Insbesondere bei Auftragsforschung werden sie oft aufgefordert, Bildungsprozesse nur unter einer bestimmten Hinsicht – nämlich der des Auftraggebers oder der Auftraggeberin – zu untersuchen. Unter Umständen kann dies aber in Konflikt geraten mit (sozial-) wissenschaftlichen Ansprüchen und Interessen, und zwar sowohl mit dem Anspruch auf wissenschaftliche Autonomie und Objektivität, als auch dem einer gesellschafts- und herrschaftskritischen Analyse (vgl. bspw. zu Adornos Kritik (1993: 39f.) an Ralf Dahrendorf, s. Kap.4).

Eine kurze Einführung in Bildungs- und Erziehungssoziologie bietet das Buch (mit einem Schwerpunkt auf Bildung und soziale Ungleichheit sowie auf Gesellschaft und Individuum) einer deutschen Soziologin, die aus einer praxeologischen Theorietradition kommt:

Krais, Beate (2003): Perspektiven und Fragestellungen der Soziologie der Bildung und Erziehung. In: Barbara Orth, Thomas Schwietring und Johannes Weiss (Hg.): Soziologische Forschung. Stand und Perspektiven: ein Handbuch. Opladen: Leske + Budrich, S. 81–93.

Weitere Einführungsliteratur zu diesem Kapitel:
Becker, Rolf (Hg.) (2009): Lehrbuch der Bildungssoziologie. Wiesbaden: VS.
Brüsemeister, Thomas (2008): Bildungssoziologie. Einführung in Perspektiven und Probleme. Wiesbaden: VS Verlag für Sozialwissenschaften.
Kupfer, Antonia (2011): Bildungssoziologie. Theorien - Institutionen - Debatten. Wiesbaden: VS Verlag für Sozialwissenschaften.
Löw, Martina (2006): Einführung in die Soziologie der Bildung und Erziehung. 2., durchgesehene Auflage. Opladen: Barbara Budrich (Einführungstexte Erziehungswissenschaft, 8).
Quenzel, Gudrun; Hurrelmann, Klaus (Hg.) (2010): Bildungsverlierer. Neue Ungleichheiten. Wiesbaden: VS.

3. Bildung: Begriffliche Näherungen

Bevor im weiteren Verlauf auf die einführend genannten Themen eingegangen wird, soll einleitend näher beschrieben und diskutiert werden, was unter *Bildung* überhaupt verstanden wurde bzw. werden kann.

Die – auch sprachliche – Abgrenzung von Fragen der Erziehung von Fragen der Bildung, wie sie oben beschrieben wurde, ist im deutschsprachigen Raum eher von Bedeutung als im englischsprachigen, wo der Begriff *education* sowohl Bildung als auch Erziehung meint (Kopp 2009: 15). In englischen Texten wird deshalb immer wieder *Bildung* als Fachbegriff auf Deutsch, d.h. unübersetzt, verwendet. Dies weist darauf hin, dass der deutsche Begriff etwas Spezifisches bezeichnet, das sich nicht so einfach in andere Sprachen übersetzen lässt.

Insbesondere seit der Aufklärung etablierte sich ein historisches Ideal von Bildung als Selbstentwicklung des Menschen, demgegenüber etwa die aktuelle Entwicklung hin zu einer Ökonomisierung von Bildung kritisiert wird. Die Berücksichtigung der historischen ‚Aufladung' des Bildungsbegriffes ist wichtig, um kritische Wortmeldungen von BildungstheoretikerInnen verstehen zu können. So schreibt etwa der Philosoph Konrad Paul Liessmann:

„Vieles von dem, was unter dem Titel Wissensgesellschaft propagiert und proklamiert wird, erweist sich bei genauerem Hinsehen als eine rhetorische Geste, die weniger einer Idee von Bildung als handfesten politischen und ökonomischen Interessen geschuldet ist. Weder ist die Wissensgesellschaft ein Novum noch löst sie die Industriegesellschaft ab. Eher noch lässt sich diagnostizieren, dass die zahlreichen Reformen des Bildungswesens auf eine Industrialisierung und Ökonomisierung des Wissens abzielen, womit die Vorstellungen klassischer Bildungstheorien geradezu in ihr Gegenteil verkehrt werden."
(Liessmann 2006: 7f.)

Was kennzeichnet nun aber die hier erwähnten „Vorstellungen klassischer Bildungstheorien"?

Häufig wird direkt oder indirekt mit dem klassischen Bildungsbegriff auf Wilhelm von Humboldt Bezug genommen, der Bildung als Bildung zur Freiheit des Menschen und zu einer aktiven BürgerInnenschaft auffasste. Humboldt (1967: 69) wandte sich gegen den staatlichen Einfluss auf Bildungsprozesse. Er argumentierte, der Staat wäre vor allem an Ruhe und Sicherheit interessiert, und befürchtete eine Einschränkung der Freiheit und gesellschaftlichen Stillstand, wenn der Einfluss des Staates auf Bildung zu groß wäre. Darüber hinaus würden Staaten öffentliche Bildung für ihre spezifischen Zwecke instrumentalisieren, nämlich die Ausbildung einer bestimmten Art von BürgerInnen anstatt einer Bildung des Menschen. Manche dieser Ziele, wie etwa Gesetzestreue, ließen sich, so Humboldt, jedoch durch staatliche Bildungsinstitutionen ohnehin kaum erreichen, weil diese nur einen kurzen Abschnitt der menschlichen Erziehung beeinflussen könnten. Humboldt setzte dagegen auf eine Bildung „freier Menschen", die Wirtschaft, Kunst und Wissenschaft weiterentwickeln, und für sozialen Zusammenhalt sorgen würden (ebd.: 73). Humboldt wendete sich aber nicht nur gegen staatliche Einflüsse, sondern auch gegen den Einfluss der Kirche oder der Wirtschaft, d.h. er lehnte es ab, dass Menschen „allein *für* die Interessen der Kirche, *für* den Staat oder *für* ein Handwerk ausgebildet wurden" (Krautz 2007: 12). Dahinter steht ein Menschenbild, das den Menschen als Vernunftwesen sieht, ihm/ihr Autonomie zugesteht und von dem deutschen Philosophen Immanuel Kant folgendermaßen beschrieben wurde: „Der Mensch aber ist keine Sache, mithin nicht etwas, das *bloß* als Mittel gebraucht werden kann, sondern muss bei allen seinen Handlungen jederzeit als Zweck an sich selbst betrachtet werden." (Kant 1999: 55) Bei aller Kritik an Kant und der Aufklärung hat sich bis heute auch die Kritik an einem instrumentellen Denken erhalten (vgl. Horkheimer/Adorno 1969), welches Menschen nur als Mittel, als Instrumente sieht, die genutzt werden, um Gewinne oder partikulare Interessen verwirklichen zu können.

Hier deutet sich bereits eine Distanz zu einem Bildungsverständnis an, bei dem Bildung auf bestimmte Interessen verengt und nicht um ihrer selbst willen verfolgt wird. Humboldt trat vor allem für eine breite Allgemeinbildung ein. Berufsbildung könne zwar auf Allgemeinbildung aufbauen, Grundlagenbildung jedoch nicht ersetzen. Ein wichtiger Aspekt der Allgemeinbildung ist die Persönlichkeitsentwicklung, d.h. eine innere Entwicklung und Verwirklichung der allgemein menschlichen Potenziale, u.a. selbständige Urteilsfähigkeit, Freiheit und Autonomie. Diese würden einem tiefen Bedürfnis des Menschen entspringen, sich die Welt denkend und handelnd anzueignen, weil Menschen die Auseinandersetzung mit der Welt brauchen, um sich selbst zu entwickeln (Kupfer 2011: 15).

Der wichtige Bildungsaspekt einer kritischen Urteilsfähigkeit geht auf die Aufklärung zurück. Kant beschrieb Aufklärung als den „Ausgang aus seiner selbstverschuldeten Unmündigkeit", wobei er unter Unmündigkeit „das Unvermögen" verstand, „sich seines Verstandes ohne Leitung eines anderen zu bedienen" (Kant 1913 [1784]): 169).

„Sapere aude! Habe Mut, dich deines eigenen Verstandes zu bedienen! ist also der Wahlspruch der Aufklärung.

(...) Es ist so bequem, unmündig zu sein. Habe ich ein Buch, das für mich Verstand hat, einen Seelsorger, der für mich Gewissen hat, einen Arzt, der für mich die Diät beurteilt usw., so brauche ich mich ja nicht selbst zu bemühen. Ich habe nicht nötig zu denken, wenn ich nur bezahlen kann; andere werden das verdrießliche Geschäft schon für mich übernehmen." (ebd.)

Wie in dem Zitat aus dem berühmten Aufsatz „Was ist Aufklärung?" deutlich wird, ist mit Bildung z.B. nicht das Auswendiglernen und korrekte Wiedergeben von Wissen gemeint. In einem Buch, selbst in einem Lehrbuch oder auch diesem Text hier, könnte auch Falsches stehen. – Die Geschichte der Wissenschaft zeigt, dass Wissen, das zu einem bestimmten Zeitpunkt für die Wahrheit gehalten wurde, später revidiert wurde. Manchmal entwickelt sich im Laufe der Zeit auch eine Kritik daran, dass früher ,die falschen Fragen' gestellt wurden, d.h. es wird die Perspektive auf ein Phänomen geändert. Um in der Hoffnung auf Fortschritt einen Beitrag zur Weiterentwicklung des Wissens leisten zu können, reicht es offensichtlich nicht aus, sich an Bücher oder soziale Autoritäten (,ExpertInnen') zu halten, sondern man müsse selber denken. Die Förderung kritischen und selbständigen Denkens ist daher ein Kern des klassischen Bildungsideals der Aufklärung, bei dem „gerade die *Unvollkommenheit* dessen betont wird, was lehrbar ist – dass es erweitert und verbessert werden muss." (Müller-Schöll 2008: 128f.) Statt eines Kanons und feststehender Standards geht es hier also um eine Suche nach Wahrheit und Neuem. Eben dieses Verständnis von Bildung wird u.a. durch die aktuell stattfindenden Prozesse der Standardisierung jedoch zurückgedrängt (vgl. Kapitel 4 und 6).

Bildung hat neben den kritischen Aspekten auch mit Emanzipation und der Aneignung von Kultur zu tun. Das klassische Bildungsideal dient auch heute noch als Bezugspunkt: „Bildung selbst ist nicht ein Gut, das man besitzt, sondern ein Entwicklungsprozess, in dem der Einzelne seine humane Existenz zur Entfaltung bringt." (Stojanov 2011: 17)

3.1. Bildung, Erziehung und Sozialisation: Widersprüchlichkeiten und Überschneidungen

Mit einem solchen Bildungsverständnis verbindet sich auch eine Kritik an allzu erzieherischen Vorstellungen von Bildung. *Erziehung* ist nach Martina Löw (2006: 22) ein relativ enger Begriff, der vor allem die absichtliche Einführung von Individuen in soziale Werte und Normen bezeichnet. Erziehung ist damit deutlich stärker als Bildung normativ, d.h. möchte eine gewisse Anpassung von Individuen an soziale Normen erreichen. Die Gestaltung des Verhältnisses zu Autoritäten bspw. ist in Erziehungsprozessen sehr wichtig. Die Bereitschaft zur Anerkennung von Autoritäten wird zwar bereits in der Kindheit geprägt, je nach Übereinstimmung mit den schulischen Autoritätsverhältnissen wird diese Bereitschaft dann jedoch gefestigt oder aber gebrochen. Ähnlich verhält es sich mit Dispositionen zu konkurrierendem oder kooperativem Denken und Handeln. Unterordnung, Konkurrenz, Kooperation können als drei Beispiele für die soziale Prägung von Individuen in Bildungsprozessen gesehen werden, die immer auch Erziehungsprozesse sind und Bedeutung für den gesellschaftlichen Zusammenhalt erlangen. Die beiläufige Vermittlung und Einübung dieser

Verhaltensweisen in der Schule wurde deshalb auch als „heimlicher Lehrplan" bezeichnet (vgl. Niederbacher/Zimmerman 2011: 106f.)

Ein emanzipatorisches Bildungsideal würde pädagogisch bedeuten, Menschen zur Selbständigkeit und Selbstbestimmung zu erziehen, und zur eigenständigen Prüfung sowie Änderung von Zielen und Zwecken, die an sie herangetragen werden. Dies wurde vor allem vor dem Hintergrund des Nationalsozialismus eine wichtige Forderung an Bildung, die so gestaltet werden müsse, dass „Auschwitz nicht noch einmal sei" (Adorno 1977, zit. nach Löw 2006: 38). Dafür wäre es u.a. notwendig, Individuen in der Erziehung mit Fähigkeiten auszustatten, die es ihnen ermöglichen, zu autonomen Entscheidungen zu kommen. Denn die blinde Unterwerfung unter Autoritäten wäre zwar nicht die einzige, aber eine auf der Seite der individuellen Persönlichkeitsstrukturen wichtige Voraussetzung für den Faschismus gewesen. Erziehung müsse deshalb „konsequent antiautoritär" (Adorno 1997b: 364) sein, und versuchen, das Gegenteil von dem zu fördern, was nach Adorno einen autoritären Charakter auszeichnet, nämlich:

„...ein Denken nach den Dimensionen Macht-Ohnmacht, Starrheit und Reaktionsunfähigkeit, Konventionalismus, Konformismus, mangelnde Selbstbesinnung, schließlich überhaupt mangelnde Fähigkeit zur Erfahrung. Autoritätsgebundene Charaktere identifizieren sich mit realer Macht schlechthin, vor jedem besonderen Inhalt. Im Grunde verfügen sie nur über ein schwaches Ich und bedürfen darum als Ersatz der Identifikation mit großen Kollektiven und der Deckung durch diese." (Adorno 1997a: 561f.)

Die gesellschaftliche Formung der Individuen wurde bereits in der Antike als „Notwendigkeit für das Gemeinwesen" (Löw 2006: 20) gesehen, womit auch sozialisatorische Aspekte von Bildung angesprochen sind. *Sozialisation* umfasst neben Erziehung auch die beiläufig, d.h. nicht absichtlich erfolgende Vermittlung und Aneignung gesellschaftlicher Normen und Werte. Sozialisation fokussiert darüber hinaus stärker das Verhältnis von Individuum und Gesellschaft, die sogenannte *Vergesellschaftung* der Individuen, d.h. den Prozess, durch den soziale Denk- und Handlungsmuster in der Auseinandersetzung mit der sozialen Welt verinnerlicht und dabei modifiziert werden. Diese Muster können dabei gesellschaftliche oder auch schichtspezifische sein, und werden von den Individuen aktiv angeeignet (vgl. ebd.: 23; Hillmann 2007: 818f.). Ein solches Verständnis von Erziehungs- und Bildungsprozessen, in denen sich Individuum und Gesellschaft wechselseitig formen und verändern, wendet sich dann auch gegen starre Vorstellungen eines überzeitlichen und allgemeingültigen Wesens des Menschen schlechthin. Die menschliche Entwicklung, so etwa Karl Mannheim, verlaufe vielmehr abhängig von der Struktur sozialer Institutionen (Löw 2006: 32). Nur weil das, was Menschen werden, von den sozialen Verhältnissen abhängt, die selbst von den Individuen gemacht werden, könne eine Soziologie der Erziehung auch einen Beitrag zur bewussten Gestaltung dieser Strukturen, und damit auch eines Humanismus oder aber Totalitarismus einer Gesellschaft leisten (ebd.).

Insofern im Bildungsbegriff auch sozialisatorische Elemente enthalten sind, wird Bildung zwar als eine (Selbst-)Entwicklung des Menschen beschrieben, die sich individuelle Entfaltung als Ziel setzt. Gleichzeitig wird mit Bildung aber auch die Integration in die Gesellschaft bzw. die Nation verfolgt, und daher die Entwicklung von Individuen in eine bestimmte Richtung kanalisiert. Darin kann ein Widerspruch entdeckt werden, den Kupfer als einen Widerspruch zwischen einer zielgerichteten Erziehung und einer zieloffenen Bildung zuspitzt (Kupfer 2011: 12). Denn die Bildung von Individuen zur autonomen Beurteilung von Zwecken ist mit der pädagogischen Forderung, sich vorgegebenen kollektiven Normen und Zwecken zu unterwerfen, nicht so ohne weiteres vereinbar.

Daneben steckt das humanistische Bildungsideal noch in weiteren Widersprüchen. Für Kant sollte die Freiheit zur öffentlichen Meinungsäußerung in erster Linie für Gelehrte gelten – im Rahmen anderer Berufe könne selbständiges Denken unter Umständen auch nicht erstrebenswert sein, insofern zur Sicherung des Gemeinwohls durchaus auch Gehorsam notwendig sein könne:

„So würde es sehr verderblich sein, wenn ein Offizier, dem von seinen Oberen etwas anbefohlen wird, im Dienste über die Zweckmäßigkeit oder Nützlichkeit dieses Befehls laut vernünfteln wollte; er muß gehorchen. Es kann ihm aber billigermaßen nicht verwehrt werden, als Gelehrter über die Fehler im Kriegesdienste Anmerkungen zu machen und diese seinem Publikum zur Beurteilung vorzulegen." (Kant 1913 [1784]: 171)

Hier wird bereits sichtbar, dass kritisches Denken und Handlungsdruck in einem Spannungsverhältnis stehen. Autonomie wird nur bestimmten sozialen AkteurInnen zugestanden, womit das aufklärerische Ideal und seine tatsächliche Umsetzung auseinanderklaffen. Das klassische bürgerliche Bildungsideal der Aufklärung wurde u.a. von Adorno und Bourdieu soziologisch insofern kritisiert, als Kant die Privilegien einer bürgerlichen Schicht als allgemein menschliche verallgemeinere.

Dabei gerate aus dem Blickfeld, dass die Entwicklung des Menschen soziale Voraussetzungen habe. Adorno beschreibt eine dieser Voraussetzungen von Bildung als "Muße" (Koller 2009: 183), d.h. Zeit und Interesselosigkeit. Im Zuge der Universitätskrise 1968 wendete sich Adorno deshalb auch dagegen, Studierende unter (finanziellen) Druck zu setzen, damit diese schneller studieren (Müller-Schöll 2008: 135). Zu ,Vernünfteln' wäre unter alltäglichen Bedingungen nicht nur wie Kant meint aus Gehorsamsgründen ,verderblich', sondern es wäre im alltäglichen ,Kampf' auch gar nicht möglich, weil die Zeit und Ruhe dafür fehlen würde; auch nach einem Tag schwerer körperlicher Arbeit ist die Muße am Abend gering. Um sich reflexiv auf die Welt zu beziehen, braucht es daneben auch soziale Sicherheit. Diese „ökonomischen und sozialen Bedingungen der Möglichkeit" von Bildung, Wissenschaft, aber auch Ästhetik, so Pierre Bourdieu (1993: 350), würden viele WissenschaftlerInnen gerne vergessen. Aus diesem Grund kritisiert er die Verallgemeinerung einer ,scholastischen' Haltung, die er als charakteristisch für WissenschaftlerInnen sieht: Diese würden aufgrund sozialer Sicherheiten von Handlungsdruck entlastet sein, eine Distanz zu den Notwendigkeiten des alltäglichen Lebens haben, und könnten sich ohne unmittelbare Interessen dem Forschungsgegenstand widmen. Diese distanzierte Haltung würde jedoch zu einer verzerrten Erkenntnis des Gegenstandes führen, wenn SozialwissenschaftlerInnen übersehen, dass nicht alle Menschen diese sozialen Sicherheiten hätten. Ob diese ‚scholastische' Haltung aktuell bei WissenschaftlerInnen überhaupt noch zu finden ist, kann angesichts der prekären Arbeitsverhältnisse diskutiert werden. In folgendem Zitat von Ribolits kommt jedenfalls eine ähnliche Kritik wie die beschriebene von Bourdieu zum Ausdruck:

„Die Fähigkeit des Menschen, die Bedingungen des Daseins im Fokus seiner vitalen Bedürfnisse zu reflektieren, stellt eine anthropologische Grundtatsache dar. Die unter bestimmten historisch-gesellschaftlichen Bedingungen gegebenen Artikulationen der Macht können diese Möglichkeit zur Reflexion allerdings ... hintertreiben." (Ribolits 2009: 8)

Bildung hat damit keinen für alle Zeit bestimmbaren Kern. Die Entwicklung von Menschen verläuft unterschiedlich je nach sozialem Kontext und den sozioökonomischen Bedingungen, welche Reflexionsfähigkeiten mehr oder weniger fördern oder hemmen können. Die Vorstellung, dass Reflexion eine allgemeinmenschliche Tatsache wäre, verallgemeinert damit die Lebensrealität bestimmter Bevölkerungsteile. Soziologisch gewendet lässt sich festhalten, dass weder zu der Zeit, in der das humanistische Bildungsideal entstand, noch heute, alle Menschen über die Ressourcen verfügen, die ihnen eine reflexive Distanzierung von den „Bedingungen des Daseins" oder gar eine Reflexion um der Reflexion willen im Alltag möglich macht. Trotz der Betonung, dass Bildung ein allgemein-menschlicher Prozess, ja ein universelles Bedürfnis wäre, war lange Zeit unwidersprochen, dass bestimmte Bevölkerungsgruppen wie Frauen oder unterprivilegierte soziale Schichten von Bildung ausgeschlossen wurden. Darin lässt sich schließlich ein Widerspruch zwischen Bildungsidee und -realität sehen:

„An dieser Stelle könnte man also festhalten, dass es zwar auf der einen Seite einen emanzipatorischen und egalitären Bildungsbegriff gab, aber dass dieser mit einer diskriminierenden und differenzierenden Praxis einherging, die mit diesem Bildungsbegriff im Widerspruch stand." (Kupfer 2011: 16)

Literaturempfehlung zum Einstieg:
Überblick über soziologische Grundbegriffe Bildung, Erziehung und Sozialisation im Lehrbuch: Löw, Martina (2006): Einführung in die Soziologie der Bildung und Erziehung. 2., durchgesehene Auflage. Opladen: Barbara Budrich (Einführungstexte Erziehungswissenschaft, 8).
Einführend zu pädag. Grundbegriffen Sozialisation, Erziehung und Bildung auch in: Kron, Friedrich W. (2009): Grundwissen Pädagogik. München: Ernst Reinhardt.
Ein bildungssoziologischer Klassiker der Kritischen Theorie: Adorno, Theodor W. (1969): Erziehung zur Mündigkeit. Frankfurt am Main: Suhrkamp. Adorno, Theodor W. (1972): Theorie der Halbbildung. In: ders.: Gesammelte Schriften, Bd. 8. Soziologische Schriften I. Hg. v. Rolf Tiedemann. Unter Mitarbeit von Gretel Adorno, Susan Buck-Morss und Klaus Schultz. Frankfurt am Main: Suhrkamp, S. 93-121.
Kurze Einführung zum heimlichen Lehrplan: Niederbacher, Arne; Zimmermann, Peter (2011): Schulische Sozialisation über den ‚heimlichen Lehrplan'. In: dies.: Grundwissen Sozialisation. Einführung zur Sozialisation im Kindes- und Jugendalter. 4., überarbeitete und aktualisierte Aufl. Wiesbaden: VS, S. 106-110.
Zinnecker, Jürgen (Hg.) (1975): Der heimliche Lehrplan. Weinheim/Basel: Beltz.

3.2. Berufsbildung: von Qualifikation zu Kompetenz

Häufig wird begrifflich unterschieden zwischen Allgemeinbildung und Berufsbildung. Diese Unterscheidung lässt sich zurückführen auf die Trennung von geistiger und körperlicher Arbeit, von ‚Kopf- und Handarbeit', Denken und Handeln, Planen und Umsetzen, bzw. letztendlich von Theorie und Praxis. Dieses Schema von Gegensätzen hatte bzw. hat weitreichende soziale Auswirkungen und ist durch die Bewertung der Pole nicht unproblematisch:

„Das Bildungssystem privilegiert (mit dem Vorrang der theoretischen Fächer, dem literarischen Kult der Form, der Vorliebe für mathematischen Formalismus und der totalen Abwertung der technischen Ausbildung) systematisch den einen der beiden Pole und damit jene, die das Privileg hatten, einer Familie zu entstammen, die vom pragmatischen Zwang ökonomischer Notwendigkeiten verhältnismäßig frei war." (Bourdieu / Passeron 1971: 217)

Die auf eine kritische Verstandestätigkeit gerichteten Emanzipations-
hoffnungen der Aufklärung setzten auf Fortschritt durch Rationalität.
Die Höherbewertung von intellektueller Tätigkeit wertete auch die
‚Intellektuellen' als Gruppe sozial gleich mit auf, die sich dadurch sowohl von Frauen und einer als weiblich konstruierten Emotionalität,
als auch von ArbeiterInnen abgrenzen konnten, welche ihre Arbeit
nach einer nur kurzen Anlernzeit im Betrieb verrichten sollten. Historisch war Allgemeinbildung vor allem eine bürgerliche Idee, die sich
gegen einen unmittelbaren Nützlichkeits- und Anwendungsbezug von
Wissen – und damit vor allem gegen Berufsbildung – positionierte
(Löw 2006: 19). Erst „[m]it dem Nationalismus, der zunehmenden
Industrialisierung und der Militarisierung der Gesellschaft Ende des 19.
Jahrhunderts kehrt auch der vom Bildungsbürgertum verworfene
Verwertungsanspruch von Bildung zurück." (Löw 2006: 21) Während
früher somit Theorie und Allgemeinbildung zumindest für bestimmte
Bevölkerungsgruppen die prestigeträchtigere Seite der beiden Pole
war, wird mittlerweile durch die verstärkte Nutzenorientierung eine
Verwertung und Anwendung von Wissen eingefordert. So scheint vie-
len Menschen bspw. die ursprüngliche wissenschaftliche Kerndisziplin
Philosophie nur mehr als nutzloses ‚Orchideenfach' gegenüber Studienrichtungen mit einem höheren Praxisbezug, und Grundlagenfor-
schung kämpft gegenüber angewandter Forschung mit Finanzierungs-
und Rechtfertigungsproblemen. Insofern hat sich die Bewertung der
Pole doch deutlich verschoben.

Der Dualismus zwischen Theorie und Praxis wiederholt sich in der
Struktur der Berufsbildung, nämlich im *dualen System* der Berufsbildung, bei dem in der Berufsschule vor allem theoretisches Wissen,
und im Betrieb praktisches Wissen vermittelt wird. Damit grenzt sich
diese Art der Berufsbildung ab von einerseits den Fachschulen, und
andererseits dem Anlernen im Betrieb (Brater 2010: 809).

Kritik an Berufsbildung fokussiert meist auf die Ausbildungsinhalte und
-formen: Im Gegensatz zu Allgemeinbildung würde dort keine politische Bildung zu mündigen BürgerInnen vermittelt, sondern „tech-
nisch-instrumentelle Qualifikationen" sowie „Ein- und Unterordnung"

(Brater 2010: 813), nicht zuletzt eine „Unterordnung unter die Anforderungen der kapitalistischen Arbeitsprozesse" (Atzmüller 2009: 11). Durch die Methode des Nachahmens der Meisterin bzw. des Meisters würden keine eigenständigen Problemlösungsfähigkeiten, Kreativität, oder Selbständigkeit bei den Lernenden ausgeprägt, so die Kritik.

Aufgrund von Veränderungen der Berufe und daher der fachlichen Anforderungen sind ArbeitnehmerInnen jedoch damit konfrontiert, dass ihre einmal gelernten fachlichen Kenntnisse und Fähigkeiten veralten und kaum mehr anwendbar werden. Umschulung und Weiterbildung wurden zunehmend ein Thema, das mittlerweile unter dem Schlagwort *Lebenslanges Lernen* viel diskutiert wird. In diesem Zusammenhang ist die begriffliche Unterscheidung zwischen Fertigkeiten, Qualifikationen und Kompetenzen wichtig. Eine *Fertigkeit* wäre etwa, „mit einer Werkzeugmaschine eines bestimmten Typs einen bestimmten Bearbeitungsschritt zu vollziehen" (Brater 2010: 821). *Qualifikation* wäre demgegenüber die „Fähigkeit, bestimmte berufliche Aufgaben zu lösen, unabhängig von der Art der Werkzeuge, Maschinen und Hilfsmittel." (ebd.) Fertigkeiten sind demnach stärker an konkrete Umsetzungsweisen und einen bestimmten Stand der Technik gebunden, während Qualifikationen die konkrete Umsetzung relativ unbestimmt lassen und dadurch, trotz beruflicher Änderungen, zur Ausübung des Berufs befähigen. Sie beschreiben damit flexiblere und selbständigere Wege zur Erfüllung beruflicher Anforderungen. In ihrer Bindung an Berufsbilder und Berufstitel sind Qualifikationen jedoch auch stabile Muster, d.h. dass sie bestimmte Fähigkeiten je nach Beruf zusammenbinden und dadurch erwartbar machen. Auf die Veralterung und Entwertung einmal angeeigneter fachlicher Qualifikationen wurde in der Berufsbildung dadurch reagiert, dass verstärkt versucht wurde, sogenannte *Schlüsselqualifikationen* zu vermitteln, d.h. Fähigkeiten, die in jedem Fall – unabhängig vom konkreten Beruf – für die Arbeitsfähigkeit zentral wären. Dies trifft etwa auf soziale Fähigkeiten zu, aber auch auf Lernfähigkeiten: ArbeitnehmerInnen sollen nicht nur Vorgegebenes verarbeiten, sondern sich selbständig Wissen aneignen, flexibel auf Änderungen reagieren, mit anderen kooperieren, und aktiv Probleme sehen und lösen können.

Diese Schlüsselqualifikationen lassen sich nicht mit verschulten Bildungsangeboten vermitteln, sondern erfordern neue Lernformen, bei denen es etwa darum geht, Selbständigkeit oder generell Lernen zu lernen. Schlüsselqualifikationen werden mittlerweile auch als *Kompetenzen* bezeichnet, worunter „Dispositionen für selbstorganisiertes Handeln" verstanden werden, eine „Art Beherrschungs- und Verfügungsgrad über diese (fachlichen) Qualifikationen", und „Befähigungen, mit neuen Situationen und bisher unbekannten Handlungsanforderungen erfolgreich umgehen zu können" (Brater 2010: 825).

Die Berufsbildung hat sich damit stark verändert und greift nun auch allgemeinbildende, insbesondere persönlichkeitsbildende Aspekte auf. Dadurch ist schließlich auch die Trennung von Allgemein- und Berufsbildung unklarer geworden:

„Berufsbildung, die in der neuhumanistischen Tradition gar keinen Bildungswert hat, soll und muss nun plötzlich tief in persönliche Bereitschaften, Haltungen und Dispositionen hinein bildend wirken. Das revolutioniert das bisherige Bildungsverständnis und hebt den in unserer Gesellschaft tief verwurzelten Gegensatz von beruflicher und allgemeiner Bildung auf." (Brater 2010: 828)

Literaturempfehlungen zum Einstieg:
Eine verständliche und gute Einführung in verschiedene Aspekte der beruflichen Bildung:
Brater, Michael (2010): Berufliche Bildung. In: Fritz Böhle, G. Günter Voß und Günther Wachtler (Hg.): Handbuch Arbeitssoziologie. Wiesbaden: VS, S. 805–840.

Weitere Literatur:
Archan, Sabine; Mayr, Thomas (2006): Berufsbildung in Österreich. Kurzbeschreibung. Cedefop Panorama series 124. Luxemburg: Amt für amtliche Veröffentlichungen der Europäischen Gemeinschaften. http://www.forschungsnetzwerk.at/downloadpub/berufsbildungoe.pdf (Stand: 21.2.2012)
Arnold, Rolf (Hg.) (1997): Ausgewählte Theorien zur beruflichen Bildung, Hohengehren: Schneider.
Arnold, Rolf; Lipsmeier, Antonius (Hg.) (2006): Handbuch der Berufsbildung. 2., überarbeitete und aktualisierte Aufl. Wiesbaden: VS.

Baethge, Martin (2006): Das deutsche Bildungs-Schisma: Welche Probleme ein vorindustrielles Bildungssystem in einer nachindustriellen Gesellschaft hat. In: SOFI-Mitteilungen, 34, S. 13-27.

Baethge, Martin; Solga, Heike; Wieck, Markus (2007): Berufsbildung im Umbruch. Signale eines überfälligen Aufbruchs. Berlin: Friedrich Ebert Stifung.

Braun, Frank K. W.; Strauß, Jürgen; Müller, Michael (2009): Rahmenbedingungen der Weiterentwicklung des Dualen Systems beruflicher Bildung. In: Hans Böckler Stiftung (Hg.), Arbeitspapier 167.

Clement, Ute (2003): Berufsbildung zwischen Struktur und Innovation. In: dies.; Lipsmeier, Antonius (Hg.): Berufsbildung zwischen Struktur und Innovation. Zeitschrift für Berufs- und Wirtschaftspädagogik, Heft 17, S. 9-28.

Drees, Gerhard; Ilse, Frauke (Hg.) (1998): Arbeit und Lernen 2000 - berufliche Bildung zwischen Aufklärungsanspruch und Verwertungsinteressen an der Schwelle zum dritten Jahrtausend. Bielefeld: Bertelsmann.

Greinert, Wolf-Dietrich (2007): Erwerbsqualifizierung jenseits des Industrialismus. Zur Geschichte und Reform des deutschen Systems der Berufsausbildung. Frankfurt am Main: G.A.F.B.-Verlag.

Literatur zu Qualifikation und Kompetenz:
Bolder, Axel; Dobischat, Rolf (Hg.) (2009): Eigen-Sinn und Widerstand. Kritische Beiträge zum Kompetenzentwicklungsdiskurs. Wiesbaden: VS (Bildung und Arbeit).

Bolder, Axel (2010): Arbeit, Qualifikation und Kompetenzen. In: Rudolf Tippelt (Hg.): Handbuch Bildungsforschung. 3. Aufl. Wiesbaden: VS, S. 813–843.

Clement, Ute; Lacher, Michael (Hg.) (2006): Produktionssysteme und Kompetenzerwerb. Zu den Veränderungen moderner Arbeitsorganisation und ihren Auswirkungen auf die berufliche Bildung. Stuttgart: Franz Steiner.

Drexel, Ingrid (2005): Die Alternative zum Konzept des Berufs: das Kompetenzkonzept – Intentionen und Folgeprobleme am Beispiel Frankreichs, In: Jacob, Marita; Kupka, Peter (Hg.): Perspektiven des Berufskonzepts – Die Bedeutung des Berufs für Ausbildung und Arbeitsmarkt. In: Beiträge zu Arbeitsmarkt und Berufsforschung 297. Institut für Arbeitsmarkt- und Berufsforschung der Bundesagentur für Arbeit (IAB), Nürnberg, S. 39-53.

Kurtz, Thomas; Pfadenhauer, Michaela (Hg.) (2010): Soziologie der Kompetenz. Wiesbaden: VS (Wissen, Kommunikation und Gesellschaft. Schriften zur Wissenssoziologie.).

Recherche-Tipps:
Österreichischen Publikationen über Berufsbildung und Lebenslanges Lernen:
http://refernet.at/de/home/refernet
Studien der österreichischen Bildungs-, Berufs- und Arbeitsmarktforschung zum Download: www.ams-forschungsnetzwerk.at/deutsch/publikationen/

3.3. Bildung als Kapital

In jüngster Zeit lässt sich feststellen, dass sich der Bildungsbegriff stark gewandelt hat, nämlich von der klassischen Bedeutung von Bildung als Kultur zu Bildung als Humankapital (Münch 2009: 32). In diesem Begriffswandel kommt ein geändertes Verständnis von Bildung zum Ausdruck, das vor allem den Wert und Nutzen von Bildung betont: Bildung wird zur Ware. Ökonomisches Denken durchdringt immer mehr soziale Bereiche, wodurch auch im Bildungsbereich eine Verwertungslogik in den Vordergrund rückt, die Bildung in erster Linie als Investition in Humankapital denkt.

Die Humankapitaltheorie von Gary Becker[1] (1993) geht davon aus, dass Individuen über Bildungsinvestitionen versuchen, ihre beruflich relevanten Fähigkeiten zu steigern und so am Arbeitsmarkt Vorteile gegenüber MitbewerberInnen zu haben, bzw. ihre Produktivität zu steigern und daher höhere Löhne zu erhalten.

„Je mehr eine Person in ihre Ausbildung – sei es in schulische und berufliche Bildung oder in Weiterbildung – investiert hat, umso größer ist die Produktivität und desto größer sind die zu erwartenden Renditen in Form von Einkommen. Bildung ist gleichermaßen Konsum- und Investitionsgut: Im Streben, das Einkommen zu maximieren, investiert eine Person so lange in Bildung, wie die Kosten niedriger sind als der erwartende Nutzen. Der Erwerb von Wissen, Fähigkeiten und Fertigkeiten erfolgt durch vorherige Aufbringung von Kosten, so dass das Bildungsverhalten eine individuelle Investition in die eigene Qualifikation (sprich: Humankapital) zwecks Einkommensmaximierung ist. Wegen der Abschreibungsrate infolge der sukzessiven Veraltung des Humankapitals ist es für ein Individuum notwendig, permanent in das eigene Humankapital zu investieren, um die Arbeitsmarkt- und Einkommenschancen abzusichern." (Becker 2009: 26)

---

[1] Nicht zu verwechseln mit dem deutschen Bildungssoziologen Rolf Becker, der ebenfalls häufig in der bildungssoziologischen Literatur genannt wird, und von dem auch das Zitat stammt.

Die Humankapitaltheorie beruht auf einem neoklassischen Modell, das von einem rational handelnden *Homo oeconomicus* ausgeht, d.h. bspw., dass alle AkteurInnen über alle entscheidungsrelevanten Informationen verfügen, ausschließlich ihren Nutzen maximieren möchten, und in reinem Wettbewerb auf einem Markt ohne Diskriminierung agieren (ebd.: 25). Diese Prämissen wurden jedoch scharf kritisiert, weil viele Entscheidungen unter sehr eingeschränkten Informationen getroffen werden und auch getroffen werden müssen, insofern soziales Handeln nicht nur rational und bewusst entschieden wird, und weil damit bspw. Diskriminierung nicht erfasst werden kann.

Pierre Bourdieu verwendet ebenfalls den Begriff Kapital zur Beschreibung von Bildungsphänomenen: Neben ökonomischem und sozialem Kapital ist bei seiner Theorie *kulturelles Kapital* sehr wichtig. Trotz der Begriffsähnlichkeit unterscheiden sich Humankapital und kulturelles Kapital bereits aufgrund der unterschiedlichen Theorietraditionen, nämlich Rational Choice Theorie im Gegensatz zu Praxeologie (vgl. dazu Kapitel 5 und Aulenbacher/Dammayr 2011). Kapital wird von Bourdieu als akkumulierte Arbeit verstanden; auf den Bildungskontext angewandt soll der Begriff damit den Prozess des Bildungserwerbs als Arbeit kennzeichnen. Gleichzeitig werden damit auch Verteilungs- und Tauschverhältnisse angesprochen. Kapitalformen lassen sich konvertieren, etwa kulturelles in ökonomisches Kapital, d.h. Bildung in Geld, aber vor allem auch soziales und ökonomisches Kapital in kulturelles Kapital, also soziale Beziehungen und Geld in Bildung. U.a. mit dem letzten Aspekt grenzt sich Bourdieu (2001: 113) explizit von der Humankapitaltheorie ab, insofern er kritisiert, dass diese „die *Transmission kulturellen Kapitals in der Familie*" ignorieren würde. Bildung wird sehr stark in der Familie „auf dem Wege der sozialen Vererbung weitergegeben" (ebd.: 114), etwa wenn, vereinfacht formuliert, Kinder von sehr gebildeten Eltern selbstverständlich mit hochkulturellen oder wissenschaftlichen Inhalten aufwachsen, während Kinder von weniger gebildeten Eltern fernsehen. Privilegierte Familien können daneben ihr ökonomisches Kapital einsetzen, um teure Kurse, Bildungsgänge oder Nachhilfe zu zahlen, aber auch um die Lebenshaltungskosten ihrer Kinder zu decken, insofern Bildung Zeit braucht und „ein Individuum die Zeit für die Akkumulation von kulturellem Kapital nur so lange ausdehnen kann, wie ihm seine Familie freie, von ökonomischen Zwängen befreite Zeit garantieren kann (Zeit, die als Verdienstausfall bewertet werden kann)" (Bourdieu 2001: 116). Die Humankapitaltheorie könne als ökonomistische Theorie gar nicht erfassen, „dass ‚Fähigkeit' oder ‚Begabung' auch das Produkt einer Investition von Zeit und kulturellem Kapital ist", sowie

„...dass der schulische Ertrag schulischen Handelns vom kulturellen Kapital abhängt, das die Familie zuvor investiert hat, und dass der ökonomische und soziale Ertrag des schulischen Titels von dem ebenfalls ererbten sozialen Kapital abhängt, das zu seiner Unterstützung zum Einsatz gebracht werden kann."
(Bourdieu 2001: 113)

Kulturelles Kapital will als Konzept somit gerade jene Voraussetzungen schulischen Erfolgs erfassen, welche die Humankapitaltheorie, so Bourdieus Kritik, ausblenden würde.

Die beiden unterschiedlichen Zugänge sind in der Bildungssoziologie nach wie vor dominant und prägen auch stark die aktuellen Erklärungen von Bildungsungleichheiten (vgl. Kapitel 5).

Literaturempfehlung zur Vertiefung:
Das Konzept des Humankapitals im O-Ton Gary Beckers auf Youtube:
Becker, Gary (2010): Human Capital and Intergeneration Mobility – Introduction. http://www.youtube.com/watch?v=QajILZ3S2RE (Stand: 20.10.2016)
Kurze Einführung in Humankapital und Bildung, Familie und Wirtschaftsentwicklung auf Englisch:
Becker, Gary (1993): Human Capital Revisited. In: ders.: Human Capital. A Theoretical and Empirical Analysis with Special Reference to Education. 3. Aufl. Chicago: The University of Chicago Press, S. 15–26.
Zur Einführung in den Kapitalbegriff bei Bourdieu:
Rehbein, Boike; Saalmann, Gernot (2009): Kapital. In: Gerhard Fröhlich und Boike Rehbein (Hg.): Bourdieu Handbuch. Leben – Werk – Wirkung. Stuttgart: Metzler, S. 134-139.
Kurze und klassische Texte zu kulturellem Kapital:
Bourdieu, Pierre (2001): Die drei Formen des kulturellen Kapitals. In: ders.: Wie die Kultur zum Bauern kommt. Über Bildung, Schule und Politik. Hg. von Margareta Steinrücke. Hamburg: VSA (Schriften zu Politik & Kultur, 4), S. 112–120.

Bourdieu, Pierre (1983): Ökonomisches Kapital, kulturelles Kapital, soziales Kapital. In: Kreckel, Reinhard (Hg.): Soziale Ungleichheiten (Soziale Welt 34, Sonderband 2). Göttingen: Schwartz, S. 183-198.
Häufig zitierte Sammelbände:
Engler, Steffanie; Krais, Beate (2004): Das kulturelle Kapital und die Macht der Klassenstrukturen. Sozialstrukturelle Verschiebungen und Wandlungsprozesse des Habitus. Weinheim: Juventa.
Georg, Werner (Hg.) (2006): Soziale Ungleichheit im Bildungssystem. Eine empirisch-theoretische Bestandsaufnahme. Konstanz: UVK.

4. Bildung: Katastrophe, Bürgerrecht, Reformen

In den 1960er Jahren kam in Deutschland eine weitreichende Debatte um das Verhältnis von Bildung und Wirtschaft auf. Ausgangspunkt war eine Artikelserie von Georg Picht, der im Anschluss an Berichte der OECD für Deutschland eine *Bildungskatastrophe* behauptete. Eine soziologische Antwort auf das von Picht lancierte Thema lieferte Ralf Dahrendorf, ebenfalls in Artikelform.

„Mit dem Schlagwort der Bildungskatastrophe ist jener Argumentationsstrang benannt, der Bildung in Beziehung setzt zu wirtschaftlichem Wachstum, und das heißt in der modernen Gesellschaft vor allem: zur Erwerbsarbeit, der also das Verhältnis von Bildung und Beschäftigung thematisiert. Der bildungssoziologische Schlüsselbegriff hier ist Qualifikation, auch Beruf und Profession gehören dazu. Dahrendorf macht jedoch demgegenüber das Argument von „Bildung als Bürgerrecht" stark, und hier entwickelt er zum einen – in der Diskussion des Chancengleichheitsthemas – die Perspektive, die Bildung und soziale Ungleichheit miteinander verknüpft, zum andern die Perspektive, in der es um Bildung und den Prozess der Zivilisation geht." (Krais 1994: 558 und Kap. 1.2. S.19/20)

Bildung, Bildungsexpansion und Werthaltungen bzw. demokratische Einstellungen wurden ein Thema: Politische Bildung und Persönlichkeitsbildung sollten soziale und politische Teilhabechancen für alle gewährleisten, und „mündige" BürgerInnen fördern, die fähig sind, sich ein eigenes Urteil zu bilden. Dabei wurde auch das Thema der Chancengleichheit (vgl. Kapitel 5) verstärkt diskutiert.

Dahrendorf positionierte sich dabei bereits im Vorwort zu seinem Buch „Bildung ist Bürgerrecht" explizit normativ: „Auch das also, was die Bildungspolitik der Bundesrepublik tun soll – und warum sie es soll – wird hier erörtert und begründet." (Dahrendorf 1965: 7) Ausgangspunkt der Debatte war die Frage über den Zusammenhang von Bildungsexpansion und gesellschaftlichem Wohlstand. Dahrendorf (1965: 16f.) hält der These, dass Wirtschaftswachstum die Nachfrage nach Bildung erhöht, entgegen, dass umgekehrt auch Wirtschafts*krisen* die

Nachfrage nach Bildung erhöhen können. Internationale Vergleiche, aber auch bildungsökonomische Prognosen aufgrund ihrer Unsicherheit, seien eine schlechte Grundlage für bildungspolitische Reformen, weil man sich damit „oft jede weitere Argumentation erspart." (ebd.: 17) Ein Problem sah Dahrendorf darin, dass die beispielsweise von der OECD vertretenen Argumentationen nur die Notwendigkeit von Reformen, nicht jedoch die konkrete Umsetzung bestimmter Bildungsmaßnahmen nahelegen, und dabei die Probleme einer Bildungsexpansion übersehen:

„Hier ist die einprägsame Kausalkette beisammen, mit der sich auch heute noch Parlamente beeindrucken lassen: Die Wirtschaftsentwicklung hängt vom technischen Fortschritt, dieser von der Zahl der Akademiker, diese von den Bildungsinvestitionen ab. Mit dem Wirtschaftswachstum wächst der Bedarf für hochqualifizierte Arbeitskräfte und damit die Notwendigkeit der Bildungspolitik. Da die meisten Menschen, auch wenn sie Abgeordnete sind, von der Wirtschaft nichts verstehen, sind sie geneigt, solche Argumente als unumstößlich hinzunehmen." (ebd.: 19)

Der Bedarf an Arbeitskräften sei jedoch auch Ergebnis sozialer Aushandlungsprozesse. Ob bspw. mehr LehrerInnen gebraucht werden, hinge auch davon ab, welche Klassengröße man den Kindern (und den Lehrenden) zumuten möchte – bei kleineren Klassen würde man entsprechend mehr LehrerInnen benötigen (ebd.: 20). Bei Professionellen, die ja häufig im öffentlichen Dienst, d.h. beim Staat, beschäftigt sind, würden teilweise andere Faktoren den Arbeitskräftebedarf beeinflussen als bei ArbeitnehmerInnen, die in der Privatwirtschaft arbeiten.

„Allerorten macht die unterschätzte Elastizität und die übersehene politische Basis von Bedarfsschätzungen diese problematisch. In den freien Berufen ist es vor allem die politische Entscheidungsgrundlage, die Variationen des Bedarfs bewirkt: dass wir doppelt so viele Ärzte oder halb so viele Juristen brauchen, könnten durchaus sinnvolle politische Entschlüsse sein. In der Wirtschaft dagegen verbietet die Elastizität der Entwicklungsmöglichkeiten überzeugende Bedarfsprognosen:

um den Bedarf an Akademikern oder Abiturienten zu bestimmen, müsste man Entwicklungen kennen, deren Merkmal gerade ihre Offenheit ist." (Dahrendorf 1965: 20f. und auch Anhang S. 207))

Liest man die Artikelserie von Dahrendorf, die gesammelt herausgegeben wurde, kann man feststellen, dass teilweise nach wie vor ähnliche bildungspolitische Debatten wie in den 1960er und 1970ern geführt werden. Denn insbesondere die ‚ständische' Reproduktion der Sozialstruktur (vgl. Kapitel 5) ist trotz der langen Debatte zu Chancengleichheit auch über 40 Jahre danach kaum angetastet, viele der seit damals bestehenden Reformvorschläge wie etwa eine Gesamtschule sind bis heute nicht umgesetzt worden. (vgl. Hadjar/Rothmüller 2016)

Warum die Gesamtschulreform in manchen Ländern gescheitert ist und in anderen erfolgreich war, erforscht der folgende Artikel: Hadjar, Andreas / Rothmüller, Barbara (2016): "Chancengleichheit und Leistungsmotiv in der Bildungspolitik: Die Debatten um die Gesamtschule am Beispiel Luxemburgs."
In: *Austrian Journal of Political Science* 45(1), S. 51-64. (Online: http://oezp.univie.ac.at/index.php/zfp/article/view/1092/1178)

4.1. Die Verselbständigung des Reformgeistes

Der Wiener Philosoph Konrad Paul Liessmann schreibt in dem Vorwort seiner „Theorie der Unbildung", dass das eigentliche Problem heutzutage eine „Abwesenheit jeder normativen Idee von Bildung" wäre (Liessmann 2006: 9). Er kritisiert also, dass die Frage, was Bildung sein soll und wozu sie gut ist, „aufgehört [hat], Ziel und Maßstab für die zentralen Momente der Wissensproduktion, der Wissensvermittlung und der Wissensaneignung zu sein." (ebd.: 9f.) Wie etwas sein *soll* ist immer auch eine normative Frage; eine Bewertung, die sich nicht automatisch aus dem ergibt, wie etwas aktuell *ist*. In einer Gesellschaft versuchen viele AkteurInnen Einfluss darauf zu nehmen, wie Bildung gestaltet wird. Obwohl es ganz unterschiedliche Vorschläge zur Reform des Bildungswesens gibt, finden kaum Debatten statt, *warum* Bildung gerade so und nicht anders sein soll. Wenn es aber kein Einverständnis darüber gibt, was Bildung sein soll, kann auch nicht kollektiv entschieden werden, welche Formen von Bildung besser oder schlechter sind, welches Wissen wertvoll ist und welches eher nicht, und wozu Menschen eigentlich immer mehr wissen sollen und nicht etwa weniger. Aktuell finden deshalb parallel verschiedene Bildungsreformen nebeneinander statt, die, so Liessmann und Prisching, keinen gemeinsamen Bezugspunkt mehr haben. Das klassische Bildungsideal ist damit nur mehr ein Bildungsmodell unter mehreren (vgl. Prisching 2008).

Nach Liessmann dominiert aktuell zunehmend ein Blick auf Bildung, der diese als reformbedürftig begreift. Er spricht deshalb von einem „Reformgeist", der nicht nur im Bildungsbereich zu beobachten sei, sondern „der die modernen Gesellschaften überhaupt in Atem hält" (Liessmann 2006: 160). Dieser Reformgeist sei nun *die* neue Bildungsideologie:

„Die Reform ist das Gute, die Blockade das Böse, die Welt teilt sich in Reformfreudige und Reformfeinde. Und wie jede gute Ideologie kann auch der Reformgeist auf Begründungen seiner selbst verzichten. In jedem einzelnen Fall nachweisen zu müssen, ob überhaupt und wenn ja wie reformiert werden soll, wäre wahrlich zu viel verlangt. Eine Reform ist stets dringend geboten, weil Reformen stets dringend geboten sind." (Liessmann 2006: 163)

Reformen würden zu einem Imperativ, dem sich kaum jemand verweigern kann und von denen bestimmte AkteurInnen im Zuge der zunehmenden Ökonomisierung und Privatisierung öffentlicher Dienstleistungen profitieren. Der Bildungsbereich würde immer mehr einer Kontrolle unterworfen – allerdings nicht einer demokratisch legitimierten, sondern einer ökonomisch argumentierten Kontrolle; einer „Herrschaft durch Selbststeuerung" (Liessmann 2006: 173), die aus Wettbewerbsgründen auf die Evaluation und Unterstützung privatwirtschaftlicher Agenturen zurückgreift. Diese sollen durch Vergleiche, Quantifizierung und Beratung einzelnen Organisationen zur internen Überarbeitung und (Selbst-) Verbesserung ihres Angebots verhelfen, und damit quasi ihre ‚Marktposition' verbessern (Münch 2009).

4.2. Bildungsexpansion

Ein wichtiges Phänomen, auf das in dieser Reformdebatte Bezug genommen wird, stellt die *Bildungsexpansion* dar, die u.a. dadurch gekennzeichnet ist, dass sehr viel mehr Menschen als früher höhere Bildungsabschlüsse erreichen und sich die Zahl der Studierenden in Österreich seit den 1970er Jahren vervielfacht hat. Auf institutioneller Ebene waren damit etwa ein erweitertes Angebot an Gymnasien oder verschiedene Hochschulreformen verbunden. Gleichzeitig ging der Anteil von HauptschülerInnen (insbesondere in den Großstädten) zurück, womit es zu einem Bedeutungsverlust der klassischen Hauptschule kam, der sich seit Umwandlung der Hauptschulen in Neue Mittelschulen weiter verstärkt hat.

Eine ökonomische Erklärung für die Bildungsexpansion liefert die Humankapitaltheorie: Erstens würden die Kosten geringer als der Nutzen bzw. Ertrag von Bildung (verstanden als Lohnzuwachs) werden, andererseits zwinge die zunehmende Konkurrenz am Arbeitsmarkt zur Steigerung der Bildungsinvestitionen. Diese Erklärung entspricht einem eher politisch konservativen Antrieb der Bildungsexpansion, der höhere Bildung für breitere Teile der Bevölkerung vor allem als Mittel zur Steigerung der individuellen und volkswirtschaftlichen Produktivität sieht (vgl. Hadjar/Becker 2009: 196, 200). Dabei ist jedoch unklar, ob die Bildungsexpansion – oder umgekehrt das Wirtschaftswachstum – die unabhängige Variable ist, oder ob sich beide wechselseitig verstärken: Einerseits wird argumentiert, dass „Wirtschaftswachstum und technischer Fortschritt Voraussetzungen für die Expansion des Bildungssystems [sind]" (ebd.: 201); andererseits aber soll höhere Bildungsbeteiligung auch zu höherem Wirtschaftswachstum führen (ebd.: 204). Ein eher sozialdemokratischer und liberaler Motor der staatlichen Ausweitung des Bildungsangebots hoffte demgegenüber, durch die Bildungsexpansion in erster Linie soziale Ungleichheiten verringern zu können. Gleiche Bildungschancen für alle Bevölkerungsgruppen sollten eine Demokratisierung der Gesellschaft voranbringen, so Ralf Dahrendorf in „Bildung ist Bürgerrecht". In den beiden Perspektiven spiegelt sich ein unterschiedliches Verständnis von Bildung (vgl. dazu Anhang S. 200).

Mehr noch als auf die Erklärung der Bildungsexpansion konzentriert sich die Bildungssoziologie auf die Analyse der Folgen. So würde mit der Heterogenisierung der SchülerInnen das „Risiko sinkender Standards" (Hadjar/Becker 2009: 206) einhergehen, weil Kinder, die früher eine Hauptschule besucht hätten, nun an Gymnasien zu finden wären. Als strukturelle Folge der Bildungsexpansion ist eine Titelinflation zu sehen, die teilweise den Wert der Bildungsabschlüsse verringerte und insgesamt die berufliche Karriere unsicherer machte. Inwiefern die Erhöhung der Anzahl höherer Abschlüsse die Verwertungschancen der Titel am Arbeitsmarkt verändert hat, wird dabei jedoch kontrovers diskutiert. Teilweise wird die Bildungsexpansion auch als mitverantwortlich für eine stärkere Ausdifferenzierung von körperlicher und geistiger Arbeit gesehen (vgl. Brater 2010: 815f.).

Die Bildungsexpansion führte vor allem auch zu kulturellen Effekten (Hadjar/Becker 2009: 207f.), weil Bildung soziale Chancen in verschiedener Hinsicht beeinflusst. So steigen allgemein mit der Höhe der Bildung die Gesundheit und Lebenserwartung, sowie das politische Interesse und die politische Partizipation (ebd.). Andere Aspekte sinken mit dem Anstieg der Bildung, etwa die Geburtenrate, weil durch die lange Aus-/Bildungsphase und den danach oft unsicheren Arbeitsverhältnissen immer weniger Kinder, und wenn, dann immer später geboren werden. Bei niedrigem Bildungsabschluss findet sich umgekehrt ein im Zeitverlauf steigender Anteil von Teenager-Schwangerschaften (Solga 2009: 422f.), und auch die PartnerInnenwahl und die Heiratschancen hängen mit dem Bildungsniveau zusammen.

Der Einbezug immer größerer Bevölkerungsgruppen in höhere Bildungsinstitutionen hat auch Auswirkungen auf die Reproduktionsmechanismen von Bildungsungleichheiten. Bestimmte Gruppen werden zwar nicht mehr aus höheren Bildungsinstitutionen exkludiert, d.h. nicht gänzlich ausgeschlossen. Es komme jedoch nun zu einer Exklusion *in der Inklusion*: Unterprivilegierte Bevölkerungsgruppen blieben zwar länger im Bildungssystem, würden jedoch in „Sackgassen" kanalisiert: „Die Schule grenzt seit eh und je aus, doch grenzt sie nun kontinuierlich, auf allen Ebenen des Ausbildungsverlaufs aus (...), und sie behält die in ihrem Innern, die sie ausgrenzt, indem sie sich damit begnügt, sie in mehr oder weniger entwertete Bildungsgänge abzuschieben." (Bourdieu 2002: 532)

Unterprivilegierten Kindern bzw. ihren Eltern fehle, so Bourdieu, das Wissen darüber, welche der vielfältigen Bildungswege gute berufliche Chancen eröffnen. Daher hätten sie am Ende ihrer Bildungslaufbahn häufiger Ausbildungen gemacht, die (inhaltlich oder aufgrund der Titel-verleihenden Einrichtung) weniger Wert hätten als andere. Die Aufforderung, lange in Bildungsinstitutionen zu verweilen, erzeuge aufgrund des indirekten Ausschlusses durch *„nicht fühlbare* Ausgrenzungspraktiken" eine späte *Ent-Täuschung* (Bourdieu spricht tatsächlich davon, dass die Betroffenen über ihr vorgezeichnetes Scheitern hinweggetäuscht und dieses durch die Hinauszögerung erst spät bemerken würden; ebd.: 530). Dadurch steigt im Falle schulischen Scheiterns jedoch die Stigmatisierung:

„Die aus den kulturell am stärksten benachteiligten Familien stammenden Schüler oder Studenten erlangen am Ende einer häufig mit schweren Opfern bezahlten Schulzeit aller Wahrscheinlichkeit nach nur einen entwerteten Titel, und wenn sie scheitern, was für sie noch das wahrscheinlichste Schicksal darstellt, dann sind sie zu einer zweifelsfrei stigmatisierenderen und noch totaleren Ausgrenzung verurteilt als in der Vergangenheit: In dem Maße stigmatisierender, als sie anscheinend ,ihre Chance' gehabt haben und als die Institution Schule tendenziell immer ausschließlicher die soziale Identität definiert; noch totaler in dem Maße, als ein immer größer werdender Anteil der Plätze auf dem Arbeitsmarkt rechtmäßig und tatsächlich von den immer zahlreicheren Inhabern eines Diploms besetzt wird (was erklärt, daß Schulversagen immer häufiger bis in die Unterschicht-Milieus hinein als eine Katastrophe erlebt wird)." (Bourdieu 2002: 529)

Im Gegensatz zu früher hat der Glaube an sozialen Aufstieg durch Bildung mit der Bildungsexpansion auch Bevölkerungsgruppen erfasst, die früher Bildung und Schule keinen großen Wert beigemessen hätten. „Bildungsbasierte Ungleichheiten werden von daher nicht nur von den ‚Gewinnern des meritokratischen Wettbewerbs' akzeptiert, sondern sind auch für dessen ‚Verlierer' handlungsrelevant" (Solga 2005: 31). In der bei manchen Gruppen zu beobachtenden fehlenden Übereinstimmung zwischen Bildungsaspirationen und Bildungserfolgen geht es abstrakt gesprochen um das Verhältnis von subjektiven Wünschen und objektiven Möglichkeiten. Dies wurde sehr ähnlich bereits von Burton Clark (1960) bei seiner Analyse der „Cooling out"-Funktion des Bildungswesens beschrieben, bei der nicht so erfolgreiche SchülerInnen auf alternative Bildungsgänge umorientiert werden, bzw. sich selbst enttäuscht aus dem Rennen begeben, aufgrund ihrer *hinter den Erwartungen zurückbleibenden Bildungserfolge* (zu Bildungsaspirationen vgl. auch Kapitel 5).

Probleme bereitet die Bildungsexpansion vor allem den Universitäten, weil sich die Anzahl der Studierenden in den letzten Jahrzehnten vervielfachte. Dadurch wurde auch eine größere Anzahl an Lehrenden notwendig. Weil der Staat jedoch zunehmend weniger Geld für den Hochschulsektor zur Verfügung stellte bzw. stellen konnte, kam es dazu, dass die vielen neuen UniversitätsabsolventInnen kaum mehr realistische Berufschancen an den Universitäten fanden. Die Stellen an Universitäten waren über Jahre belegt, weil ProfessorInnen als Beamte unkündbar waren (vgl. Schimank 2005). Neue Stellen wurden jedoch kaum geschaffen. Deshalb mussten die verbliebenen Universitätsangehörigen immer mehr Studierende betreuen, was zur aktuell viel diskutierten Misere der Hochschulen führte und den Ruf nach einer Reduktion der Studierenden und dem Ende des offenen Hochschulzugangs entfachte. (vgl. Rothmüller 2011) AbsolventInnen hatten es weiters durch die Zunahme akademischer Abschlüsse in der Bevölkerung schwerer als zu früheren Zeiten, ihren Titel in entsprechende Berufspositionen umzusetzen. Insbesondere jene, die von einer Universitätskarriere träumten, mussten vielfach enttäuscht feststellen, dass die Universität kaum eine realistische Karriereoption mehr war.

Auch hier spielen hinter den Erwartungen zurückbleibende Erfolge eine wichtige Rolle. Bourdieu (1988) führte politische Effekte, nämlich die Entstehung der Studierendenproteste im Mai 1968, teilweise auf diese enttäuschten Hoffnungen zurück: Der zunehmende *Abstand zwischen der Erwartung,* nach Studienabschluss einen hohen sozialen Status zu erreichen, *und der Realität* einer Titelinflation, hätte dazu beigetragen, dass die Betroffenen nicht nur die Funktionsweise des Bildungssystems in Frage stellten, sondern darüber hinaus auch die Kritik an gesellschaftspolitischen Strukturen generell wuchs. Das Versprechen von sozialer Mobilität und beruflicher Karriere aufgrund von Bildung, das viele Menschen dazu brachte, höhere Bildungsabschlüsse nachzufragen, entpuppte sich schließlich gerade aufgrund der Bildungsexpansion als immer weniger erfüllbar. Im Gegensatz zu früher ist wissenschaftliche bzw. wissensintensive Arbeit heute auch immer seltener in einer Form organisiert, die ein sicheres Einkommen und Leben ermöglicht. Gemeint sind sogenannte *prekäre* Arbeitsverhältnisse, bei denen für ein paar Jahre, manchmal sogar nur für ein paar Monate eine Erwerbsarbeit besteht. Oft arbeiten WissenschaftlerInnen auch als selbständige ProjektmitarbeiterInnen, d.h. ohne Anstellung und den damit verbundenen arbeits- und sozialrechtlichen Sicherheiten, bspw. ohne Arbeitslosen- oder Krankengeldanspruch. Auch Stellen an Universitäten sind mittlerweile auf wenige Jahre befristet, was die sozialwissenschaftliche Arbeit verändert (vgl. dazu aus einer praxeologischen Perspektive Rothmüller 2012). Am Beginn der Bildungsexpansion hätte diese Entwicklung in Frankreich, so Bourdieu, dazu geführt, dass sich AkademikerInnen und andere Bevölkerungsgruppen solidarisierten, weil sie sich in einer ähnlichen Situation geringer Karrierechancen wieder fanden.

Zur Vertiefung ein bildungssoziologischer Klassiker im englischen Original:
Clark, Burton R. (1960): The "Cooling-Out" Function in Higher Education. In: The American Journal of Sociology 65, May 1960 (6), S. 569–576.
Kurzer Text zum Wandel der konservativen Wirkung der Schule: Bourdieu, Pierre; Champagne, Patrick (2002): Die intern Ausgegrenzten. In: Pierre Bourdieu et al.: Das Elend der Welt. Zeugnisse und Diagnosen alltäglichen Leidens an der Gesellschaft. Konstanz: UVK, S. 527–533.
Ein Überblick zu Einschränkungen des Hochschulzugangs in Österreich: Rothmüller, Barbara (2011): Chancen verteilen. Ansprüche und Praxis universitärer Zulassungsverfahren. Wien: Löcker Verlag.

Zu sozialwissenschaftlicher Arbeit: Rothmüller, Barbara (2012): Sozialwissenschaft und der Glaube an den Sinn des Spiels. Pierre Bourdieu über die sozialen Bedingungen sozialwissenschaftlicher Arbeit und Kritik. In: Gruhlich, Julia / Weber, Lena / Binner, Kristina / Dammayr, Maria (Hg.): Soziologie im Dialog. Kritische Denkanstöße von Nachwuchswissenschaftler_innen. Berlin: LIT, S. 175-196.

4.3. Kontinuität und Wandel

Trotzdem es heute viel schwieriger geworden ist als zu Zeiten, wo ein Studienabschluss mehr oder weniger sicher in eine lebenslange Universitätsstelle oder den Staatsdienst führte, es muss jedoch gesehen werden, dass nach wie vor UniversitätsabsolventInnen gegenüber allen anderen Bildungsgruppen ein deutlich höheres Durchschnittseinkommen haben und sehr viel weniger gefährdet sind, arbeitslos oder arm zu werden. Verschlechtert hat sich vor allem die Lage von Personen ohne höhere Aus-/Bildung: Formal gering qualifizierte Personen haben in den letzten Jahrzehnten zunehmend geringere Erwerbschancen. Im Zuge der Bildungsexpansion hat sich dabei auch die Zusammensetzung der gering Qualifizierten verschoben, insofern eine „De-Feminisierung und Ethnisierung von Bildungsarmut" (Solga 2009: 423) stattfand. Früher blieb ein hoher Anteil von Frauen ohne Schulabschluss und beruflicher Ausbildung. Durch ihre stärkere Bildungsbeteiligung erreichen nun auch die Frauen häufiger einen Schulabschluss, sodass ihr Anteil stark zurückging. Der Anteil von MigrantInnen in der Gruppe der Geringqualifizierten erhöhte sich hingegen in den letzten Jahren. Ohne jeglichen Schulabschluss ist jedoch das Risiko sozialer Exklusion besonders hoch, wovon diese dann auch stärker betroffen sind.

Bezogen auf die Sozialstruktur ergeben sich durch die Bildungsexpansion starke Änderungen: So ist etwa der Anteil von Individuen ohne Schulabschluss in den letzten Jahrzehnten deutlich zurückgegangen, gleichzeitig ist für diese Gruppe die Integration in den Arbeitsmarkt immer geringer geworden. Heike Solga spricht bei der sozialen Benachteiligung von Geringqualifizierten von

„…einer erhöhten Stigmatisierungsgefahr: *Mit der Abnahme des relativen Anteils an gering qualifizierten Personen während der Bildungsexpansion erhöhte sich die Sichtbarkeit von geringer Bildung sowie die Individualisierung der Interpretation von geringer Bildung als selbstverschuldetes, abweichendes Verhalten.*" (Solga 2009: 412)

Die Bildungsexpansion hat dabei nicht, wie angenommen wurde, auch zwangsläufig zu einem für alle Gesellschaftsmitglieder gleichen Bildungszugang geführt (vgl. Solga 2005: 19): Nur weil in allen Gruppen mehr Individuen als früher höhere Bildungsabschlüsse erreichen (d.h. die absoluten Zahlen steigen), bedeutet dies noch nicht, dass sich die Relation, das Verhältnis zwischen den Gruppen, geändert hätte. Ulrich Beck (1986) spricht hier von einem *„Fahrstuhl-Effekt"*: Alle Bevölkerungsgruppen fahren nach oben, aber die Distanz zwischen den ‚Stöcken' wird dadurch nicht verringert.

Bourdieu weist in diesem Zusammenhang darauf hin, dass verschiedene Umstellungsstrategien der sozialen Klassen den Eindruck erweckt hätten, als hätte sich die Sozialstruktur grundlegend gewandelt. Während bspw. früher die Leitung von Firmen in der Hand der besitzenden Familie lag, wurde im Zuge des Wandels der Wirtschaft und der Unternehmensstrukturen die Position von ManagerInnen mit entsprechenden Ausbildungen gestärkt (Bourdieu et al. 1981: 24ff.). Tatsächlich würden jedoch gerade solche Änderungen für die „Reproduktion der Klassenstruktur" sorgen (ebd.: 71):

„Die Klassen und Klassenfraktionen, die früher das Bildungswesen nur wenig in Anspruch nahmen, haben durch dessen stärkere Nutzung und die somit steigende Zahl der auf den Arbeitsmarkt geworfenen Bildungstitel jene anderen Klassen und Klassenfraktionen, für die Bildung schon zuvor wichtigstes oder alleiniges Reproduktionsmittel war, zu dem Bemühen gezwungen, die relative Seltenheit ihrer Titel – und damit ihre Position in der Klassenstruktur – durch noch höhere Bildungsinvestitionen zu erhalten.

Damit wird der Bildungsmarkt zu einem Hauptschlachtfeld im Klassenkampf, auf dem die Logik des Überbietens die Bildungsnachfrage all-

gemein und immer weiter in die Höhe treibt oder, wenn man so will, zur Titelinflation führt. Die Umwandlungsstrategien sind nichts anderes als die Gesamtheit der ständigen Aktionen und Reaktionen, durch die jede Gruppe ihre Position in der Sozialstruktur zu halten oder zu verändern sucht, oder genauer: durch die jede Gruppe sich zu halten sucht, indem sie sich ändert, da man sich in diesem Entwicklungsstadium der Klassengesellschaft nur durch Veränderung halten kann." (Bourdieu et al. 1981: 68)

Privilegierte Bevölkerungsgruppen können sich höhere ‚Bildungsinvestitionen' leisten, also bspw. exklusivere Schulen oder auch Auslandsstudien an renommierten Universitäten (vgl. Lange-Vester/Teiwes-Kügler 2006), dadurch die gestiegenen Bildungsanforderungen leichter erfüllen und ihre Chancen auf höhere Berufspositionen erhalten. Die Umwandlungsstrategien erhalten somit die Sozialstruktur und soziale Ungleichheit aufrecht. Sozialer Wandel und Kontinuität müssen also kein Widerspruch sein. Deswegen rät Bourdieu, „von dem akademischen Gegensatz zwischen Beharrung und Veränderung Abschied [zu] nehmen" (Bourdieu et al. 1981: 71); ähnlich den VertreterInnen der Frankfurter Schule, die in Abgrenzung von Auguste Comte vor der „billigen Antithese sozialer Statik und sozialer Dynamik" (Institut für Sozialforschung 1956: 31) warnen.

Weiterführende Literatur:
Bourdieu, Pierre; Boltanski, Luc; de Saint Martin, Monique (1981): Kapital und Bildungskapital. Reproduktionsstrategien im sozialen Wandel. In: dies., Maldidier, Pascale: Titel und Stelle. Über die Reproduktion sozialer Macht. Frankfurt am Main: Europäische Verlagsanstalt, S. 23-88.
Krais, Beate (1996): Bildungsexpansion und soziale Ungleichheit in der Bundesrepublik Deutschland. Jahrbuch Bildung und Arbeit 1, S. 118-146.
Hadjar, Andreas; Becker, Rolf (Hg.) (2006): Die Bildungsexpansion. Erwartete und unerwartete Folgen. Wiesbaden: VS.
Hadjar, Andreas; Becker, Rolf (2009): Erwartete und unerwartete Folgen der Bildungsexpansion in Deutschland. In: Rolf Becker (Hg.): Lehrbuch der Bildungssoziologie. Wiesbaden: VS, S. 195–214.
Köhler, Helmut (1992): Bildungsbeteiligung und Sozialstruktur in der Bundesrepublik. Zu Stabilität und Wandel der Ungleichheit von Bildungschancen. Berlin: Max-Planck-Institut für Bildungsforschung.

Müller, Walter; Haun, Dietmar (1994): Bildungsungleichheit im sozialen Wandel. Kölner Zeitschrift für Soziologie und Sozialpsychologie 46, S. 1-42.

Text zu Ursachen der Bildungsexpansion und Vergleich in Europa:
Müller, Walter; Steinmann, Susanne; Schneider, Reinhart (1997): Bildung in Europa. In: Stefan Hradil und Stefan Immerfall (Hg.): Die westeuropäischen Gesellschaften im Vergleich. Opladen: Leske + Budrich, S. 177–246.

Studien zu SchulabbrecherInnen bzw. frühen SchulabgängerInnen:
Bacher, Johann; Tamesberger, Dennis (2011): Junge Menschen ohne (Berufs-) Ausbildung, Ausmaß und Problemskizze anhand unterschiedlicher Sozialindikatoren. In: WISO 34 (4), 95-112.

Nairz-Wirth, Erna; Meschnig, Alexander; Gitschthaler, Marie (2010): Quo Vadis Bildung? Eine qualitative Studie zum Habitus von Early School Leavers. Im Auftrag der Arbeiterkammer, Wien.

Solga, Heike (2009): Bildungsarmut und Ausbildungslosigkeit in der Bildungs- und Wissensgesellschaft. In: Rolf Becker (Hg.): Lehrbuch der Bildungssoziologie. Wiesbaden: VS, S. 395–432.

Solga, Heike (2005): Ohne Abschluss in die Bildungsgesellschaft. Die Erwerbschancen gering qualifizierter Personen aus soziologischer und ökonomischer Perspektive. Opladen: Barbara Budrich.

Steiner, Mario (2009): Early School Leaving in Österreich 2008. Ausmaß, Unterschiede, Beschäftigungswirkung. Im Auftrag der Kammer für Arbeiter und Angestellte, Wien.

4.4. Standardisierung: PISA

Als ein maßgeblicher Motor für Reformen gelten internationale Rankings und Vergleiche. Das *Programme for International Student Assessment*, besser bekannt unter der Abkürzung PISA, ist eine international vergleichende Studie zu Schulleistungen, die seit dem Jahr 2000 alle drei Jahre von der OECD organisiert wird. Bei den PISA-Testungen werden i.d.R. drei Bereiche untersucht: die Kompetenzen in Lesen, Mathematik und Naturwissenschaft. Es handelt sich dabei weniger um eine Überprüfung spezifischer Wissensbestände, sondern um die Testung von allgemeinen Grundkompetenzen, d.h. von grundlegenden Fähigkeiten, Wissen in diesen Bereichen problemorientiert anzuwenden und zu reflektieren.

Die Ergebnisse der Kompetenzvergleiche sorgten für den sogenannten „PISA-Schock" in jenen Ländern, welche verhältnismäßig schlecht bei den Tests abschnitten, u.a. Deutschland und Österreich. So wurde für Österreich festgehalten, dass jeder dritte männliche Jugendliche nicht sinnerfassend lesen kann. Mädchen weisen durchschnittlich höhere Lesekompetenzen auf, während Burschen etwas bessere Mathematikleistungen erbringen (z.B. Bacher/ Paseka 2006). Die PISA-Studie weist auch darauf hin, dass Mathematik- und Lesekompetenzen von Jugendlichen mit dem Bildungshintergrund ihrer Familie zusammenhängen (z.b. Breit/Schreiner 2006: 197), sowie dass Jugendliche mit Migrationshintergrund in beiden Bereichen schlechter abschneiden als Jugendliche ohne Migrationshintergrund (z.b. Wroblewski 2006).

Ein Zusammenhang der Kompetenzen der Jugendlichen findet sich etwa mit der Anzahl der Bücher im Haushalt. Daneben scheint auch das Freizeitverhalten eine bedeutende Rolle zu spielen. So entwickeln Kinder, die von Eltern in sportliche oder kulturelle Veranstaltungen bzw. Kurse gegeben werden, auch höhere schulisch relevante Kompetenzen, während Fernsehen diese kaum erhöht (vgl. Becker/Schubert 2006: 272). Eben diese kulturellen Aspekte variieren stark mit der sozialen Herkunft, etwa weil sozioökonomisch privilegierte Familien ihre Kinder weit häufiger auch in der Freizeit kulturell fördern, während unterprivilegierte Kinder eher fernsehen oder Computer spielen (vgl. Leven/Schneekloth 2010: 101).

Die OECD-Vergleiche und Rankings setzten Staaten unter Reformdruck, ihre Bildungs- und Hochschulsysteme umzustrukturieren und an einzelnen Erfolgsmodellen, sogenannten ‚Best-practice'-Beispielen (etwa dem finnischen Schulsystem), zu orientieren. Unterschiedliche nationale Bildungstraditionen und Ressourcen werden dabei an einem gemeinsamen Maßstab gemessen, ohne den nationalen und historischen Kontext näher zu berücksichtigen. So ist bspw. fraglich, ob tatsächlich so einfach von den PISA-Ergebnissen auf die kompetenzsteigernde oder -mindernde Wirkung der Schulstruktur geschlossen werden kann. Auch die Validität von PISA wird als problematisch eingeschätzt, d.h. manche WissenschaftlerInnen stellen infrage, ob mittels PISA überhaupt das gemessen wird, was gemessen werden soll, bzw. was gemessen werden könnte oder überhaupt relevant wäre (vgl. Münch 2008: 44). So wären SchülerInnen den Umgang mit solchen standardisierten Tests je nach Land unterschiedlich gewohnt, und auch die Art der Testung käme manchen Ländern mehr entgegen als anderen. Denn während in den USA in der Schule vor allem breite Grundkompetenzen vermittelt werden, findet in Deutschland traditionell ein viel stärker spezialisierter Fachunterricht statt. Je nachdem, wie stark die Testfragen deshalb mit nationalen Lehrplänen und Unterrichtsinhalten übereinstimmen, werden auch die SchülerInnen je nach Land besser oder schlechter abschneiden (ebd.). Ob SchülerInnen, die bei PISA geringe Punkte erreichten, tatsächlich auch schlechter auf die Anforderungen der ,Wissensgesellschaft' vorbereitet sind, könne daher durch einen solchen Test nur schwer beantwortet werden. Münch kritisiert deswegen den blinden Glauben an die Aussagekraft von PISA: „Ein simples, methodisch fragwürdiges Verfahren erzeugt somit eine globale Statushierarchie, ohne dass die Legitimität dieses Verfahrens überhaupt debattiert würde." (Münch 2008: 49)

Problematisch erscheint aus dieser Perspektive, dass mit dem Verweis auf die PISA-Ergebnisse die national unterschiedlichen Bildungstraditionen entwertet und auf ein Ideal hin ausgerichtet bzw. reformiert werden. An die Stelle unterschiedlicher Modelle mit ihren jeweiligen Vor- und Nachteilen tritt eines, das die höchste ökonomische Verwertbarkeit verspricht. Richard Münch (2008: 88) bezeichnet diesen Standardisierungsprozess als „McDonaldisierung der Bildung", bei der „die breite Masse mit standardisierten Produkten versorgt wird".

„An die Stelle von klassischen Formen der Vermittlung von „Bildung" und Fachwissen tritt eine technizistisch beherrschte Vermittlung von Grundkompetenzen und kleinen Wissenspaketen, die auf kurzfristigen Prüfungs- und nicht auf langfristigen Bildungserfolg ausgerichtet ist. Zu diesem Zweck muss die Wissensvermittlung in kleine Einheiten zerlegt, d.h. ,modularisiert' und standardisiert und didaktisch durchorganisiert werden." (Münch 2008: 87f.)

Im Zuge der Standardisierungsprozesse gewinnt vor allem auch das Prüfen und Quantifizieren von Leistungen sowie Kompetenzen an Bedeutung. Die eingangs beschriebene Verschiebung des Bildungsbegriffs von Kultur zu Humankapital lässt sich vor dem Hintergrund der Ökonomisierung und Standardisierung als Teil der Verwertungslogik interpretieren: *„Kompetenzen sind eben messbar, Bildung nicht. Sobald man anfängt, ‚Bildungserfolge' zu messen, ergibt sich zwangsläufig eine Zielverschiebung."* (ebd.: 57)

Das Prüfen und Messbarmachen würde prinzipiell, folgt man Niklas Luhmann und Karl-Eberhard Schorr (1982), bei Bildung und Erziehung an eine Grenze stoßen, nämlich an jene des *Technologiedefizits* des Erziehungssystems: *„Der Begriff des Technologiedefizits bezieht sich auf die Erkenntnis, dass eine direkte und in ihren Folgen klar umgrenzbare Einflussnahme auf die Zöglinge nicht möglich ist. Weder ist kontrollierbar, was in das Bewusstsein der zu Erziehenden dringt, noch wie es dort verarbeitet wird. (...) Messbare Leistung ersetzt die Einsicht in die Unmöglichkeit, erzieherisches Handeln in ihren Folgen zu bestimmen."* (Löw 2006: 55)

Weiterführende Literatur:
Zum Einstieg in die These des Technologiedefizits:
Kupfer, Antonia (2011): Niklas Luhmann und Hans Eberhard Schorr: Erziehung ist unmöglich. In: dies.: Bildungssoziologie. Theorien - Institutionen - Debatten. Wiesbaden: VS Verlag für Sozialwissenschaften, S. 93-106.
Luhmann, Niklas; Schorr, Karl-Eberhard (1982): Das Technologiedefizit der Erziehung und die Pädagogik. In: dies. (Hg.): Zwischen Technologie und Selbstreferenz. Fragen an die Pädagogik. Frankfurt am Main: Suhrkamp, S. 11-40.
Ein Überblick zur PISA-Studie:
http://www.oecd.org/pisa/aboutpisa/ (Stand: 20.10.2016)
Weitere Informationen und Literatur:
www.bifie.at/pisa (Stand: 20.10.2016)
Schwantner, Ursula; Schreiner, Claudia (2010). PISA 2009. Internationaler Vergleich von Schülerleistungen. Erste Ergebnisse. Graz: Leykam.
Kritisch zu PISA:
Langer, Roman (2008): Warum haben die PISA gemacht? Ein Bericht über einen emergenten Effekt internationaler politischer Auseinandersetzung. In: ders. (Hg.): Warum tun die das? Governanceanalysen zum Steuerungshandeln in der Schulentwicklung. Wiesbaden: VS, S. 49-72.
Jahnke, Thomas; Meyerhöfer, Wolfram (2007): PISA und Co. Kritik eines Programms. Hildesheim u.a.: Franzbecker.
Münch, Richard (2008): Globale Eliten, lokale Autoritäten. Politik unter dem Regime von PISA, McKinsey & Co. Frankfurt am Main: Suhrkamp.

5. Funktionen von Bildung und Bildungsungleichheiten

5.1. Bildungsfunktionen und Chancengleichheit

Aus strukturfunktionalistischer Perspektive kommen Bildungsinstitutionen Funktionen für die Gesellschaft zu. Für Talcott Parsons erfüllt die Schule zwei Funktionen: „Sie sozialisiert für das Erwachsenenleben und sie organisiert die Verteilung auf zukünftige Berufssparten." (Löw 2006: 35) Später wurden neben der Sozialisationsfunktion weitere Funktionen, meist im Anschluss an Helmut Fend (1981), unterschieden. Dem Bildungssystem kommt u.a. eine Qualifizierungsfunktion zu, d.h. es bereitet Individuen auf den Arbeitsmarkt vor und vermittelt beruflich relevante Kenntnisse und Fähigkeiten. Daneben erfüllt es die Funktion der Allokation (sozialen Platzierung), insofern durch Qualifikationen und Bildungstitel die soziale Position präfiguriert wird (vgl. Kapitel 7). Dies wurde auch als „Selektionsfunktion" (Brüsemeister 2008: 44f.) des Bildungssystems bezeichnet, weil Individuen durch Prüfungen und Abschlüsse ,ausgewählt' werden und die gesellschaftlichen Positionen über Bildungszertifikate (mit-)strukturiert werden. Darüber hinaus erfülle die Schule auch die Aufgabe einer politischen Integration und Legitimation (Löw 2006: 83).

Eine funktionalistische Perspektive, die vor allem die gesellschaftlichen Funktionen des Bildungssystems analysiert, hat jedoch auch Kritik geerntet. Denn der Blick auf die Funktionen von Bildungsinstitutionen würde etwa davon ablenken, dass diese auch eine „Eigenlogik" und ein „Eigenleben" hätten (Brüsemeister 2008: 44), also ,mehr' sind und leisten als ein bloßes Mittel gesellschaftlicher Interessen zu sein. Ein zweiter Einwand bezieht sich darauf, dass gefragt werden kann, ob nicht umgekehrt auch das Bildungssystem andere Institutionen als Mittel zur Erreichung ihrer Ziele braucht und verwendet, bspw. politische Institutionen oder die Mitwirkung der Familie bei Bildungsprozessen (vgl. zur Autonomie von Bildungsinstitutionen: Kapitel 6).

Der größte Einwand kommt dabei aus einer konflikttheoretischen Perspektive, die dem Funktionalismus vorwirft, Funktionen unkritisch als

Erklärungen zu verwenden, die eigentlich selbst soziologisch *erklä-rungsbedürftig* wären. Dass es etwa zu einer stärkeren Ausdifferenzierung von Bildungsinstitutionen kommt, d.h. diese in einem Wettbewerb ihre Unterschiede betonen (horizontale Differenzierung), die ‚Besten' belohnt werden und eine Hierarchie entsteht (vertikale Differenzierung), erklärt eine funktionalistische Perspektive als funktionale Notwendigkeit (Münch 2008: 136f.). KonflikttheoretikerInnen kritisieren nun, dass eine Beschreibung von sozialen Hierarchien als ‚Notwendigkeit' dazu beiträgt, diese Hierarchien sozial zu legitimieren (ebd.), sie also unangreifbar zu machen. Diese Legitimierung würde etwa, um das Beispiel der Hochschulen zu nehmen, zu dem Eindruck führen, dass die Konzentration von Macht und Geld an wenigen ‚Eliteuniversitäten' funktional erforderlich wäre, um Wissenschaft voranzubringen. Nicht hinterfragt würde dabei jedoch, ob diese Monopolbildung tatsächlich notwendig sei oder ob es nicht bessere Arten der Förderung wissenschaftlichen Fortschritts gebe. Übersehen würde schließlich in dieser funktionalistischen Denkweise, welche sozialen Interessen dazu führten, dass sich ein Elitedenken überhaupt durchsetzen konnte; d.h. wer davon profitiert, dass eine ungleiche Ressourcenausstattung von Universitäten nicht aufgehoben, sondern im Gegenteil noch weiter verstärkt wird. Analoge Unterschiede zwischen einer Differenzierungs- und einer Ungleichheitsperspektive lassen sich auch in der Professionstheorie finden (Pfadenhauer 2003, vgl. dazu Kapitel 10 und 11).

Insgesamt ist die Frage nach Funktionen heute nicht mehr so bedeutsam wie früher und wird in der Bildungssoziologie nur mehr am Rande diskutiert (vgl. Brüsemeister 2008: 46). Was jedoch sehr wohl diskutiert wird, ist die Rolle, die Bildungsinstitutionen für die Reproduktion sozialer Ungleichheit spielen, d.h. die Allokations- und Selektionsaspekte.

In diesem Zusammenhang wird immer wieder von *Chancengleichheit* gesprochen – ein Begriff, der in bildungssoziologischen, aber auch bildungspolitischen Zusammenhängen sehr häufig, fast inflationär verwendet wird. Nur in wenigen Publikationen wird jedoch darauf eingegangen, was genau darunter zu verstehen ist, weshalb immer im Detail darauf geachtet werden muss, welche Bedeutung einzelne AutorInnen bzw. theoretische Paradigmen diesem Begriff geben. In den meisten Fällen lassen sich zwei Aspekte von Chancengleichheit unterscheiden: *Formale Gleichbehandlung*, also Fairness und gleiche Zugangsmöglichkeiten zu Bildung bei gleicher Leistung, und *Chancengleichheit „durch Bildung"* (Stojanov 2011: 33) als „Überwindung der Ungleichheiten der Startbedingungen, die durch Geburt gegeben sind" (ebd.: 34).

Der wichtige Unterschied zwischen beiden Konzepten besteht darin, dass im ersten Fall angenommen wird, Gleichbehandlung wäre ausreichend, damit alle Individuen die gleiche Chance hätten, sich in einer Konkurrenzsituation als die Besten bewähren zu können. Diese Perspektive ignoriert jedoch meistens, dass die Möglichkeit, Leistung zu erbringen, rückgebunden ist an Fähigkeiten, die ungleich verteilt sind. Leistungsgerechtigkeit ist, wie der Bildungstheoretiker Krassimir Stojanov (2011: 16) schreibt, „nicht ohne weiteres auf den Kontext von Bildungsinstitutionen übertragbar", auch weil

„...schulpflichtige Kinder prinzipiell nicht als autonome Subjekte anzusehen [sind], die als vollständig verantwortlich für ihr bildungsrelevantes Handeln zu betrachten sind, ein Handeln, welches das Niveau ihrer Bildungsleistungen bedingt. Vielmehr besteht die Aufgabe der schulischen Bildung gerade darin, Kinder und Jugendliche zur Subjektautonomie und somit zur Verantwortungsfähigkeit erst einmal hinzuführen." (ebd.)

Kinder werden in ihren Herkunftsfamilien sehr unterschiedlich gefördert und entwickeln deswegen oft sehr unterschiedliche Fähigkeiten. Die Schule, so die Hoffnung derjenigen, die auf Chancengleichheit *durch* Bildung setzen, könne und solle diese Herkunftsunterschiede ausgleichen und letztlich allen gleiche Beteiligungschancen ermöglichen.

Weiterführende Literatur:

Ein Klassiker des Funktionalismus:

Parsons, Talcott (1968): Die Schulklasse als soziales System: Einige ihrer Funktionen in der amerikanischen Gesellschaft. In: ders.: Sozialstruktur und Persönlichkeit. Frankfurt am Main: Suhrkamp, S. 161-193.

5.2. Bildungsungleichheiten

Die Akzeptanz sozialer Ungleichheit, die auf der unterschiedlichen sozialen Platzierung je nach Bildungsabschluss beruht, hängt auch davon ab, wie stark Chancengleichheit im Bildungsbereich verwirklicht ist.

In unzähligen soziologischen Studien wurde und wird festgestellt, dass tatsächlich der erreichte Bildungsabschluss, und in einem zweiten Schritt auch die erreichte Berufsposition, stark mit Merkmalen der Herkunftsfamilie zusammenhängen. Der starke Einfluss der Bildung der Eltern auf die Bildung der Kinder ist dabei auch in den letzten Jahrzehnten kaum geringer geworden. Nachdem nach wie vor der Zusammenhang zwischen sozialer Herkunft und Bildungserfolg groß ist, wird von BildungssoziologInnen häufig Bezug auf die frühere ständische Gesellschaftsstruktur genommen (Kast 2006: 260) und von einer *„Refeudalisierung"* (Keller und Schöller 2002: 409), sozialer Segregation und ständischer Reproduktion (Vester 2006: 48f.) gesprochen.

Vor allem beim ersten Übergang von der Volksschule in die Sekundarstufe I beeinflusst die soziale Herkunft stark das Übertrittsverhalten: Unterprivilegierte Kinder besuchen sehr häufig eine Hauptschule mit anschließender Berufsausbildung, privilegierte Kinder gehen meist in eine allgemeinbildende höhere Schule bis zur Matura. Obwohl Kinder mit 14 Jahren beim Übertritt in die Sekundarstufe II ein weiteres Mal über ihren Bildungsweg entscheiden könn(t)en, verbleiben die Kinder nach einer AHS-Unterstufe mehrheitlich in dieser Schulform, während nur ein verschwindend geringer Anteil der HauptschülerInnen in eine AHS-Oberstufe wechselt. Insgesamt wird bereits im Alter von 10 Jahren mehr oder weniger entschieden, ob ein Kind voraussichtlich eine Studienberechtigung erwerben wird oder nicht. Diese frühen klassen- bzw. schichtspezifischen Ungleichheiten prägen den weiteren Bildungsverlauf bis hin zur Aus- und Weiterbildung. Denn Erwachsene mit niedrigem Bildungsabschluss nehmen im Vergleich zu AbsolventInnen einer höheren Schule oder Hochschule verhältnismäßig selten an Weiterbildungsangeboten teil.

Im Gegensatz zur expliziten Ausgrenzung früherer Jahrzehnte haben Frauen im Bildungsbereich zwar mittlerweile formal mit Männern gleichgezogen; trotzdem bestehen nach wie vor implizite Ausschluss- und Abdrängungsmechanismen in Schule, Hochschule und Arbeitsmarkt. Genderspezifische Bildungsungleichheiten finden sich etwa in einem Gender-Bias bei der Leistungsdarstellung und -zuschreibung, sowie bei der Entwicklung von beruflichen Interessen und der Entscheidung für bestimmte Lehrberufe oder Studienrichtungen. *(Ausführliche Darstellungen dazu in: Statistik Austria, Wien 2011: Bildung in Zahlen, Schlüsselindikatoren und Analysen)*

Sehr starke Bildungsbenachteiligung findet man auch bei bestimmten MigrantInnengruppen (in Österreich vor allem bei türkischen, aber auch ex-jugoslawischen MigrantInnen), die zwar als bildungsexpansiv einzuschätzen sind, insofern die Kinder im Verhältnis zu den Abschlüssen der Eltern häufiger höhere Bildungsabschlüsse erreichen, aber insgesamt noch immer geringere Bildungsabschlüsse als Jugendliche ohne Migrationshintergrund erlangen (z.B. Weiss 2006). Auch ein überproportionaler Anteil von Kindern mit Migrationshintergrund in Sonderschulen ist für Deutschland und Österreich nach wie vor Tatsache. So wurde für Deutschland schon vor Jahren belegt, dass die Zuweisung zu Sonderschulen immer wieder aufgrund von schlechten Deutschkenntnissen oder mangelnder Integration der Eltern erfolgte, obwohl dies rechtlich nicht zulässig ist (Gomolla/Radtke 2009: 193f.).

Die genannten Ungleichheitskategorien – Geschlecht, Klasse, Ethnizität, usw. – werden dabei zunehmend in ihren Überschneidungen betrachtet, weil soziale Gruppen Binnendifferenzierungen aufweisen. Zum Beispiel kann es sein, dass die Bildungssituation für Frauen mit Migrationshintergrund unter Umständen anders aussieht als für Frauen ohne Migrationshintergrund, oder dass Buben mit Mädchen aus der Oberschicht mehr Gemeinsamkeiten haben als mit Kindern der Unterschicht. Solche intersektionalen Analysen berücksichtigen stärker die Komplexität von Bildungsungleichheiten.

Weiterführende Literatur:

Wichtige österreichische Forschungsberichte:
Nationaler Bildungsbericht Österreich 2015. https://www.bifie.at/nbb2015 (Stand: 21.10.2016)
Statistik Austria (2016): Bildung in Zahlen 2014/15 – Schlüsselindikatoren und Analysen. Wien: Statistik Austria. www.statistik.at/web_de/services/publikationen/5 (Stand: 21.10.2016)

Zur Situation an den Universitäten:
Studierenden-Sozialerhebung. Bericht zur sozialen Lage der Studierenden. Wien: Institut für Höhere Studien. http://www.sozialerhebung.at/ (Stand: 21.10.2016)

Zum Themenbereich soziale Herkunft:
Büchner, Peter; Brake, Anna (2006): Bildungsort Familie. Transmission von Bildung und Kultur im Alltag von Mehrgenerationenfamilien. Wiesbaden: VS-Verlag.
Budde, Jürgen; Willems, Katharina (Hg.) (2009): Bildung als sozialer Prozess: Heterogenitäten, Interaktionen, Ungleichheiten: Juventa.
Choi, Frauke (2009); Leistungsmilieus und Bildungszusammenhang. Zum Zusammenhang von sozialer Herkunft und Verbleib im Bildungssystem. Wiesbaden: VS.
Ditton, Hartmut; Krüsken, Jan (2006): Der Übergang von der Grundschule in die Sekundarstufe I. Zeitschrift für Erziehungswissenschaft 3/2006. S. 348-371.
Engler, Steffanie; Krais, Beate (Hg.) (2004): Das kulturelle Kapital und die Macht der Klassenstrukturen. Sozialstrukturelle Verschiebungen und Wandlungsprozesse des Habitus. Weinheim: Juventa.
Erler, Ingolf (Hg.) (2007): Keine Chance für Lisa Simpson? Soziale Ungleichheit im Bildungssystem. Wien: Mandelbaum.
Hillmert, Steffen; Jacob, Marita (2005): Institutionelle Strukturierung und interindividuelle Variation. Zur Entwicklung herkunftsbezogener Ungleichheiten im Bildungsverlauf. In: Kölner Zeitschrift für Soziologie und Sozialpsychologie 2005 (3), S. 414-442.
Krüger, Heinz-Hermann; Rabe-Kleberg, Ursula; Kramer, Rolf-Torsten; Budde, Jürgen (2010): Bildungsungleichheit revisited: Bildung und soziale Ungleichheit vom Kindergarten bis zur Hochschule. Wiesbaden: VS.
Georg, Werner (Hg.): Soziale Ungleichheit im Bildungssystem. Eine empirisch-theoretische Bestandsaufnahme. Konstanz: UVK.
Müller, Walter; Pollak, Reinhard (2007): Weshalb gibt es so wenige Arbeiterkinder in Deutschlands Universitäten? In: Becker, Rolf; Lauterbach, Wolfgang (Hg.): Bildung als Privileg. Erklärungen und Befunde zu den Ursachen der Bildungsungleichheit. 2., aktualisierte Auflage. Wiesbaden: VS, S. 303-339.
Preißer, Rüdiger (2003): Muster der intergenerationalen Statusreproduktion in der Oberschicht – Der Beitrag von emotionalen Ressourcen bei der Transformation des Familienkapitals. In: Hradil, Stefan; Imbusch, Peter (Hg.): Oberschichten – Eliten – Herrschende Klassen. Opladen: Leske + Budrich, S. 209-236.

Reißig, Birgit; Gaupp, Nora (2007): Chancenungleichheiten an der ersten Schwelle Schule – Ausbildung. Ergebnisse aus dem DJI-Übergangspanel. In: Eckert, Thomas (Hg.): Übergänge im Bildungswesen. Münster: Waxmann, S. 143-161.

Thonhauser, Josef; Eder, Ferdinand (2006): Bildungsaspirationen, Noten und Berechtigungen am Übergang von der Volksschule in die Sekundarstufe I. In: Erziehung und Unterricht 2006 (3-4), S. 275-294.

Thonhauser, Josef; Pointinger, Martin (2008): Der Übergang in der Sekundarstufe I unter dem Aspekt der Chancengleichheit im Bildungswesen, in: Erziehung und Unterricht 2008 (7-8), S. 518-528.

Zur sozialen Verarmung der Hauptschule und Zusammensetzung der SchülerInnen:
Solga, Heike; Wagner, Sandra (2010): Die Zurückgelassenen – die soziale Verarmung der Lernumwelt von Hauptschülerinnen und Hauptschülern. In: Becker, Rolf; Lauterbach, Wolfgang (Hg.): Bildung als Privileg. Erklärungen und Befunde zu den Ursachen der Bildungsungleichheit. 4. Aufl. Wiesbaden: VS, S. 191-220.

Zur Weiterbildung:
Baethge, Martin; Baethge-Kinsky, Volker (2004): Der ungleiche Kampf um das lebenslange Lernen. Eine Repräsentativ-Studie zum Lernbewusstsein und -verhalten der deutschen Bevölkerung. In: Dies. u.a. (Hg.): Der ungleiche Kampf um das lebenslange Lernen. Münster: Waxmann, S. 11-200.

Bremer, Helmut (2007): Soziale Milieus, Habitus und Lernen. Zur Analyse von sozialer Selektivität und Chancengleichheit in pädagogischen Handlungsfeldern am Beispiel der Erwachsenenbildung. Weinheim: Juventa.

Zu Fragen Regionaler Unterschiede:
Kast, Frist (2006): Denn wer hat, dem wird (dazu) gegeben, und er wird im Überfluss haben... – bildungsschicht- und regionsspezifische Besuchsquoten des Gymnasiums (Sekundäranalyse der Volkszählungsdaten). In: Erziehung und Unterricht 3-4/2006. S.236-263.

Wisbauer, Alexander (2006): Bildungschancen der Kinder und Jugendlichen in Österreich – eine Analyse der regionalen Disparitäten (Teil I). In: GW Unterricht 102/2006. S.1-8.

Zum Thema Geschlecht:
Einen guten Überblick über den Forschungsstand liefert folgende Studie:
Rieske, Thomas Viola (2011): Bildung von Geschlecht. Zur Diskussion um Jungenbenachteiligung und Feminisierung in deutschen Bildungsinstitutionen. Eine Studie im Auftrag der Max-Traeger-Stiftung. Frankfurt: Gewerkschaft Erziehung und Wissenschaft.

Zwei qualitative Schulbeobachtungsstudien (erstgenannte an einer österr. Schule):
Budde, Jürgen; Scholand, Barbara; Faulstich-Wieland, Hannelore (2008): Geschlechtergerechtigkeit in der Schule. Eine Studie zu Chancen, Blockaden und Perspektiven einer gender-sensiblen Schulkultur. Weinheim: Juventa.
Faulstich-Wieland, Hannelore; Weber, Martina; Willems, Katharina (2004): Doing Gender im heutigen Schulalltag. Empirische Studien zur sozialen Konstruktion von Geschlecht in schulischen Interaktionen. München: Juventa.

Weitere Literatur:
Bacher, Johann; Beham, Martina; Lachmayr, Norbert (Hg.) (2008): Geschlechterunterschiede in der Bildungswahl. Wiesbaden: VS.
Budde, Jürgen (2008): Bildungs(miss)erfolge von Jungen und Berufwahlverhalten bei Jungen/männlichen Jugendlichen. Bildungsforschung Band 23. Bonn, Berlin: BMBF.
Hadjar, Andreas (Hg.) (2011): Geschlechtsspezifische Bildungsungleichheiten. Wiesbaden: VS.
Granato, Mona; Schittenhelm, Karin (2004): Junge Frauen: Bessere Schulabschlüsse – aber weniger Chancen beim Übergang in die Berufsausbildung. In: Aus Politik und Zeitgeschichte 28/2004. S.31-39.
Pölsler, Gerlinde; Paier, Dietmar (2003): Determinanten der Berufsorientierung von Mädchen. Eine empirische Analyse an steirischen Schulen. Graz: ZBW.

Zu Wissenschaft und Geschlecht:
Beaufaÿs, Sandra; Krais, Beate (2005): Doing Science – Doing Gender. Die Produktion von WissenschaftlerInnen und die Reproduktion von Machtverhältnissen im wissenschaftlichen Feld. In: Feministische Studien 01/2005. Stuttgart: Lucius & Lucius. S. 82-99.
Engler, Steffanie (2001): „In Einsamkeit und Freiheit"? Zur Konstruktion der wissenschaftlichen Persönlichkeit auf dem Weg zur Professur. Konstanz: UVK.
Krais, Beate (Hg.) (2000): Wissenschaftskultur und Geschlechterordnung. Über die verborgenen Mechanismen männlicher Dominanz in der akademischen Welt. Frankfurt am Main: Campus.

Zum Thema Migration:
Auernheimer, Georg (Hg.) (2010): Schieflagen im Bildungssystem. Die Benachteiligung der Migrantenkinder. 4., Aufl. Wiesbaden: VS.
Granato, Mona (2007): Berufliche Ausbildung und Lehrstellenmarkt: Chancengerechtigkeit für Jugendliche mit Migrationshintergrund verwirklichen. Bonn: Friedrich-Ebert-Stiftung.
Konsortium Bildungsberichterstattung (Hg.) (2006): Bildungsbericht in Deutschland. Ein indikatorengestützter Bericht mit einer Analyse zu Bildung und Migration. Bielefeld: Bertelsmann.

Hormel, Ulrike; Albert Scherr (2004): Bildung für die Einwanderungsgesellschaft. Wiesbaden: VS.

King, Vera (Hg.) (2009): Adoleszens - Migration - Bildung. Bildungsprozesse Jugendlicher und junger Erwachsener mit Migrationshintergrund. 2., erweiterte Auflage. Wiesbaden: VS.

Herzog-Punzenberger, Barbara (Hg.) (2006): Bildungsbe/nach/teiligung in Österreich und im internationalen Vergleich. KMI Working Paper 10/2006. Wien: Kommission für Migrations- und Integrationsforschung der ÖAW.
http://www.oeaw.ac.at/kmi/Bilder/kmi_WP10.pdf (21.2.2012)

Tiedemann, Joachim; Billmann-Mahecha, Elfriede (2007): Zum Einfluss von Migration und Schulklassenzugehörigkeit auf die Übergangsempfehlung für die Sekundarstufe I. In: Zeitschrift für Erziehungswissenschaft 1/2007, S. 108-120.

Unterwurzacher, Anne (2007): „Ohne Schule bist du niemand!" – Bildungsbiographien von Jugendlichen mit Migrationshintergrund. In: Weiss, Hilde (Hg.): Leben in zwei Welten. Zur sozialen Integration ausländischer Jugendlicher der zweiten Generation. Wiesbaden: VS, S. 71-96.

Wallace, Claire; Wächter, Natalia; Blum, Johanna; Scheibelhofer, Paul (2007): Jugendliche MigrantInnen in Bildung und Arbeit. Auswirkungen von Sozialkapital und kulturellem Kapital auf Bildungsentscheidungen und Arbeitsmarktbeteiligung. Wien: ÖIJ.

Weiss, Hilde; Unterwurzacher, Anne (2007): Soziale Mobilität durch Bildung? – Bildungsbeteiligung von MigrantInnen. In: Fassmann, Heinz (Hg.): 2. Österreichischer Migrations- und Integrationsbericht 2001-2006. Klagenfurt: Drava, S. 227-241.

Eine häufig zitierte Studie zu institutioneller Diskriminierung:
Gomolla, Mechthild; Radtke, Frank-Olaf (2009): Institutionelle Diskriminierung. Die Herstellung ethnischer Differenz in der Schule. 3. Aufl. Wiesbaden: VS.

Intersektionale Analysen und/oder Einbezug mehrerer Kategorien:
Driessen, Geert; Jungbluth, Paul (Hg.), (1994): Educational Opportunities. Tackling Ethnic, Class and Gender Inequality through Research. Münster/New York: Waxmann

Geißler, Rainer (2005): Die Metamorphose der Arbeitertochter zum Migrantensohn. Zum Wandel der Chancenstruktur im Bildungssystem nach Schicht, Geschlecht, Ethnie und deren Verknüpfungen. In: Peter A. Berger und Heike Kahlert (Hg.): Institutionalisierte Ungleichheiten. Wie das Bildungswesen Chancen blockiert. Weinheim, München: Juventa (Bildungssoziologische Beiträge), S. 71–102.

King, Vera (2009): "Weil ich mich sehr lange Zeit allein gefühlt hab' mit meiner Bildung ..." Bildungserfolg und soziale Ungleichheiten unter Berücksichtigung von class, gender, ethnicity. In: J. Budde und K. Willems (Hg.): Bildung als sozialer Prozess: Heterogenitäten, Interaktionen, Ungleichheiten: Juventa, S. 53–72.

Weber, Martina (2003): Heterogenität im Schulalltag. Konstruktionen ethnischer und geschlechtlicher Unterschiede. Opladen: Leske + Budrich.

Weber, Martina (2009): Das Konzept "Intersektionalität" zur Untersuchung von Hierarchisierungsprozessen in schulischen Interaktionen. In: Jürgen Budde und Katharina Willems (Hg.): Bildung als sozialer Prozess: Heterogenitäten, Interaktionen, Ungleichheiten: Juventa, S. 73–94.

5.3. Erklärung der Disparitäten

Wie die im Zeitverlauf äußerst stabilen Bildungsungleichheiten zu erklären sind, beschäftigt die Soziologie seit langem. Zwei Wissenschaftler, auf die die Bildungssoziologie häufig Bezug nimmt, wenn es um das Verhältnis von Bildung und sozialen Ungleichheiten sowie die Erklärung von Disparitäten geht, sind die französischen Soziologen und Philosophen Raymond Boudon und Pierre Bourdieu.

Boudon: Primäre und sekundäre Herkunftseffekte

Boudon schließt an die Humankapitaltheorie an, insofern es in seiner Theorie um rationale Interessen ökonomisch handelnder Individuen geht, für die Bildung eine Investition darstellt und die aus Bildung einen Nutzen ziehen. Boudon (1974) entwickelte ein theoretisches Modell, das erklären sollte, in welcher Form Ungleichheiten der Bildungschancen und Ungleichheiten sozialer Chancen zusammenspielten. Ihn interessierte also der Zusammenhang zwischen Bildung und Statusallokation, d.h. in welcher Form Bildung soziale Mobilität beeinflusst (vgl. dazu auch Kapitel 7). Dafür versuchte er in einem ersten Schritt, den Zusammenhang zwischen sozialer Herkunft und Bildungsungleichheiten als Prozess mit zwei Komponenten zu konzipieren:

„One component is related mainly to the cultural effects of the stratification system. The other introduces the assumption that even with other factors being equal, people will make different choices according to their position in the stratification system. In other words, it is assumed (1) that people behave rationally in the economic sense of this concept (i.e., they attempt to maximize the utility of their decisions),

but that (2) they also behave within decisional fields whose parame-
ters are a function of their position in the stratification system."
(Boudon 1974: 36)

Sehr bekannt ist dabei Boudons Unterscheidung zwischen *primären*
und *sekundären Herkunftseffekten*. Der primäre Herkunftseffekt bezeichnet die klassenspezifischen Unterschiede in den (Schul-) Leistungen und Fähigkeiten, die durch eine unterschiedliche kulturelle Förderung der Kinder in der Herkunftsfamilie bedingt sind. Unter sekundären Herkunftseffekten werden hingegen klassenspezifische Unterschiede in der Bildungswahl verstanden, die in der bildungssoziologischen Literatur auch unter dem Begriff der *Bildungsaspirationen*, d.h.
der angestrebten Bildungsabschlüsse, beschrieben werden (vgl. dazu
Lachmayr/Rothmüller 2009: 47)

Konkret bedeutet diese Konzeption, dass angenommen wird, dass
Kinder aus einer ArbeiterInnenfamilie weniger kognitive Förderung
von der Familie erhalten, deshalb in der Schule weniger gute Leistungen erbringen, und daher nach der Volksschule eher in eine Hauptschule gehen als Kinder aus einer AkademikerInnenfamilie. Darüber
hinaus geht das Modell davon aus, dass diese Kinder bzw. ihre Eltern
sich für niedrigere Bildungsgänge entscheiden, weil für sie höhere
Bildung einen geringeren Wert besitzt. Dieser geringere Wert resul-
tiert daraus, dass sie rational kalkulieren, dass für sie höhere Bildung
einen geringeren Nutzen bei relativ betrachtet (nämlich im Verhältnis
zum Einkommen) höheren Kosten hat. Dieselbe höhere Bildung stellt
sich für eine Person am anderen Ende der sozialen Hierarchie umgekehrt dar: Höhere Bildung hat für AkademikerInnenkinder einen großen Nutzen, insbesondere um den sozialen Status der Herkunftsfamilie halten zu können, und ist gleichzeitig aufgrund der privilegierten
sozioökonomischen Position mit relativ geringeren Kosten verbunden.
Ein solches berechnendes Abwägen von Kosten und Nutzen muss vor
dem Hintergrund der mehrfach zu treffenden Entscheidung für unterschiedliche Bildungsgänge gesehen werden, was meist mit dem relativ
sperrigen Begriff *Bildungswegentscheidungen* bezeichnet wird. Hier
wird dann auch die Struktur der Bildungssysteme relevant, insofern

eine hohe Differenzierung sowie häufige und frühe Entscheidungspunkte die Ungleichheit von Bildungschancen befördern (Boudon 1974).

In Deutschland und Österreich sei der Weg einer Berufsausbildung aufgrund der relativ guten Beschäftigungschancen für beruflich qualifizierte ArbeitnehmerInnen ein weiterer Grund, warum für Kindern aus einem ArbeiterInnenhaushalt kaum eine höhere Allgemeinbildung interessant erscheint – diese sei nicht unbedingt notwendig für die Statusreproduktion, weil auch bspw. eine Lehre relativ gute berufliche Perspektiven ermögliche (Vester 2006: 19).

Im Lebensverlauf kumulieren schließlich diese Entscheidungen, die teilweise zwar auf einer Einschätzung der Erfolgserwartung aufbauen, d.h. dass die Aspirationen sich u.a. an der erwarteten Leistungsperformanz orientieren. Dies wäre dann der Fall, wenn Eltern sich ausrechnen, dass ihr Kind aufgrund der bisherigen schlechten Schulleistungen auch in der weiterführenden Schule nicht besonders gute Leistungen erbringen wird. Um eine Klassenwiederholung oder einen Abbruch der Ausbildung zu verhindern, wählen sie dann für ihr Kind einen Bildungsweg, der am ehesten der Leistungsfähigkeit entspricht und daher von dem Kind erfolgreich bewältigt werden kann. Teilweise jedoch lässt sich feststellen, dass Bildungsaspirationen auch unabhängig vom Leistungsniveau getroffen werden; etwa wenn sich Eltern mit niedrigem Bildungsabschluss selbst bei guten Leistungen für einen niedrigeren Bildungsweg ihres Kindes entscheiden als Eltern mit hohem Bildungsabschluss. Boudon misst diesen unterschiedlichen Bildungsaspirationen ein größerer Stellenwert bei der Erklärung von Bildungsungleichheiten bei als den Fähigkeiten der Kinder (Boudon 1974: 112). Er folgert aus der Bedeutung der Aspirationen, dass es sinnvoller wäre, ökonomische Ungleichheiten zu reduzieren als kulturelle, weil die soziale Schichtstruktur der Gesellschaft die Bildungsentscheidungen über die Kosten-Nutzen-Abwägungen stark beeinflusst (Boudon 1974: 115).

Während Müller-Benedict ebenfalls den zentralen Interventionspunkt für mehr Chancengleichheit bei den sekundären Herkunftseffekten verortet (Müller-Benedict/Volker 2007), plädiert Rolf Becker dafür, die primären Herkunftseffekte darüber nicht zu vernachlässigen (Becker 2010: 184). Auch wenn über die Reichweite und Bedeutung der beiden Effekte manchmal gestritten wird: die Bildungssoziologie bezieht sich stark auf diese zwei Aspekte bei der Erklärung von Bildungsungleichheiten.

Boudon konzipierte sein Modell vor dem Hintergrund internationaler Bildungsvergleiche und war auch für die OECD tätig, welche die PISA-Studien später initiierte. Sein Modell wird daher u.a. auch für die PISA-Studien bzw. die unzähligen Auswertungen der PISA-Datensätze verwendet und erweist sich hier auch als produktiver Analysezugang (Vester 2006: 18).

Nach Boudon haben einige BildungssoziologInnen das Modell überarbeitet (Breen und Goldthorpe 1997, Erikson und Jonsson 1996). So gehen etwa Erikson und Johnsson (1996) davon aus, dass sich Bildungsentscheidungen nicht notwendigerweise an rationalen Berechnungen orientieren, sondern auch auf eher diffusen Einschätzungen beruhen können. Dabei würden bspw. auch andere Faktoren wie etwa Änderungen am Arbeitsmarkt berücksichtigt werden. Breen und Goldthorpe (1997) betonen wiederum das Motiv des Statuserhalts bzw. die Angst vor sozialem Abstieg für schicht- bzw. klassenspezifische Bildungsentscheidungen.

Weiterführende Literatur:
Ein bildungssoziologischer Klassiker:
Boudon, Raymond (1974): Education, opportunity, and social inequality. Changing prospects in Western society. New York: Wiley.
Weiterentwicklungen von Boudons Modell:
Breen, Richard; Goldthorpe, John H. (1997): Explaining Educational Differentials. Towards a Formal Rational Action Theory. In: Rationality and Society 9, 1997 (3), S. 275–305.
Erikson, Robert; Jonsson, Jan O. (1996): Explaining Class Inequality in Education: The Swedish Test Case. In: Robert Erikson und Jan O. Jonsson (Hg.): Can Education Be Equalized? Boulder: Westview Press, S. 1–63.
Gambetta, Diego (1987): Where They Pushed or Did They Jump? Individual Decision Mechanisms in Education. Cambridge: University Press.

Weitere Literatur in der Tradition von Boudon:

Baumert, Jürgen; Maaz, Kai; Trautwein, Ulrich (2009): Bildungsentscheidungen. Zeitschrift für Erziehungswissenschaft, Sonderheft 12. Wiesbaden: VS-Verlag.

Becker, Rolf; Lauterbach, Wolfgang (2010): Bildung als Privileg – Ursachen, Mechanismen, Prozesse und Wirkungen dauerhafter Bildungsungleichheiten. In: dies. (Hg.): Bildung als Privileg. Erklärungen und Befunde zu den Ursachen der Bildungsungleichheit. 4. Aufl. Wiesbaden: VS, S. 11-50.

Becker, Rolf (2010): Soziale Ungleichheit von Bildungschancen und Chancengerechtigkeit - eine Reanalyse mit bildungspolitischen Implikationen. In: ders. und Wolfgang Lauterbach (Hg.): Bildung als Privileg. Erklärungen und Befunde zu den Ursachen der Bildungsungleichheit. 4. Aufl. Wiesbaden: VS, S. 161–190.

Maaz, Kai; Hausen; Cornelia; McElvany, Nele; Baumert, Jürgen (2006): Stichwort: Übergänge im Bildungssystem. Theoretische Konzepte und ihre Anwendung in der empirischen Forschung beim Übergang in die Sekundarstufe. Zeitschrift für Erziehungswissenschaft 2006 (3), S. 299-327.

Schauenberg, Magdalena (2007): Übertrittsentscheidungen nach der Grundschule. Empirische Analysen zu familialen Lebensbedingungen und Rational-Choice. München: Utz.

Schuchart, Claudia; Maaz, Kai (2007): Bildungsverhalten in institutionellen Kontexten: Schulbesuch und elterliche Bildungsaspiration am Ende der Sekundarstufe I. Kölner Zeitschrift für Soziologie und Sozialpsychologie 59 (4), S. 640-666.

Bourdieu: Kulturelles Kapital und Sinn für Grenzen

Bourdieus Erklärung für Bildungsungleichheiten baut auf seiner Theorie der familialen Weitergabe kulturellen Kapitals auf, die oben bereits einführend beschrieben wurde. Dabei kommt unbewussten Haltungen eine viel größere Bedeutung zu als in der Theorietradition Boudons. Kinder eignen sich beiläufig im Umgang mit dem sozialen Umfeld eine Haltung zu Bildung an, die zur Selbstverständlichkeit wird, und die den weiteren Bildungsverlauf prägt. Weil etwa ‚Gebildetheit' in der oberen Klasse einfach dazugehört, ist für diese Kinder relativ unabhängig von den Noten klar, dass sie eine höhere Schulbildung und danach ein Studium machen werden – Studieren wird hier de facto zu einer „Nicht-Entscheidung" (Kretschmann 2008: 63). Die Aspirationen von unterprivilegierten Kindern entstehen ebenfalls aus einer bestimmten Einstellung zu Bildung und Schule. Diese Einstellung ist jedoch geprägt von ganz anderen, milieuspezifischen Erfahrungen und Möglichkeiten, die beispielsweise als finanzieller Druck in der Familie wahrgenommen werden, zu dem

„Interventionen der Familie, der Peergroup und der schulischen Akteure hinzukommen (Bewertungen, Ratschläge, Befehle, Empfehlungen usw.). Deren ausdrückliches Ziel ist die Anpassung der Aspirationen an die Chancen, der Bedürfnisse an die Möglichkeiten der Befriedigung, die Vorwegnahme und Hinnahme der sichtbaren wie unsichtbaren, ausgesprochenen wie unausgesprochenen Grenzen. Indem sie die an unerreichbaren Zielen ausgerichteten Aspirationen entmutigen, die damit zu illegitimen Prätentionen degradiert werden, verstärken diese Ordnungsrufe die Sanktionen der Notwendigkeit oder kommen ihnen zuvor und richten zugleich die Aspirationen an realistischeren Zielen aus, das heißt an solchen, die mit den in der eingenommenen Position angelegten Chancen stärker übereinstimmen. Die Maxime einer jeden moralischen Erziehung lautet: Werde der du (gesellschaftlich) bist (und zu sein hast) (...)." (Bourdieu 2001: 279f.)

Dabei könne es bei benachteiligten Kindern zu einer „vorweggenommene[n] Hinnahme des Scheiterns und Ausgeschlossenseins" (Bourdieu/Passeron 1971: 222) kommen, was zu einer „Selbsteliminierung" (ebd.) führe, wenn bspw. diese Kinder und ihre Eltern nicht daran glauben, dass sie eine höhere Schule schaffen, und stattdessen eine niedrigere Ausbildung machen, weil sie diese als realistischere Option für ihre spätere Erwerbstätigkeit einschätzen. Bildungsaspirationen als Teil des Habitus zu denken erfordert einen Perspektivenwechsel: Es geht hier nicht so sehr um Entscheidungen und eine freie Wahl nach Abwägen der Vor- und Nachteile, sondern um einen „Sinn für Grenzen" bzw. *„Sinn für die legitimen Ambitionen (für sich selbst)"* (Bourdieu 1988: 249), d.h. um ein Gespür für die eigene soziale Position in einer Gesellschaft, das sich im Laufe des Lebens und durch Rückmeldungen des sozialen Umfeldes, etwa auch der LehrerInnen, ausbildet.

Bildungsungleichheiten können durch Bourdieus Studien erweitert werden, weil er dabei den Blick auf habitualisierte Unterschiede lenkt, auf verkörperte Ungleichheiten. Wendet man einen solchen Blick auf Bildungsinstitutionen an, wird sichtbar, dass Schule und Universität

nicht ausschließlich als Orte der Emanzipation begriffen werden können, insofern dort auch soziale Unterschiede eingeübt und auf Dauer
hergestellt werden.

Zumindest auf den ersten Blick bestehen bei den Erklärungsfaktoren
kulturelles Kapital und Haltung zu Bildung starke Ähnlichkeiten zu
Boudons Herkunftseffekten. Tatsächlich plädieren auch einige SoziologInnen dafür, beide Ansätze zusammen zu denken und für die Erklärung von Bildungsungleichheiten zu verwenden (etwa Vester 2006).
Diese Verbindung kann jedoch nur um den Preis einer sehr oberfläch-
lichen Bourdieu-Rezeption gelingen, weil seine Theorie von ganz anderen Voraussetzungen ausgeht als Rational Choice. Dass sich Bourdieu
in seiner Theorie gerade gegen Vorstellungen von sozialem Handeln
als Ergebnis einer rationalen Entscheidung wendet, wird oft ignoriert.
Umgekehrt wird auch Bourdieus Theorie von Boudon bis Becker in
Fußnoten verbannt und, aus verschiedenen Gründen, als obsolet betrachtet (vgl. etwa Boudon 1974: 112; Becker 2010: 171).

Weiterführende Literatur:
Einführend in die Bildungssoziologie Bourdieus:
Heim, Christof; Lenger, Alexander; Schumacher, Florian (2009): Bildungssoziologie. In:
Gerhard Fröhlich und Boike Rehbein (Hg.): Bourdieu Handbuch. Leben – Werk – Wir-
kung. Stuttgart: Metzler, S. 254-263.

Weitere Literatur:
Bourdieu, Pierre; Passeron, Jean-Claude (1971): Prüfung einer Illusion. In: dies.: Die
Illusion der Chancengleichheit. Untersuchungen zur Soziologie des Bildungswesens am
Beispiel Frankreichs. Stuttgart: Ernst Klett, S. 161-189.
Bremer, Helmut (2009): Die Notwendigkeit milieubezogener pädagogischer Reflexivi-
tät. Zum Zusammenhang von Habitus, Selbstlernen und sozialer Selektivität. In: Barba-
ra Friebertshäuser, Markus Rieger-Ladich und Lothar Wigger (Hg.): Reflexive Erzie-
hungswissenschaft. Forschungsperspektiven im Anschluss an Pierre Bourdieu. 2.,
durchges. und erw. Aufl. Wiesbaden: VS, S. 287–306.
Engler, Steffanie; Krais, Beate (Hg.) (2004): Das kulturelle Kapital und die Macht der
Klassenstrukturen. Sozialstrukturelle Verschiebungen und Wandlungsprozesse des
Habitus. Weinheim: Juventa.
Friebertshäuser, Barbara; Rieger-Ladich, Markus; Wigger, Lothar (Hg.): Reflexive Erzie-
hungswissenschaften. Forschungsperspektiven im Anschluss an Pierre Bourdieu. 2.
Auflage. Wiesbaden: VS.

Kramer, Rolf-Torsten (2011): Abschied von Bourdieu? Perspektiven ungleichheitsbezogener Bildungsforschung. Wiesbaden: VS.

Lange-Vester, Andrea; Teiwes-Kügler, Christel (2006): Die symbolische Gewalt der legitimen Kultur. Zur Reproduktion ungleicher Bildungschancen in Studierendenmilieus. In: Werner Georg (Hg.): Soziale Ungleichheit im Bildungssystem. Eine empirisch-theoretische Bestandsaufnahme. Konstanz: UVK, S. 55–92.

Wallace, Claire; Wächter, Natalia; Blum, Johanna; Scheibelhofer, Paul (2007): Jugendliche MigrantInnen in Bildung und Arbeit. Auswirkungen von Sozialkapital und kulturellem Kapital auf Bildungsentscheidungen und Arbeitsmarktbeteiligung. Wien: ÖIJ.

Bildungssoziologischer Klassiker zum Bildungshabitus von ArbeiterInnenkindern:
Willis, Paul (1977): Spaß am Widerstand. Gegenkultur in der Arbeiterschule. Frankfurt am Main: Syndikat.

Ein Text, der versucht, Boudon und Bourdieu zur Erklärung von Bildungsungleichheiten zu verbinden:
Vester, Michael (2006): Die ständische Kanalisierung von Bildungschancen. Bildung und soziale Ungleichheit zwischen Boudon und Bourdieu. In: Werner Georg (Hg.): Soziale Ungleichheit im Bildungssystem. Eine empirisch-theoretische Bestandsaufnahme. Konstanz: UVK, S. 13–54.

Erklärungen von und Umgang mit Bildungsungleichheiten

Weitere Aspekte, die neben den genannten Erklärungen untersucht werden, sind Faktoren, die mit spezifischen Merkmalen der Schule zusammenhängen, etwa eine dort vorherrschende Schulkultur, oder die soziale Zusammensetzung der SchülerInnen, die vermittelt über den Einfluss von Peers, d.h. der Jugendlichen untereinander, an Hauptschulen zu einer „Kumulierung von Problemlagen" (Schönig/ Fahrhauer 2004: 22) führen könne (dazu auch Solga/ Wagner 2010). Daneben wird vor allem bezogen auf Benachteiligung von Frauen oder MigrantInnen im schulischen Bereich auf indirekt wirkende, institutionelle Diskriminierungen aufmerksam gemacht, etwa die Aussonderung oder Aufnahme bestimmter SchülerInnen zur Steuerung der KlassenschülerInnenzahl (Gomolla/Radtke 2009; Gomolla 2006), oder im Bereich der Wissenschaft die Eigenlogik des Feldes, die Frauen eine Karriere im Wissenschaftsbetrieb erschwert (Beaufaÿs/Krais 2005). Daneben werden Erklärungen für Bildungsungleichheiten in der historischen Entwicklung und national unterschiedlichen Strukturen von Bildungssystemen gesucht (vgl. Kapitel 6).

Um Bildungsungleichheiten zu vermindern wird oft versucht, Fairness zu gewährleisten und Bildungsgerechtigkeit zu erhöhen. Gleichbehandlung ist dafür jedoch häufig nicht ausreichend, weil sie Personen mit ganz unterschiedlichen Fähigkeiten an einem Standard misst. Zum Ausgleich der Herkunfts-unterschiede wäre eine kompensatorische bzw. differenzierte Förderung notwendig. Eine unterschiedliche Förderung oder unterschiedliche Standards geraten jedoch in Widerspruch zum Anspruch der Gleichbehandlung, und können unter Umständen auch dazu beitragen, Unterschiede zu verstärken. Beispielsweise gibt es Kritik daran, eigene Förderprogramme für Kinder mit Migrationshintergrund zu schaffen. Denn die dadurch ausgelöste Fokussierung auf die Defizite dieser Kinder – die durch spezifische Förderung ‚behoben' werden sollen – kann dazu führen, dass schließlich alle Kinder mit Migrationshintergrund pauschal als defizitär im Vergleich zu Kindern ohne Migrationshintergrund gedacht werden. Weil aber die Erwartung bzw. Zuschreibung schlechter Leistung ein Grund sein kann, warum tatsächlich schlechte Leistungen erbracht werden, kann dies eine Art „Sich-selbst-erfüllende-Prophezeiung" werden, die im Bildungskontext auch als *Pygmalion-Effekt* bezeichnet wird. Diese Bezeichnung geht auf ein Experiment von Rosenthal und Jacobson zurück, die Kinder mit tatsächlich gleicher Leistungsfähigkeit auf zwei Klassen verteilten, den LehrerInnen jedoch sagten, dass die eine Gruppe gute, die andere schlechte SchülerInnen wären. Nach einem halben Jahr testeten sie erneut die Leistungen und es ließen sich nun Unterschiede feststellen, d.h. dass die Leistungserwartung die Leistung beeinflusste (Abels 2007: 288). Ein Förderunterricht, der nur für ‚schlechte' SchülerInnen vorgesehen ist, könnte deshalb unter Umständen wenig zum Ausgleich der Bildungsungleichheiten beitragen. Die Defizithypothese ist dabei eine soziolinguistische These, die von Basil Bernstein vertreten wurde (daher auch: *Bernstein-Hypothese*). Er beschrieb in den 1960er Jahren einen Unterschied im Sprachgebrauch und der Komplexität der Sprache zwischen Ober- und Unterschicht.

Darüber hinaus wird kritisiert, dass eine spezifische Förderung nur die Folgen sozialer Ungleichheit bearbeitet, und bei jedem einzelnen Individuum immer wieder aufs Neue bearbeiten muss, während die soziale *Struktur* unberührt bleibt, die dazu führt, dass bestimmte Gruppen nicht mit vergleichbaren Kenntnissen und Fähigkeiten in die Bildungsinstitutionen kommen und überhaupt eine kompensatorische Förderung notwendig wird. Es handelt sich hier also um eine affirmative, und nicht um eine transformative Maßnahme (Fraser 2001: 46f.), welche die Ursachen systematischer, herkunftsabhängiger Bildungsungleichheiten beheben würde. Eine dritte Möglichkeit wäre eine Pluralisierung von Standards, d.h. die Anerkennung von Vielfalt und eine Ausdifferenzierung des Unterrichts.

SoziologInnen interessieren sich speziell auch für die sozialen Ursachen von Bildungsungleichheiten. Auch wenn die Empfehlung von Maßnahmen nicht im engeren Sinne Teil der Arbeit von SoziologInnen ist, ist zu bedenken, dass die Art der Fragestellung und der Perspektive auf soziale Phänomene bestimmte Forschungsergebnisse (und praktische Reaktionen auf diese Ergebnisse) ein- oder ausschließt. Interessiert man sich in der Forschung beispielsweise nur für die Erhebung der konkreten Defizite bestimmter Gruppen, geraten gesellschaftliche und institutionelle Ursachen unter Umständen aus dem Blick. Ähnlich verhält es sich mit der Definition von Begriffen, etwa wenn Chancengleichheit nur auf eine Bedeutung reduziert wird, deren historische Veränderbarkeit nicht berücksichtigt wird.

Abschließend soll darauf hingewiesen werden, dass zu Bildung und sozialer Ungleichheit sehr viel geforscht wird; die genannten Ungleichheiten sind damit gut dokumentiert. Empirischer Forschungsbedarf wird jedoch einerseits bei Panel-Studien gesehen, andererseits bei qualitativen mikrosoziologischen Studien (z.B. Keller 2010: 35) – d.h. es gibt u.a. noch offene Fragen zur Bedeutung verschiedener benachteiligender Faktoren im Lebensverlauf sowie zur Herstellung von Benachteiligung in Interaktionen.

Ein kritischer Text zur erwähnten Defizit-Annahme bei MigrantInnen:

Rothmüller, Barbara (2014): Bildungspolitische Theorieeffekte und ihre Komplizenschaft mit Ungleichheiten. In: Kastner, Jens / Sonderegger, Ruth (Hg.): *Pierre Bourdieu und Jacques Rancière. Emanzipatorische Praxis denken.* Wien: Turia + Kant, S. 147-181.

Weiterführende Literatur:
Wößmann, Ludger (2008): Mehrgliedrigkeit des Schulsystems und Chancengleichheit im internationalen Vergleich. In: Erziehung und Unterricht 7-8/2008, S. 509-517.

Ein Klassiker der Soziolinguistik:
Bernstein, Basil (1981): Studien zur sprachlichen Sozialisation. Frankfurt am Main; Wien: Ullstein.

Enthält eine Kritik an kompensatorischer Erziehung:
Bernstein, Basil (1971): Class, Codes and Control. Volume I. Theoretical Studies towards a Sociology of Language. New York: Routledge.

Rationale Pädagogik, beschrieben anhand des Hochschulbereichs:
Bourdieu, Pierre; Passeron, Jean-Claude (1971): Pädagogische Folgerungen: Plädoyer für eine rationale Hochschuldidaktik. In: dies.: Die Illusion der Chancengleichheit. Untersuchungen zur Soziologie des Bildungswesens am Beispiel Frankreichs. Stuttgart: Ernst Klett, S.82-91.
bzw.
Bourdieu, Pierre (2001): Plädoyer für eine rationale Hochschuldidaktik. In: ders.: Wie die Kultur zum Bauern kommt. Über Bildung, Schule und Politik. Hg. von Margareta Steinrücke. Hamburg: VSA (Schriften zu Politik & Kultur, 4), S. 144-152.

Zu institutioneller Diskriminierung:
Gomolla, Mechtild (2006): Fördern und Fordern allein genügt nicht! Mechanismen institutioneller Diskriminierung von Migrantenkindern und -jugendlichen im deutschen Schulsystem. In: Auernheimer, Georg (Hg.): Schieflagen im Bildungssystem. Die Benachteiligung der Migrantenkinder. Wiesbaden: VS, S. 87-102.
Gomolla, Mechthild; Radtke, Frank-Olaf (2009): Institutionelle Diskriminierung. Die Herstellung ethnischer Differenz in der Schule. 3. Aufl. Wiesbaden: VS.

6. Institutionelle Entwicklung: Autonomie und Ökonomisierung

Eine Erklärung, warum das österreichische und deutsche Bildungssystem im Vergleich zu anderen Ländern eine so starke soziale Selektivität aufweisen, wird in den strukturellen Eigenheiten der beiden Bildungssysteme gesucht. Denn institutionelle Gegebenheiten bilden den Rahmen, innerhalb dessen Individuen verschiedene Bildungswege beschreiten können, oder eben auch nicht, wie im Fall einer Gesamtschule (Hadjar/Rothmüller 2016). Nicht in allen Ländern werden Kinder bereits im Alter von 10 Jahren auf verschiedene Schultypen aufgeteilt: In Deutschland und Österreich muss beim Übergang von der Primarstufe (d.h. der Volksschule) in die Sekundarstufe (Hauptschule, Gymnasium oder Neue Mittelschule) bereits sehr früh entschieden werden, welchen Bildungsweg ein Kind einschlägt. In anderen Ländern, die gleichzeitig auch eine geringere Abhängigkeit des Bildungsabschlusses eines Kindes von der Bildung der Herkunftsfamilie aufweisen, werden die Kinder erst ab 14, 15 oder 16 Jahren getrennt. Solche Ländervergleiche weisen darauf hin, dass die Struktur des Bildungswesens ein wichtiger Aspekt ist, um spezifische soziale Ungleichheitskonstellationen zu verstehen (zur Darstellung unterschiedlicher Bildungssysteme siehe eacea.ec.europa.eu). Die Betonung der Bedeutung von institutionellen Gelegenheiten von Bildungsentscheidungen richtet sich dabei auch gegen eine Entscheidungstheorie, die Bildung als individuelle Wahl versteht und institutionelle Aspekte dabei unterbewerten (Hillmert 2010: 90). Wenn beispielsweise LehrerInnen wie in Teilen Deutschlands eine verbindliche Gymnasialempfehlung für Kinder ausstellen, wird die Entscheidung über den weiteren Bildungsweg gar nicht von den Kindern bzw. ihren Familien, sondern von Seite der Bildungsinstitution getroffen (vgl. dazu auch Ditton/Krüsken 2006).

Dabei lassen sich die verschiedenen Bildungssysteme auch entlang des Modells unterschiedlicher Typen von Wohlfahrtsstaaten gruppieren (Esping-Andersen 1991). Bei Wohlfahrtsstaaten kann zwischen einem *liberalen*, *konservativen* und *sozialdemokratischen* Typ unterschieden werden, die paradigmatisch im angelsächsischen, kontinentaleuropäischen und skandinavischen Raum festgemacht werden. Einen hohen Anteil *liberaler Eigenschaften* weist das Wohlfahrtsregime in Australien, Kanada oder USA auf. Hier gibt es nur minimale staatliche Sozialleistungen, Bildung wird häufig privat finanziert und ist auf Seite der AnbieterInnen über weite Strecken nach dem Marktprinzip strukturiert. Das *konservative Wohlfahrtsregime* findet sich stark in Österreich, Frankreich oder Deutschland und ist durch eine hohe Stabilität und soziale Ungleichheiten gekennzeichnet. Es dominiert ein Subsidiaritätsprinzip, d.h. dass der Staat erst hilft, wenn der Einzelne bzw. die Familie nicht für Unterhalt o.ä. sorgen können. Das *sozialdemokratische Wohlfahrtsmodell* ist stark bspw. in Schweden verankert und ist durch ein Solidaritätsprinzip charakterisiert. Durch eine hohe Besteuerung der Gehälter hat der Staat relativ viel finanzielle Mittel zur Umverteilung zur Verfügung und stellt umfassend öffentlich finanzierte Bildung bereit. Die Wohlfahrtsstaaten unterscheiden sich dabei auch hinsichtlich der staatlichen Strukturierung des Arbeitsmarktes sowie des Umgangs mit Arbeitslosigkeit, wodurch auch der Übergang von Bildung in den Arbeitsmarkt (vgl. dazu Kapitel 7) beeinflusst wird.

Gerade im deutschsprachigen Raum wird Bildung, ganz im Gegensatz zu einem freien Wettbewerb, mit dem früheren ständischen System in Zusammenhang gebracht. Dass Kinder sehr früh auf verschiedene Schultypen aufgeteilt werden und es nicht eine über die Volksschule hinausgehende gemeinsame Schule bis ins Jugendalter gibt, wird als ein ständisches Relikt betrachtet, das auf einen spezifischen historischen Ausgangspunkt nationaler Bildungssysteme verweist.

„Während die amerikanische Humankapitaltheorie davon ausgeht, dass alle Staatsbürgerinnen und -bürger ein Recht darauf haben, ihre intellektuellen Kompetenzen so weit wie möglich zu entwickeln, um sich auf dem Markt behaupten, in der Politik Interessen artikulieren und an der öffentlichen Meinungsbildung mitwirken zu können, herrscht in Deutschland immer noch die insbesondere von den Lehrerverbänden getragene ständische Doktrin, nach der die Menschen mit unterschiedlichen Begabungen geboren werden und deshalb in möglichst homogenen Gruppen auf verschiedene Schulen verteilt werden

sollten, um ihr Potential möglichst effektiv auszuschöpfen (Lenhardt 2002b). Zusammen mit dem im demokratischen Zeitalter nicht zu verweigernden Anspruch auf möglichst weit gehende Bildung nach dem in den sechziger Jahren von Ralf Dahrendorf (1965) und anderen eingeklagten Prinzip der „Bildung als Bürgerrecht" hat das Festhalten an dem ständischen Begabungsmodell dazu geführt, dass der demokratisch inspirierte Ansturm auf die ranghöheren Schulen mit besonders ausgeprägten Selektionsmaßnahmen beantwortet wurde." (Münch 2008: 64)

In den letzten Jahren werden allerdings verstärkt wettbewerbsorientierte Steuerungselemente auch im Bildungswesen eingebracht.

Weiterführende Literatur:

Zu Leistung und Chancengleichheit von Schulstrukturen:

Hadjar, Andreas / Rothmüller, Barbara (2016): "Chancengleichheit und Leistungsmotiv in der Bildungspolitik: Die Debatten um die Gesamtschule am Beispiel Luxemburgs." In: *Austrian Journal of Political Science* 45(1), S. 51-64. (Online: http://oezp.univie.ac.at/index.php/zfp/article/view/1092/1178)

Beschreibungen der Bildungssysteme verschiedener europäischer Länder (umfangreich!): http://eacea.ec.europa.eu/education/eurydice/eurybase_en.php#description (Stand: 21.2.2012)

Bildungsindikatoren im Ländervergleich:
OECD (2011): Bildung auf einen Blick 2011: *OECD-Indikatoren*. W. Bertelsmann Verlag, Germany.
http://www.oecd-ilibrary.org/education/bildung-auf-einen-blick-2011-oecd-indikatoren_eag-2011-de (Stand: 21.2.2012)

6.1. Bildungshistorische Kämpfe um die Autonomie von Bildungsinstitutionen

Strukturunterschiede lassen sich wiederum besser verstehen, wenn sie in ihrer historischen Entwicklung betrachtet werden.

Im Mittelalter war die Vermittlung von höherer Bildung eine Sache von Klosterschulen, wurde also von der Kirche geleistet. Eine Institution, die allen Gesellschaftsmitgliedern zumindest Lesen und Schreiben beibrachte, existierte nicht – wenn überhaupt wurde Basisbildung in der Familie oder in einer handwerklichen Ausbildung vermittelt (Kopp 2009: 26). Formale Bildung blieb damit lange gesellschaftlichen Eliten vorbehalten. Erst ab 1870 wurden in Europa Bildungsinstitutionen geschaffen, die vom Staat und nicht mehr von der Kirche finanziert wurden (Hadjar/Becker 2006: 195). In Österreich wurde zwar 1774 die Schulpflicht (sechs Jahre Volksschulbesuch) eingeführt, aber erst fast 100 Jahre später wurde der Kirche ihr Einfluss auf die Bildungsinstitutionen genommen. Bis ins 20. Jahrhundert hinein war die Bildung in den Volksschulen noch in erster Linie eine „Religions- und Untertanenerziehung" (Kopp 2009: 32) und in Deutschland konfessionell organisiert (ebd.: 35). Es dauerte somit mehrere Jahrhunderte, bis Bildungsinstitutionen gegenüber kirchlichen Institutionen *autonom*, d.h. unabhängig wurden.

Politische, technologische und wissenschaftliche Entwicklungen im 18. Jhdt. führten zu einem höheren Bedarf an beruflich qualifizierten Arbeitskräften. Bildungszertifikate gewannen aber auch an Bedeutung zur Absicherung sozialer Privilegien. Durch die Zertifikate ließ sich nämlich der Berufszugang nun staatlich steuern: Die Berufsbildung, die vorher den Zünften überlassen gewesen war, sollte nun berufsständisch über Kammern organisiert werden (Kopp 2009: 27f.). Dies führte im Ergebnis zum noch heute bestehenden dualen Ausbildungssystem: Die Lehre bei einem Handwerksmeister blieb als betrieblicher Ausbildungsteil erhalten, wurde jedoch durch die staatliche Bildung erweitert (Brater 2010: 808f.). Duales System bedeutet also, dass eine Lehre in einer öffentlichen Berufsschule und parallel dazu in einem Betrieb absolviert wird. Die duale Berufsausbildung ist dabei ein spezifisch deutschsprachiges Phänomen: Die extremen Beharrungskräfte der Zünfte und späteren Handwerkskammern, die "immer schon der Konkurrenzvermeidung, dem Tradieren von Inhalten, der Festschreibung von Ordnungen" (Brater 2010: 819) verpflichtet waren, strukturierten hier die Berufsbildung.

Die ersten meritokratischen Tendenzen (zu Meritokratie mehr im Kapitel 7) sollten ursprünglich u.a. auch die bröckelnde Monarchie stabilisieren, indem das aufkommende Bürgertum in staatliche Machtpositionen eingebunden wurde. Diese ausgeweitete Partizipation durch sozialen Aufstieg trug also auch zu einer Stabilisierung von Machtverhältnissen bei; Bildung wurde in Deutschland „immer mehr zur Verteidigung bislang erreichter Herrschaftspositionen gegen die inneren Impulse der Aufklärung und der von außen herangetragenen Revolution eingesetzt" (Kopp 2009: 27).

Damit sind bereits vier historisch zentrale AkteurInnen benannt, deren Interessen sich in der gegenwärtigen Struktur des Bildungswesens spiegeln, nämlich neben der Kirche „Herrschaftseliten" (Adel und Bürgertum), „Industrie" und „Staat" (vgl. ebd.: 30).

Wilhelm von Humboldt setzte sich Anfang des 19. Jahrhunderts als Bildungsreformer für eine institutionelle Ausdifferenzierung von Berufs- und Allgemeinbildung (vgl. Kapitel 3) ein:

„Aufbauend auf dem Elementarunterricht sollen spezielle Kenntnisse einzelner Gewerbe in einer Berufsausbildung erworben werden oder aber der Bildungsprozess zunächst im Gymnasium, dann in einer universitären Laufbahn vertieft werden. Deshalb werden Gymnasien streng allgemein bildend (und damit persönlichkeitsbildend) und nicht berufsorientiert konzipiert." (Löw 2006: 20)

Die Trennung zwischen religiöser Basisbildung für die breite Bevölkerung, berufsständisch organisierter dualer Berufsausbildung und höherer Allgemeinbildung für eine zukünftige BeamtInnen-Elite hinterließ auch ihre Spuren in der LehrerInnenausbildung, die heute noch für Volks- und HauptschullehrerInnen an Pädagogischen Hochschulen, für LehrerInnen jedoch, die an höheren Schulen unterrichten, an Universitäten stattfindet. Diese Trennung beinhaltete auch eine genderspezifische Komponente: Der ursprünglich männliche Lehrerberuf wurde im Bereich der Volksschule für meist bürgerliche Frauen geöffnet und war für diese eine Möglichkeit der Erwerbstätigkeit, allerdings nur für unverheiratete Frauen. Das sogenannte „Lehrerinnenzölibat" wurde insbesondere als Mittel eingesetzt, um in Zeiten des LehrerInnenüberschusses Frauen bei Heirat zugunsten von Männern wieder entlassen zu können, hatte also eine „beschäftigungspolitische Funktion" (Enzelberger 2001: 111).

Bis heute liegt der Männeranteil bei der VolksschullehrerInnenausbildung bei unter 10 Prozent, während bei der Ausbildung für den Unterricht in der Sekundarstufe der Anteil der Männer deutlich höher liegt. Lehramt und Pädagogik sind damit Beispiele für Professionen, die historisch das ‚Geschlecht gewechselt' haben.

Kindergärten wurden anfangs als „Bewahranstalten" für Kinder berufstätiger Eltern gedacht, die sonst sich selbst überlassen gewesen wären (Löw 2006: 79). Während etwa in der DDR relativ früh Kindergärten als Bildungsorte etabliert wurden, um die Einbindung von Frauen in den Arbeitsmarkt zu ermöglichen, entwickelte sich in anderen Ländern das Angebot eher zögerlich. Dass Kindergärten Bildungseinrichtungen sind, wird heute kaum mehr bezweifelt. Sie dienen der Frühförderung, der kognitiven und sozialen Entwicklung von Kindern, aber auch der „Entlastung der Eltern" (Löw 2006: 80).

Es ist zwar bekannt, dass der Kindergartenbesuch einen starken Einfluss auf die weitere Bildungslaufbahn hat. In welcher Form diese Frühförderung tatsächlich stattfindet, ist jedoch bislang nur begrenzt erforscht – aus zumindest zwei Gründen:

„Da es sich beim Kindergarten erstens um einen typischen Frauenbereich und zweitens um Kinder (d.h. in einer kapitalistischen Logik um nicht-produktive Gesellschaftsmitglieder) handelt, wurde dem Feld keine soziologische und kaum öffentliche Aufmerksamkeit beigemessen." (Löw 2006: 81)

Ab dem 12. Jhdt. wurden in Europa die ersten Universitäten gegründet, insbesondere in städtischen Zentren. Für die historische Etablierung von Universitäten werden mehrere Faktoren verantwortlich gemacht:

„Die Erfordernisse der gesellschaftlichen Entwicklung – Bevölkerungswachstum, Urbanisierungsprozesse, die Bildung von Staaten, wachsender Handel und die Entstehung einer frühkapitalistischen Geldwirtschaft, technologischer Fortschritt, eine Zunahme der Quantität, Diversität und Komplexität der Produkte und ganz generell eine zunehmende Komplexität der sozialen Organisation und der sozialen Differenzierung und damit einhergehend auch eine zunehmende sozialer [sic] Ungleichheit – und die damit verbundenen Probleme auch für die Verwaltung und Organisation der entsprechenden Staaten führten zu einer Erweiterung des Bildungssystems durch die nun neu entstehenden Universitäten." (Kopp 2009: 26f.)

Der Einfluss der Kirche war anfangs auch auf die Universitäten groß. Die Kirche hatte, so Uwe Schimank (2005), verschiedene Formen der Einflussnahme auf die Universitäten: die Verleihung von Graden, die Einbettung universitärer Positionen in die Kirche und den Klerikerstatus. Dies bedeutete etwa, dass sowohl Lehrende der Kirche verbunden waren, weil ein Großteil der Universitätslehrer gleichzeitig Geistliche waren (Löw 200: 93), als auch Lernende, weil viele Studierende aus kirchlichen Orden kamen. Der Einfluss der Kirche war dabei nicht nur ein finanzieller, sondern vor allem auch ein kultureller, demgegenüber die Universität mit Bezug auf Wissenschaftlichkeit erst autonom werden musste (Schimank 2005: 185).

Kant spricht sich noch in seinem Aufsatz „Was ist Aufklärung" vor allem für Glaubensfreiheit aus, weil diese am engsten mit Herrschaft verbunden wäre, während „in Ansehung der Künste und Wissenschaften unsere Beherrscher kein Interesse haben, den Vormund über ihre Untertanen zu spielen" (Kant 1913 (1784): 175). Ab dem 15. Jhdt. nahm jedoch ein staatlicher bzw. politischer Einfluss sowohl auf die Universitäten als auch auf die Kirche zu, insbesondere aufgrund eines staatlichen Interesses an der Nutzung und Anwendung des wissenschaftlichen Wissens.

Diese „Intensivierung des Kontakts zweier Systeme" (Stichweh 1994: 177) sollte dabei nicht als das Zusammentreffen zweier autonomer Systeme vorgestellt werden: Diese Trennung war aus systemtheoretischer Perspektive noch gar nicht etabliert, d.h. Wissenschaft und Politik waren noch nicht in der heutigen Form funktional ausdifferenziert (ebd.). Auch bei Universität und Schule fand sich bis zum 18. Jahrhundert noch keine klare Differenzierung (Stichweh 1994: 193f.). Das Kriterium der Wissenschaftlichkeit (ebd.: 202) grenzte erst danach Schule und Universität zunehmend gegeneinander ab, sodass im 19. Jahrhundert eine funktionale Differenzierung zwischen Erziehung und Wissenschaft entsteht (Löw 2006: 53). In systemtheoretischer Perspektive entwickeln die sozialen Systeme im Prozess der Ausdifferenzierung einen spezifischen Code; praxeologisch entspricht dem die Entwicklung einer spezifischen *illusio*, die soziale Felder voneinander unterscheidet; d.h. sowohl bei Bildung als auch bei Wissenschaft prägte sich historisch eine Eigenlogik aus.

Die Verwissenschaftlichung der Universitäten setzte wiederum nicht nur eine Unabhängigkeit von der Kirche voraus, sondern auch, dass die Politik den Universitäten mehr Autonomie einräumte und genuin akademische Berufe entstanden (Schimank 2005: 189f.). Dass der Wissenschaft eine relative Autonomie gegenüber staatlichen Interventionen gewährt wurde, erklärt sich zum Teil daraus, dass zwar nicht die Hochschulen selbst, dafür jedoch der Hochschul*zugang* staatlich gesteuert wurde, u.a. über die Hochschulzugangsberechtigung, d.h. die Matura (Kopp 2009: 31). Durch die Bindung von bestimmten professionellen Tätigkeiten (vgl. Band 2), vor allem von Tätigkeiten im Staatsdienst, an Zertifikate von Bildungsinstitutionen, an denen nicht jede/r teilhatte, wurde die soziale Reproduktion der (auch staatlichen) Elite abgesichert. Die spezifische Konstruktion deutscher Universitäten lässt sich also u.a. darauf zurückführen, dass es zu einem Schulterschluss von BildungsbürgerInnen und Staat kam, die im Gegenzug für die akademischen Freiheiten den sozialen Zugang zur Elite regulierten und sich mit politischer Kritik zurückhielten (Münch 2008: 96; Schimank 2005: 148).

Die den Universitäten zugestandene Selbstverwaltung auf der Grundlage einer staatlichen Finanzierung bildete die Organisationsform, mittels derer die humboldtsche Idee der Universität verwirklicht wurde. In dieser Idee bestand eine Universität in erster Linie aus geisteswissenschaftlichen Fächern und war von der Verbindung, aber auch von der Freiheit von Forschung und Lehre gekennzeichnet (Müller-Schöll 2008: 127). In der Folge bildete sich in Österreich und Deutschland die *Ordinarienuniversität* heraus: Ein Ordinarius ist bzw. war ein/e ordentliche/r Universitäts-professorIn, der/die relativ autonom agiert(e) und über eigene MitarbeiterInnen verfügt(e) (im Gegensatz zu außerordentlichen ProfessorInnen). Von Burton Clark wurden diese Ordinarien als Monopole bzw. Oligarchien charakterisiert (Schimank 2005: 148) – aufgrund der weitgehenden Autonomie und der Pragmatisierung der ProfessorInnen sowie der langen Dauer, mit der NachwuchswissenschaftlerInnen den ordentlichen ProfessorInnen untergeordnet waren, bis sie selbst ProfessorIn werden konnten. „Zusammengefasst sind Lehrstuhlinhaber also kleine Geschäftsleute, die nicht Bankrott gehen können." (Schimank 2005: 149)

Gegen diese dominante Position der ProfessorInnen richteten sich auch die Studierendenproteste ab 1968, die vor allem mehr Mitsprache für sich und alle anderen Universitätsmitglieder forderten – und schließlich auch erhielten. Die Kritik an mangelnden demokratischen Mitbestimmungsrechten muss auch vor dem Hintergrund gesehen werden, dass es personelle Kontinuitäten an den Universitäten aus der Zeit des Nationalsozialismus gab (Müller-Schöll 2008: 133). Um eine kritische und gesellschaftspolitisch intervenierende Wissenschaft zu ermöglichen, sollten u.a. die damaligen Versuche einer Verschulung und Verkürzung des Studiums verhindert, und stattdessen eine Öffnung der Universitäten und ihrer Hierarchien vorangetrieben werden.

Das Ausmaß des staatlichen Zugriffs auf die Universitäten und ihre staatliche Finanzierung ist bis heute umstritten und wird u.a. an einen

‚Nutzen' des Wissens bzw. der Wissenschaft generell, oder aber auch einzelner Disziplinen, gebunden (vgl. Taschner 2012: 7).

Darüber hinaus entstand sowohl im schulischen als auch im hochschulischen Bereich mit dem Aufkommen der Nationalstaaten eine Idee von Bildung als „Nationalerziehung". Eine gemeinsame Sprache spielte bspw. für die Konstituierung eines Nationalstaates eine große Rolle. Dafür wurden „Vorlesungen und Disputationen zunehmend auf Deutsch gehalten (...), um die nationale Idee zu stärken und der Erneuerung symbolisch Ausdruck zu verleihen, indem das an Kirche und Tradition geknüpfte Latein in den Hintergrund gedrängt wird." (Löw 2006: 94)

Vermittelt über Bildungsinstitutionen wurde somit für eine relativ stabile Trennung von verschiedenen Bevölkerungsgruppen gesorgt. Dies bildet den Hintergrund für die in Deutschland und Österreich beobachtbare Bildungsstruktur, die sich im Gegensatz zu angelsächsischen Bildungssystemen durch eine geringe soziale Durchlässigkeit auszeichnet.

Mit der Ökonomisierung der Universitäten, bzw. genauer: mit der Einführung eines *New Public Managements* an Universitäten, ändert sich jedoch auch die Autonomie. New Public Management (Schedler/ Proeller 2009) kommt aus der Umstrukturierung öffentlicher Verwaltungen und sollte dort für mehr wirtschaftliche Effizienz, d.h. finanzielle und personelle Einsparungen, sorgen. Die Autonomie der akademischen Profession hat sich in diesem Umgestaltungsprozess grundlegend verändert, etwa indem Entscheidungsmacht weg von den ProfessorInnen hin zum einen gestärkten Rektorat verlagert oder stärkere Qualitätskontrollen eingeführt wurden (vgl. Schimank 2005). Zentralisierung ist dabei jedoch keine typische Steuerungsform des New Public Managements, die eher mit flacheren und dezentraleren Hierarchien operiert.

Qualitätsmessungen im Zusammenhang mit einem ‚Management by objectives', also einer über Zielvereinbarungen vorgenommenen Steuerung, wurden hingegen stark von New Public Management übernommen (Nickel 2007). Ziel- bzw. Leistungsvereinbarung bedeutet, dass das Ergebnis einer Arbeit vorab festgelegt wird. *Wie* dieses Ziel erreicht wird, bleibt dabei den AkteurInnen überlassen. Aus systemtheoretischer Perspektive entspricht dies einer Umstellung von einem Konditional- zu einem Zweckprogramm. Konkret heißt dies im Bereich der Organisation von Arbeit, dass nicht mehr festgelegt wird, mit welchen Mitteln (also wie) etwas zu tun ist, sondern nur, welches Ziel oder Ergebnis („Output") am Ende erreicht werden soll.

An der Zielerreichung hängt meist die Zuteilung finanzieller Mittel. Leistungsvereinbarungen findet man mittlerweile auf verschiedenen Ebenen der Universität, etwa in Vereinbarungen zwischen Doktoratsstudierenden mit ihren BetreuerInnen über den geplanten Fortschritt der Dissertation, oder auch der Universitäten mit dem Ministerium. Dass nun die RektorInnen – als ‚UniversitätsmanagerInnen' – die wissenschaftlichen Leistungen der AkademikerInnen evaluieren, ist dabei als starker Wandel der ursprünglich professionellen Selbstevaluierung einzuschätzen (Münch 2008: 120f.). Die Umgestaltung der Universitäten zu „entrepreneurial universities" (Clark 1998), d.h. zu unternehmerisch geführten Universitäten mit einem entsprechenden Selbstverständnis, findet in mehreren Aspekten ihren Niederschlag, etwa in einer Schärfung von Eigenheiten der Universitäten („Profilbildung"), um sich von der Konkurrenz abzuheben. Dafür wird ein hoher Marketing-Aufwand getrieben; Universitäten versuchen, zu einer „Marke" zu werden, die man wieder erkennt, die SponsorInnen und Studieninteressierte anzieht, usw. (vgl. Münch 2008: 162)

Universitäre Autonomie wird auch beim Studienzugang relevant, d.h. bei der Frage, ob Universitäten ihre Studierenden selbst auswählen dürfen und nach welchen Kriterien. Auch ist nicht klar, ob beim Hochschulzugang alle BewerberInnen für einen Studienplatz gleich behandelt werden oder ob für bestimmte Gruppen Quoten zum Einsatz kommen sollen (zu den Gerechtigkeitsproblemen universitärer Zugangsverfahren vgl. Rothmüller 2011). Die Autonomie bei der Studierendenauswahl hat teilweise mit der rechtlichen Autonomie der Universitäten zu tun, die in Kontinentaleuropa geringer ausgeprägt ist als in den meisten angelsächsischen Ländern (Pechar 2005: 58).

Aus einer konflikttheoretischen Perspektive ist die Unabhängigkeit von Bildungsinstitutionen nicht das Ergebnis einer notwendig so und nicht anders verlaufenden gesellschaftlichen oder institutionellen Entwicklung, sondern eine Folge sozialer Aushandlungsprozesse und Kämpfe. Verschiedene soziale AkteurInnen – Kirche, Staat, Wirtschaft – ringen um Einfluss auf die (Aus-) Bildung der Bevölkerung und verfolgen dabei unterschiedliche Interessen. Wie weit Bildungs-institutionen autonom waren, sind und sein werden, hängt aus dieser Perspektive auch von gesamtgesellschaftlichen Kräfteverhältnissen ab.

Gerade wenn man den Einfluss verschiedener sozialer Systeme auf das Bildungssystem betrachtet, stellt sich jedoch auch die Frage, wie sinnvoll es ist, allgemein von einer Autonomie der Universitäten oder Schulen zu sprechen.

Erstens gibt es verschiedene Bereiche, in denen Organisationen unabhängig sein können: bezogen auf die Finanzierung bzw. die Verwendung der finanziellen Mittel, auf den Rechtsstatus, die Lehrinhalte, den Zugang, die Besetzung von Stellen, u.a. Nicht alle Bildungsinstitutionen haben dabei dieselbe Autonomie in allen Bereichen: Der Unterricht an Schulen muss etwa entlang des Lehrplans erfolgen, gleichzeitig wird Schulen ein begrenzter Spielraum der Schwerpunktsetzung gelassen durch schulautonome Unterrichtsfächer. An Universitäten hingegen gibt es die „Freiheit der Lehre", d.h. dass jede/r LehrveranstaltungsleiterIn selbst entscheiden kann, was und wie er/sie den Studierenden vermittelt. Diese inhaltliche Autonomie der HochschullehrerInnen, die ursprünglich vor allem gegen die Kirche erkämpft wurde, gerät zunehmend durch Prozesse der Standardisierung, also der Vereinheitlichung, ins Hintertreffen: In einigen Ländern ist mittlerweile detailliert geregelt, welche Inhalte Studierende lernen müssen – unabhängig davon, an welcher Hochschule oder bei welchem Professor oder bei welcher Professorin sie studieren.

Zweitens erzeugt die Vorstellung der Autonomie von Bildungsinstitutionen eine „Illusion der Chancengleichheit", so der Titel eines bekannten Buches von Pierre Bourdieu und Jean-Claude Passeron, insofern es so scheint, als würde das Bildungssystem unabhängig von der Gesellschaftsstruktur Bildung vermitteln und Leistung bewerten. Erst wegen dem Anschein der Unabhängigkeit gelänge die oben beschriebene, starke soziale Reproduktion durch Bildungsinstitutionen, weil unabhängige meritokratische Leistungsbeurteilung die höchste Anerkennung erreichen, und damit den Zusammenhang von Leistung bzw. erreichtem sozialen Status und sozialer Herkunft verschleiert würde.

„Gerade weil das Bildungswesen die besondere Fähigkeit besitzt, sich selbst autonom zu setzen und sich, indem es die Vorstellung von seiner Neutralität verbreitet, Legitimität zu verschaffen, ist es in der Lage, den Beitrag, den es zur Reproduktion der bestehenden kulturellen Ordnung leistet, zu tarnen." (Bourdieu/Passeron 1971: 215)

Tatsächlich kann die Unabhängigkeit von Bildungsinstitutionen nicht als vollständige Abschottung von äußeren Einflüssen vorgestellt werden: Die verschiedenen sozialen Felder stehen in vielfältigen Wechselbeziehungen, weshalb von einer *relativen Autonomie* (ebd.: 214f.) ausgegangen werden muss.

Drittens schließlich wird auch bei den aktuellen Umstrukturierungen Autonomie als eine Art Illusion eingeschätzt, bei der sich die Frage stellt, inwieweit die jetzige Autonomie mit der früheren noch zu vergleichen ist, d.h. ob mit diesem Begriff noch die frühere Freiheit gemeint ist, oder nicht vielmehr eine „Herrschaft durch Selbststeuerung" (Liessmann 2006: 173). Dies kann am Beispiel der Schulen verdeutlicht werden: In der Nachkriegszeit wurden Schulen zentral bürokratisch gesteuert.

Ab etwa 1990 wurden stärkere Handlungsspielräume für Einzelschulen geschaffen, etwa bis zu einem gewissen Grad Finanzierungs- und Personalautonomie, oder auch schulautonome Lehrpläne, die es Schulen erlaubten, sich gegenüber anderen Schulen durch spezielle Schwerpunktsetzungen herauszuheben (Altrichter et al. 2011: 20). Die Schulautonomie in verschiedenen Bereichen wurde aufgrund der schlechten PISA-Ergebnisse in den letzten Jahren schließlich ergänzt durch staatliche Kontrollmechanismen, die über Zielvereinbarungen ähnlich wie auf den Universitäten über die Vorgabe der zu erzielenden Ergebnisse der Bildungsprozesse gesteuert werden (ebd.: 15). Kritisch wurde zu diesem Prozess u.a. angemerkt, dass damit auch die Verantwortung für Probleme an die Einzelschulen abgegeben wurde.

Bei den nun indirekt über Bildungsstandards und Rankings gesteuerten, prinzipiell autonomen Schulen kann eine weitere Verschiebung der Kontrollinstanz identifiziert werden, nämlich weg von einer Kontrolle innerhalb der Profession der LehrerInnen sowie den Ministerien, hin zu bildungswissenschaftlichen Agenturen, die für Evaluierungen, Akkreditierungen, usw. zuständig wurden. Dies bedeutet zwar mehr Macht für BildungsforscherInnen (vgl. Münch 2008: 80), als ExpertInnen unterliegen sie jedoch keinen demokratischen Verfahren, sondern ihre „Legitimität (speist) sich aus dem Autoritätsanspruch der Wissenschaft" (ebd.: 82). Dabei treffen internationale Strategien der Vereinheitlichung von Bildung auf nationale Besonderheiten, die mit dem Argument der Verwertbarkeit von Bildung als Humankapital jedoch ins Hintertreffen geraten.

„Die Bildung wird den nationalen Eliten (also den Lehrerverbänden, den Bildungspolitikern der Parteien und den Ministerialbeamten) von einer transnationalen Koalition aus Forschern, Managern und Unternehmensberatern aus der Hand gerissen. Schließlich hat die Bildung nicht länger die Funktion der Reproduktion der ständischen Strukturen der Fachbildung, vielmehr wird sie auf die Vermittlung von Grundkompetenzen verpflichtet, die notwendig sind, um sich auf dem offenen Markt zu behaupten. Sie dient nun der Produktion und Reproduktion von Humankapital, das Rendite erwirtschaften soll. Das ist Sinn und Zweck des neuen Bildungs-Kapitalismus." (Münch 2008: 30)

Weiterführende Literatur:
Zur Einführung in eine systemtheoretische Perspektive auf Bildung und Erziehung:
Löw, Martina (2006): Einführung in die Soziologie der Bildung und Erziehung. 2., durchgesehene Auflage. Opladen: Barbara Budrich (Einführungstexte Erziehungswissenschaft, 8), S. 51-56.

Ein bildungssoziologischer Klassiker der Systemtheorie:
Luhmann, Niklas (2002): Das Erziehungssystem der Gesellschaft. Frankfurt am Main: Suhrkamp.

Primärliteratur zu Autonomie:
Luhmann, Niklas; Schorr, Karl Eberhard (1996): Das Erziehungssystem und die Systeme seiner Umwelt. In: dies. (Hg.): Zwischen System und Umwelt. Fragen an die Pädagogik. Frankfurt am Main: Suhrkamp.
Bourdieu, Pierre; Passeron, Jean-Claude (1971): Abhängigkeit in der Unabhängigkeit: Die relative gesellschaftliche Autonomie des Bildungssystems. In: dies.: Die Illusion der Chancengleichheit. Untersuchungen zur Soziologie des Bildungswesens am Beispiel Frankreichs. Stuttgart: Ernst Klett, S. 190-228.

6.2. Standardisierung: EQR

Die eingangs dargestellten nationalen Unterschiede in den Bildungssystemen bereiten vor allem Probleme im Kontext von Migration. Denn bereits auf einer formalen Ebene ist keineswegs klar, ob eine Ausbildung, die in einem bestimmten Land absolviert wurde, einer Ausbildung mit einem ähnlichen Namen in einem anderen Land entspricht. In manchen Ländern kann es auch Ausbildungen, Bildungseinrichtungen und Titel geben, die ein anderes Land gar nicht kennt. Der Prozess der Anerkennung dieser Ausbildungen wird auch als *Nostrifizierung* bezeichnet, und ist ein relativ aufwändiger Vorgang, bei dem die Gleichwertigkeit von Abschlüssen geprüft wird. Während zwischen manchen Ländern Abkommen bestehen, welche Abschlüsse gleichzusetzen sind, ist dies bei anderen nicht der Fall. Von dem Ausgang solcher Anerkennungsverfahren hängt für die Individuen u.a. ab, welche Berufe sie in der Folge berechtigt sind auszuüben. Viele MigrantInnen arbeiten deutlich unter ihrem Qualifikationsniveau, etwa trotz abgeschlossenen Studiums im Reinigungsdienst. Neben Diskriminierung am Arbeitsmarkt muss bei diesem Phänomen der Überqualifikation auch die Anerkennungspolitik ausländischer Zeugnisse betrachtet werden. Nachdem innerhalb der EU Migration gefördert werden soll, gibt es seit längerem Bestrebungen, eine Standardisierung auf EU-Ebene einzuführen: Der *Europäische Qualifikationsrahmen* (EQR) soll unterschiedliche Bildungssysteme quasi ‚übersetzbar' machen auf eine gemeinsame Skala, d.h. nicht konkrete Abschlüsse werden verglichen und gleichgesetzt, sondern es geht – unabhängig vom formalen Abschluss – darum, was Personen nach einer bestimmten Ausbildung wissen und können. Verglichen wird also der Lern-Outcome, nicht der Input. Diese Entwicklung ist in einem weiteren Kontext der Durchsetzung neuer Steuerungsformen zu sehen, bei der eine Verschiebung von einer Input- zu einer Output-Steuerung ein zentrales Element ist.

Bei einer Orientierung an Lernergebnissen verliert es an Bedeutung, wie diese zustande kamen; *wo, wer* und *wie* Bildung vermittelt hat. Wichtig ist nur, dass am Schluss das gleiche Ziel erreicht wird. Dieses Umdenken von Lerninput zu Lernoutput ermöglicht es, auch Personen, die sich Kenntnisse, Fähigkeiten und Kompetenzen im Rahmen einer Berufstätigkeit angeeignet haben, gleich einzustufen wie Personen, die dieselben Kenntnisse, Fähigkeiten und Kompetenzen in einer Bildungseinrichtung erworben haben. Im Kontext des Lebenslangen Lernens ist dies von Bedeutung, weil die Bildungsorte biographisch variieren können. Deshalb soll auch jegliches informelle Lernen zertifiziert werden und damit die außerhalb von Bildungseinrichtungen erworbenen Kompetenzen anerkannt werden.

Der EQR baut dabei auf einem Nationalen Qualifikationsrahmen (NQR) auf. Ein Blick auf die über 250 Stellungnahmen verschiedener bildungspolitischer Interessensgruppen kann deutlich machen, wie umkämpft die Zuordnung einzelner Ausbildungen zu der gemeinsamen Skala (den „Referenzniveaus") ist. (Vgl. Stellungnahmen zum NQR) Vereinheitlichung bedeutet generell die Durchsetzung *eines* Standards. Entsprechend streiten verschiedene Interessensgruppen auch um die konkreten Standards. Auch die Vereinheitlichung und der Gleichwertigkeit von formaler und informeller sowie von allgemeiner und beruflicher Bildung sorgt für Interessens- und Machtkonflikte. Als

Beispiel dafür lässt sich etwa anführen, dass Wirtschafts- und Handwerksverbände den NQR nutzen wollten, um analog zu akademischen Abschlüssen einen gleichwertigen Bachelor/Master ‚professional' durchzusetzen, d.h. einen Titel ohne Studium, der z.b. an ManagerInnen mit einer gewissen Berufserfahrung verliehen werden könnte.

In diesem Zusammenhang ist auch der Bologna-Prozess zu sehen: ECTS-Punkte und Vereinheitlichung der Studienstrukturen sollten, ebenso wie der EQR, den Personen- bzw. Arbeitskräfteaustausch zwischen EU-Ländern erleichtern.

Neben bzw. teilweise einhergehend mit diesen politischen Aspekten werden Standardisierungen auch von den Sozialwissenschaften bereits seit längerer Zeit entwickelt, um national vergleichende Analysen durchführen zu können, u.a auch bei den PISA-Erhebungen. Bei einer quantitativen Erhebung bspw. zum Zusammenhang des Bildungsniveaus mit weiteren Aspekten der Lebensführung kann nicht jedes Mal im Einzelnen eine Gleichsetzung national unterschiedlicher Bildungsabschlüsse vorgenommen werden. Eine solche Studie könnte deshalb etwa die Jahre erheben, die der/die Befragte in Bildungsinstitutionen verbracht hat, was der Einfachheit halber häufig gemacht wird. Eine weitere Möglichkeit ist die Verwendung der *International Standard Classification of Education* (ISCED), die verschiedene Bildungsebenen (von Kindergarten bis Doktorat) und Bildungsfelder unterscheidet.

Weiterführende Literatur:

Keller, Carsten; Schöller, Oliver (2002): Autoritäre Bildung. Bildungsreform im Zeichen von Standortwettbewerb und neuen Eliten. In: Bittlingmayer, Uwe; Eickelpasch, Rolf; Kastner, Jens; Rademacher, Claudia (Hg.): Theorie als Kampf? Zur politischen Soziologie Pierre Bourdieus. Opladen: Leske + Budrich, S. 381-414.

7. Bildung, Beruf und soziale Ungleichheit

7.1. Das meritokratische Ideal

Mit dem Bildungsabschluss sind bestimmte Lebenschancen und Berufe verbunden: So liegt etwa die Arbeitslosigkeit von Personen mit keiner über die Pflichtschule hinausgehenden Ausbildung deutlich höher als bei einem Lehrabschluss; auch ihre Armutsgefährdung ist mehr als doppelt so hoch wie bei Personen mit einer weiterführenden Ausbildung. Das Einkommen sowie der Lebensstandard stehen ebenfalls mit der Höhe des Bildungsabschlusses in einem Zusammenhang (detaillierte grafische Darstellungen dazu in: Statistik Austria 2011: Bildung in Zahlen. Schlüsselindikatoren und Analysen).

Bildungsinstitutionen spielen eine wichtige Rolle in der Reproduktion gesellschaftlicher Strukturen und sozialer Ungleichheiten. Oft wird davon ausgegangen, dass in den aktuellen Gesellschaften jede/-r alles werden kann, wenn er oder sie nur möchte und sich anstrengt: Fleiß und Leistung würden sich lohnen und zu entsprechenden Berufspositionen und gesellschaftlichem Status führen. Diese Idee einer Entwicklung „vom Tellerwäscher zum Millionär" verspricht sozialen Aufstieg in Abhängigkeit von der individuellen Leistung und dem individuellen Engagement. Mit einem allgemeinen Begriff wird die gesellschaftliche Bindung sozialer Positionen an Leistung und Verdienst (verstanden als Talent in Kombination mit Anstrengung, vgl. Becker/Hadjar 2009: 36) als *Meritokratie* bezeichnet:

„Etymologisch bedeutet ‚Meritokratie' (lateinisch: meritum für ‚das Verdienst'; griechisch: kratein für ‚herrschen') eine Herrschaftsordnung nach Maßgabe von Begabung und Leistungsfähigkeit des Einzelnen, bei der Amtsträger – beim Vorherrschen des Leistungsprinzips gegenüber anderen Grundsätzen der Statuszuweisung (etwa nach askriptiven Merkmalen wie soziale Herkunft, Geschlecht etc.) – aufgrund ihrer Verdienste (sprich: intellektuellen Leistungen und Fähigkeiten) ausgewählt werden." (Becker/Hadjar 2009: 37)

Die hier angesprochene Vergabe beruflicher Positionen und damit die *Statusallokation*, d.h. die Platzierung von Individuen innerhalb einer sozialen Hierarchie, gilt für die meisten Menschen heute als legitim, wenn die Hierarchie auf Leistungsunterschieden gründet: Je höher die Leistung, desto höher soll auch die ‚Belohnung' sein, etwa in Form von gut bezahlten Berufspositionen und sozialer Anerkennung. Die Entscheidung zwischen verschiedenen BewerberInnen für eine berufliche Stelle etwa erfolgt entlang des meritokratischen Prinzips, wenn der oder die beste BewerberIn schließlich die Stelle erhält. Die ‚besten' BewerberInnen sind dabei jene mit dem höchsten ‚Verdienst', d.h. den meisten und/oder besten bisherigen Leistungen und Anstrengungen. Die ‚Bestenauswahl' im Rahmen einer solchen „Leistungsideologie" (Becker/Hadjar 2009: 40) wird als gerecht angesehen, weil angenommen wird, dass die Leistung mehr oder weniger vom Willen, Fleiß und den Bemühungen des/der Einzelnen abhängt, und nicht von der sozialen Herkunft, dem Geschlecht oder ähnlichen Merkmalen, für die die Individuen nicht verantwortlich zu machen sind. Eine besonders hohe Bedeutung komme dabei, zumindest in der Theorie, dem erreichten Bildungsabschluss zu.

„[D]ie gesamtgesellschaftliche Standardisierung und Institutionalisierung von drei abstrakten Bewertungsmaßstäben – Bildungsabschluss, beruflicher Rang und Geldeinkommen – ist heute weit fortgeschritten. In ihnen drückt sich zugleich die Bedeutung der Leistungsideologie als dem wichtigsten System zur Legitimation von Ungleichheit in fortgeschrittenen westlichen (und östlichen) Staatsgesellschaften aus, und zwar in der soeben genannten Reihenfolge: Die Qualifikation eines Individuums soll in eine entsprechende berufliche Position konvertierbar sein, die berufliche Position soll mit einem ihr angemessenen Einkommen ausgestattet sein – so will es die Leistungsideologie. Ihr entspringt die „meritokratische Triade" von Bildung, Beruf und Einkommen." (Kreckel 2004: 97)

Meritokratie stellt jedoch vielfach eher ein Ideal als die Realität dar. Dem gesellschaftlichen Anspruch nach *sollte* weder der Bildungsabschluss, noch die soziale und berufliche Position, die ein Individuum erreicht, davon abhängen, welcher Bildung, welchem Beruf oder welchem Herkunftsland die *Eltern* zuzuordnen sind.

Im Bereich der Bildungssoziologie ist es, wie auch in anderen speziellen Soziologien, wichtig, in einem ersten Schritt eine Distanz zu gesellschaftlichen Selbstverständlichkeiten herzustellen, und etwa konkret zu untersuchen, in welchen Bereichen und inwieweit (und für wen) Meritokratie oder soziale Mobilität tatsächlich verwirklicht ist oder nicht.

7.2. Das Verhältnis von Bildung und Beruf

Für ArbeitgeberInnen sind Indikatoren für (oder Hinweise auf) die Fähigkeiten und die bisherigen Leistungen der BewerberInnen etwa die im Lebenslauf angeführten Schulabschlüsse, beigelegte Schul- oder Arbeitszeugnisse, usw. (vgl. Hadjar/Becker 2009: 201) Insofern fungieren Bildungsabschlüsse als „Signal" für Fähigkeiten und dienen als „Filter", d.h. der Vorselektion von BewerberInnen für eine berufliche Position (Becker 2009: 26). Anhand dieser Zeugnisse, so wird angenommen, können sie beurteilen, welche BewerberInnen die Besten sind – dies funktioniert allerdings nur dann, wenn sich die Bewertung, die in den Zeugnissen zum Ausdruck kommt, auch tatsächlich auf die Leistung bezieht (und nicht etwa eine gute Note ‚geschenkt' wurde). Auch im Bildungssystem müsste daher ein meritokratisches Prinzip herrschen, und die Notengebung unabhängig von anderen Merkmalen, eben nur aufgrund der schulischen Leistung, erfolgen. Aus diesem Grund gibt es u.a. auch eine Trennung von Schulfach- und Betragensnote: Das Sozialverhalten eines Kindes in der Klasse soll unterschieden werden von seiner schulischen Leistung. Das Bildungssystem soll über *Bildungszertifikate* somit eine bestimmte Leistung, d.h. bestimmte Kenntnisse, Fähigkeiten und Kompetenzen der Lernenden, verbürgen. Die spezifischen Bildungsziele, didaktischen Grundsätze und der Lehrstoff sind für den Schulbereich explizit festgelegt, etwa durch Verordnungen des Bundesministeriums in den Lehrplänen für die verschiedenen Schularten, und machen somit bis zu einem gewissen Grad erwartbar, was jemand mit einem bestimmten Bildungsabschluss weiß und kann.

Diese prinzipiellen Überlegungen müssen jedoch durch einen Blick auf die Empirie differenziert werden. Denn die tatsächlichen Kompetenzen und die Zertifikate stimmen nicht zwangsläufig überein. Darauf weist Heike Solga hin wenn sie schreibt: „Es wäre ein Fehlschluss, die Gruppe der *Kompetenz-* und der *Zertifikatsarmen* gleichzusetzen." (Solga 2009: 401) In Österreich sagen die Schulnoten manchmal wenig über die individuellen Kompetenzen aus, weil LehrerInnen etwa die Leistungen von SchülerInnen einer Klasse vergleichen und z.b. den verhältnismäßig Besten einen Einser geben. In einer anderen Klasse einer anderen Schule könnten diese Klassenbesten jedoch vielleicht zu den schlechteren SchülerInnen gehören, weil dort das Leistungsniveau der ganzen Klasse höher ist. Dies wird auch als *„big-fish-little-pond"- Effekt* bezeichnet. Das Problem dabei ist, dass „mit gleichen Noten prinzipiell gleiche Berechtigungen verbunden sind" (Kast 2006), d.h. dass ein Kind mit einem Vierer im Zeugnis nicht im Gymnasium aufgenommen wird – obwohl es vielleicht in einer anderen Klasse oder Schule mit den gleichen Leistungen einen Zweier bekommen hätte und dann ins Gymnasium wechseln hätte können. In anderen Ländern, in denen es zentrale Lernziele, etwa eine Zentralmatura, gibt, ist dies anders. Denn dort wird vorgegeben, bei welchen Fähigkeiten welche Note zu vergeben ist. In Österreich arbeitet man nun auch an einer solchen Standardisierung, etwa durch die Einführung einer Zentralmatura und durch Bildungsstandards.

Bezogen auf die Arbeitsmarktchancen spielen jedenfalls vor allem die Zertifikate und weniger die Kompetenzen eine Rolle, weil Kompetenztests bei Bewerbungsverfahren kaum angewandt werden (Solga 2009: 401).

„Wären Kompetenzen alles, was Personen brauchen, um erfolgreich bei der Arbeit zu sein, so wäre der Arbeitsmarkt heute deutlich kompetitiver, da viele Kompetenzen auf sehr unterschiedlichen Wegen erworben werden können. Kompetenzen müssen jedoch in einer solchen Art und Weise erworben werden, dass sie vertrauenswürdige (quasi bereits kontrollierte) Informationen für den Beschäftigten bereitstellen (...). Insofern geht es nicht um Bildung und Kompetenz per se, sondern

um Kompetenznachweise, *erworben in institutionalisierten und zugleich zertifizierten Bildungsprozessen.*" (Solga 2005: 27)

Bourdieu nennt die „Objektivierung von inkorporiertem Kulturkapital in Form von *Titeln*" *institutionalisiertes* kulturelles Kapital (s. Kapitel 3).

„Mit dem schulischen Titel, diesem Ausweis kultureller Kompetenz, der seinem Träger in Bezug auf die Bildung einen konventionellen, stabilen und juristisch garantierten Wert verleiht, produziert die soziale Alchimie eine Form von kulturellem Kapital, die eine relative Autonomie in Bezug auf dessen Träger und sogar in Bezug auf das kulturelle Kapital, das dieser zu einem gegebenen Zeitpunkt effektiv besitzt, hat." (Bourdieu 2001: 118)

„Durch den schulischen oder akademischen Titel wird dem von einer bestimmten Person besessenen Kulturkapital institutionelle Anerkennung verliehen." (Bourdieu 2001: 119)

Das Auseinandertreten von inkorporiertem und institutionalisiertem kulturellen Kapital, also von tatsächlichen Kompetenzen und den erworbenen Bildungsabschlüssen, wird aktuell dadurch versucht zu verringern, dass neue Formen der Zertifizierung von Kompetenzen eingeführt werden.

„Mit der begrifflichen Umstellung auf Kompetenz ist eine Veränderung des Assoziationshaushaltes verbunden: Die Vorstellung von in institutionellen Ausbildungsgängen abschließend erworbenen und abrufbaren Kenntnissen, die durch Bildungstitel zertifiziert sind, wird durch die Idee des Erwerbs von Dispositionen ersetzt, die permanente Selbststeuerungen im Hinblick auf sich verändernde Wissens- und Handlungserfordernisse der zunehmend flexibilisierten und entstandardisierten, bspw. projektförmigen beruflichen Arbeitskontexte ermöglichen." (Keller 2010: 34)

Der Arbeitsmarkt greift auf die in (Berufs-)Bildungsinstitutionen (aus-) gebildeten Individuen zurück, deren Abschlüsse für bestimmte Berufspositionen qualifizieren.

„In marktwirtschaftlichen Ordnungen werden individuelle Qualifikationen als Input-Ressource in entsprechende berufliche Positionen konvertiert, die mit Einkommen ausgestattet sein sollen (Output-Ressourcen), die der Qualifikation als Indikator für Leistung (Zertifikat, d.h. durch formale Zeugnisse beglaubigte Leistungsqualifikation) angemessen sind. Dass sich ungleich verteilte Qualifikationen in ungleich verteilte berufliche Stellungen und auf ungleich verteilte Einkommen niederschlagen, wird als gerechtfertigt angesehen." (Becker/Hadjar 2009: 40f.)

Aus strukturfunktionalistischer Perspektive ist es sogar eine Funktion sozialer Ungleichheit, Leistung zu motivieren, indem diese höher belohnt wird („Anreizstruktur"). KritikerInnen sehen diese Argumentation jedoch als Versuch, soziale Ungleichheit zu legitimieren, d.h. Ungleichheiten als gerecht darzustellen, obwohl sie tatsächlich ungerecht sind (Solga 2005).

Die Kritik kommt dabei auch von empirischer Seite, weil sich nicht beobachten lässt, dass die berufliche bzw. soziale Position tatsächlich allein von der schulischen Leistung und den daraus resultierenden Abschlüssen abhängt. Pierre Bourdieu (Bourdieu et al. 1981) analysiert dies als Verhältnis von „Titel und Stelle" in seinem gleichnamigen Buch: Je nach Beruf gibt es eine mehr oder weniger enge Verbindung von Bildungstiteln und beruflichen Positionen. Zwar ist für die Ausübung professioneller Tätigkeiten i.d.R. ein akademischer Abschluss Voraussetzung, d.h. hier ist die Verbindung von Bildung und Berufsposition besonders eng: Als Arzt oder Ärztin tätig werden dürfen nur Personen, die den entsprechenden Titel nach erfolgreichem Studium erworben haben. Die Ausübung ‚neuer Berufe' erfolgt jedoch oft eher unabhängig von einem bestimmten formalen Abschluss und baut stärker auf informell erworbenen Fähigkeiten auf (ebd.: 96f.): So könnte etwa ein/e PressesprecherIn ganz verschiedene Studien, oder auch gar keines abgeschlossen haben – wichtig ist hier u.a. die Fähigkeit, eloquent, selbstsicher und sprachlich gewandt aufzutreten. Durch die Bildungsexpansion mit ihrer Titelinflation zähle, so Bourdieu, der Habitus zunehmend mehr als der konkrete Abschluss.

Der Eliteforscher Michael Hartmann weist weiters darauf hin, dass bestimmte berufliche Führungspositionen zwar ein Studium voraussetzen, umgekehrt ein Studium jedoch keineswegs allein eine Führungsposition sichert, sondern es bei der Rekrutierung der Elite vor allem auf einen Habitus ankomme, der durch die Vertrautheit und den sozialen Umgang mit Mitgliedern der Elite ausgebildet wird – und nicht in Bildungsinstitutionen. Wenn bei gleichem Bildungsniveau, das ohnehin stark nach sozialer Herkunft variiert, Personen, deren Eltern bereits hohe Berufspositionen innehatten, erfolgreicher dabei sind, nach dem Abschluss eines Doktoratsstudiums Führungsfunktionen in der Wirtschaft und Justiz zu übernehmen (Hartmann 2004: 139f.), zeigt sich darin eine partielle Entkoppelung von Bildung und Beruf. Daraus schließt Michael Hartmann: „Die Bildungsexpansion hat nur den Zugang zu den Bildungsinstitutionen erleichtert, nicht aber den zu den Elitepositionen." (ebd.: 147) Nach Hartmann beruht die „außerordentlich hohe und im Zeitverlauf sogar noch zunehmende Selektivität in der sozialen Rekrutierung der deutschen Wirtschaftselite" (Hartmann 2002: 371) vor allem auf der Bedeutung eines bestimmten Habitus bei der Rekrutierung der Führungskräfte:

„Man muss die für Spitzenpositionen wesentlichen Persönlichkeitsmerkmale besitzen, ohne den Prozess des Erwerbs erkennen zu lassen" (ebd.: 374): *„die intime Kenntnis der in den Chefetagen gültigen Dress- und Verhaltenscodes, eine breite bildungsbürgerliche Allgemeinbildung, eine unternehmerische Einstellung inkl. der dafür erforderlichen optimistischen Grundhaltung und vor allem Souveränität und Selbstsicherheit"* (ebd.: 373).

Auch geschlechtsspezifische Ungleichheiten treten vor allem beim Übergang in den Arbeitsmarkt auf, „so dass die Prüfungen stark legitimatorischen und nur bedingt objektiv differenzierenden Charakter haben." (Löw 2006: 84) Für soziale Ungleichheit ist mittlerweile der Übergang von Schule in den Arbeitsmarkt von zunehmender Bedeutung geworden, insofern sich eine „Verlagerung der Selektion in das Beschäftigungssystem" (Löw 2006: 74) feststellen lässt. Denn obwohl insgesamt mehr Frauen höhere Abschlüsse erreichen als Männer, können sie diese häufiger als Männer nicht in entsprechende Berufspositionen umsetzen. Sichtbar werden die nachteiligen Karrierechancen etwa an dem kleinen Anteil von Frauen bei den ProfessorInnen an öffentlichen Universitäten (vgl. Statistik Austria 2011), und dies, obwohl Frauen schon lange hohe Anteile bei den Studierenden stellen.

Bei der Analyse des Verhältnisses von Bildungs- und Wirtschaftssystem wird auch der Einfluss der Wirtschaft auf die beruflichen Ausbildungsinhalte diskutiert, weil diese hauptsächlich ein Interesse daran hätte, (Aus-)Bildungsinhalte möglichst eng auf die zukünftige Arbeitsstelle zuzuschneiden. Wie allgemein oder spezialisiert die Berufsausbildung erfolgt, war immer wieder Konfliktpunkt zwischen Berufsbildungseinrichtungen, Staat und Industrie (vgl. Brater 2010: 811). Aus Perspektive der ArbeitnehmerInnen wäre es vorteilhaft, eine eher breite Berufsbildung zu erhalten, um am Arbeitsmarkt möglichst unabhängig von bestimmten Betrieben zu sein. Aus Perspektive der Industrie und der ArbeitgeberInnen generell wäre hingegen von Interesse, möglichst ‚fertige' Arbeitskräfte für ihren spezifischen Bedarf zu erhalten, die schnell einsetzbar sind, d.h. bei denen sie nur mehr wenig investieren müssen, damit diese ihre Tätigkeit ausführen können. Diese zwei Interessenslagen wurden und werden anhand der Berufsbilder verhandelt, und führten einmal zu einer Kritik der Industrie an der zu allgemeinen Ausbildung, dann wieder zur Kritik an der darauf folgenden, dysfunktionalen Überspezialisierung und „Zersplitterung der Berufe" mit in der Folge unflexiblen Arbeitskräften.

Dieser Interessenskonflikt richtet sich dabei auch auf die Autonomie des Bildungssystems. In dem folgenden, längeren Zitat von Pierre Bourdieu kommt dies sehr deutlich zum Ausdruck:

„Es ist im Interesse der Käufer von Arbeitskraft, die Autonomie des Bildungssystems (nach Möglichkeit) auf ein Minimum zu reduzieren und das Bildungswesen – nicht anders als die Familie – in direkte Abhängigkeit von der Wirtschaft zu bringen. Denn seine Autonomie bedingt ein gegenüber dem ökonomischen Apparat langsameres Veränderungstempo. Daraus erklärt sich zum Beispiel das Bestreben der Unternehmer, die Studienzeiten zu verkürzen. Mit der wachsenden

Bedeutung des Bildungssystems entgleitet der Reproduktionsprozess aber nicht nur den Familien, sondern ebenso den Unternehmen. Dafür sind dieselben Mechanismen verantwortlich: Was das Bildungswesen dem Einfluss der Familien entzieht, entzieht es dem Einfluss der Wirtschaft. Denn mit dem Bildungswesen beginnt eine sozial mächtige Instanz in relativer Unabhängigkeit gegenüber der Wirtschaft zu funktionieren. Als Apparat zur Produktion von qualifizierten Arbeitskräften ist das Bildungssystem zugleich Apparat für die rechtliche Absicherung der jeweils vermittelten Qualifikation. Die Masse der Arbeitskräfte, deren Wert auf dem Arbeitsmarkt von der durch Ausbildung verbrieften ‚Berechtigung' abhängt, ist eine soziale Macht von ständig zunehmender Bedeutung.

Man muss die Sphäre der Wirtschaft, deren eigene Dynamik den Veränderungen der Arbeitsplatzverteilung zugrunde liegt, scheiden von der des Bildungssystems, das den hauptsächlichen Produzenten der Qualifikationen (im technischen Sinn) der Arbeitskräfte bzw. ihrer Titel darstellt. Jedes der beiden Systeme gehorcht seiner eigenen Logik: Das Bildungssystem hat gegenüber dem ökonomischen System eine relative Autonomie und eine eigene Entwicklungsgeschwindigkeit. Im Gegensatz zu anderen Systemen sind diese relative Autonomie und mithin die Struktur seiner Beständigkeit stark ausgeprägt, so dass besonders große Phasenverschiebungen gegenüber dem wirtschaftlichen Strukturwandel auftreten – eine kapitalistische Wirtschaft kann teilweise noch ein mittelalterliches Bildungssystem haben. Daraus folgt, dass die Interaktion zwischen den beiden Systemen, die sich in der Spannung zwischen Titel und Stelle *manifestiert, historisch beispiellos sein dürfte.*

Wesentlich ist in der Beziehung zum ökonomischen Apparat nicht, dass das Bildungssystem Arbeitskräfte mit einer bestimmten technischen Qualifikation ausstattet; dafür hat es nicht das Monopol. Entscheidend ist vielmehr, dass es an seine ‚Produkte' – ob sie nun mit einer Qualifikation (im technischen Sinn) technisch messbar ausgerüstet werden oder nicht – Titel *vergibt, die einen universellen und relativ zeitlosen Wert haben. Auf diese Weise begründet es tendenziell eine Autonomie der mit einem Titel ausgestatteten Arbeitskräfte im sogenannten freien Spiel der ökonomischen Kräfte. Hier liegt die Erklärung für die Feindschaft der Unternehmer gegenüber dem Bildungssystem, die eine Art von kollektivem Schutzmechanismus darstellt, und für die Vorliebe für ‚hausinterne' Titel, wie etwa den ‚Betriebsingenieur'. Zunächst einmal macht der Titel den Arbeiter ‚universal', weil er ihn – darin dem Geld vergleichbar – im Marxschen Sinne ‚frei', aber auch zu jemandem macht, dessen Kompetenz und alle damit zusammenhängenden Rechte auf allen Märkten garantiert sind. Im Gegensatz dazu bleibt derjenige, der sein Vorankommen lediglich auf betriebsinterne ‚Berechtigungen' gründet, an einen einzigen Markt gebunden, weil alles, was ihn auszeichnet, ihm nur aufgrund seiner Stelle zukommt.*

Der Titel verbürgt ferner von Rechts wegen eine Qualifikation – gleichgültig, ob dem eine tatsächliche Qualifikation entspricht; das ist der Rechtscharakter, der dem schulisch vergebenen Titel innewohnt. Dabei richtet sich die zeitliche Geltungsdauer des Titels auch nicht danach, wie lange die erworbene Qualifikation vorhält: Das Veralten der Befähigungen, praktisch das Äquivalent zum Verschleiß der Maschinen, wird durch die Zeitlosigkeit des Titels verschleiert, wenn nicht gar negiert. Hier findet sich ein zusätzlicher Faktor für die zeitlich bedingte Strukturverschiebung (zwischen Bildungs- und ökonomischem System). Denn die persönlichen Eigenschaften wie der Titel werden ein für allemal erworben und folgen dem Individuum sein ganzes Leben hindurch. Darum können die durch die Titel garantierten Kompetenzen und die Arbeitsplatzmerkmale, die sich in Abhängigkeit von der Wirtschaft rascher verändern, mehr oder weniger stark auseinandertreten."
(Bourdieu et al. 1981: 93-94)

Weiterführende Literatur:

Meritokratie

Arrow, Kenneth; Bowles, Samual; Durlauf, Steven (Hg.) (2000): Meritocracy and Economic Inequality. Princeton.

Becker, Rolf; Hadjar, Andreas (2009): Meritokratie - Zur gesellschaftlichen Legitimation ungleicher Bildungs-, Erwerbs- und Einkommenschancen in modernen Gesellschaften. In: Rolf Becker (Hg.): Lehrbuch der Bildungssoziologie. Wiesbaden: VS, S. 35–60.

Degele, Nina; Winker, Gabriele (2011): "Leistung muss sich wieder lohnen". Zur intersektionalen Analyse kultureller Symbole. In: Katharina Knüttel und Martin Seeliger (Hg.): Intersektionalität und Kulturindustrie. Zum Verhältnis sozialer Kategorien und kultureller Repräsentationen. Bielefeld: Transcript, S. 25–52.

Hartmann, Michael (2002): Leistung oder Habitus? Das Leistungsprinzip und die soziale Offenheit der deutschen Wirtschaftselite. In: Bittlingmayer, Uwe; Eickelpasch, Rolf; Kastner, Jens; Rademacher, Claudia (Hg.): Theorie als Kampf? Zur politischen Soziologie Pierre Bourdieus. Opladen: Leske + Budrich, S. 361-377.

Solga, Heike (2005): Meritokratie - die moderne Legitimation ungleicher Bildungschancen. In: Peter A. Berger und Heike Kahlert (Hg.): Institutionalisierte Ungleichheiten. Wie das Bildungswesen Chancen blockiert. Weinheim, München: Juventa (Bildungssoziologische Beiträge), S. 19–38.

Literatur zum Verhältnis von Bildung – Beruf – Arbeit

Achatz, Markus; Tippelt, Rudolf (2001): Wandel von Erwerbsarbeit und Begründungen kompetenzorientierten Lernens im internationalen Kontext, in: Bolder, Axel; Heinz, Walter R.; Kutscha, Günter (Hg.): Deregulierung der Arbeit - Pluralisierung der Bildung? Opladen: Leske + Budrich (Jahrbuch Bildung und Arbeit 1999/2000), 111-127.

Baethge, Martin; Baethge-Kinsky, Volker (1995): Ökonomie, Technik, Organisation: Zur Entwicklung von Qualifikationsstruktur und qualitativem Arbeitsvermögen; in: Arnold, Rolf; Lipsmeier, Antonius (Hg.): Handbuch der Berufsbildung. Opladen, S. 142-156.

Bourdieu, Pierre; Boltanski, Luc; de Saint Martin, Monique; Maldidier-Pargamin, Pascale (1981): Titel und Stelle. Über die Reproduktion sozialer Macht. Frankfurt am Main: Europäische Verlagsanstalt.

Jacob, Marita; Kupka, Peter (Hg.) (2005): Perspektiven des Berufskonzepts – Die Bedeutung des Berufs für Ausbildung und Arbeitsmarkt. In: Beiträge zur Arbeitsmarkt und Berufsforschung 297, Institut für Arbeitsmarkt- und Berufsforschung der Bundesagentur für Arbeit (IAB), Nürnberg.

Jin, D.R.; Stough, R.R. (1998): Learning and learning capability in the Fordist and post-Fordist age: an integrative framework. In: Environment and Planning 30, S. 1279-1294.

Lassnigg, Lorenz (1999): Bildung - Beruf - Beschäftigung. Koordinationsdynamik, Innovationsdynamik und "Systemgrenzen"; in: Honegger, Claudia/Hradil, Stefan/Traxler, Franz (Hg.): Grenzenlose Gesellschaft? Opladen, S. 484-501

Müller, Walter (2001): Zum Verhältnis von Bildung und Beruf in Deutschland. Entkopplung oder zunehmenden Strukturierung. In: Berger, Peter A.; Konietza, Dirk (Hg.): Die Erwerbsgesellschaft. Neue Ungleichheiten und Unsicherheiten (Reihe Sozialstrukturanalyse, hg. von Stefan Hradil). Opladen, S. 29-64.

Schubert, Frank; Engelage, Sonja (2006): Bildungsexpansion und berufsstruktureller Wandel. In: Andreas Hadjar und Rolf Becker (Hg.): Die Bildungsexpansion. Erwartete und unerwartete Folgen. Wiesbaden: VS, S. 93–122.

Voß, Günther G. (2002): Der Beruf ist tot! Es lebe der Beruf! - Zur Beruflichkeit des Arbeitskraftunternehmers und deren Folgen für das Bildungssystem. In: Kuda, Eva; Strauß, Jürgen (Hg.): Arbeitnehmer als Unternehmer? Herausforderungen für Gewerkschaften und berufliche Bildung. Hamburg: VSA, S. 100-118.

Klassische Literatur

Altvater, Elmar; Huisken, Freerk (Hg.) (1971): Materialien zur Politischen Ökonomie des Ausbildungssektors. Erlangen.

Axmacher, Dirk H. (1984): Politische Ökonomie des Ausbildungssektors – Schicksal und Erbe einer Theorie. In: Widersprüche Heft 10.

Offe, Claus (1975a): Berufsbildungsreform. Eine Fallstudie über Reformpolitik. Frankfurt am Main.

Offe, Claus (1975b): Bildungssystem, Beschäftigungssystem und Bildungspolitik - Ansätze zu einer gesamtgesellschaftlichen Funktionsbestimmung des Bildungssystems. In: Deutscher Bildungsrat (Hg.): Bildungsforschung. Probleme - Perspektiven - Prioritäten. (Gutachten und Studien der Bildungskommission, Bd. 50) Stuttgart, S. 217-252.

Vallas, Steven P. (1990): The concept of skill - A critical review. In: Work and Occupations 17 (4), S. 379-398.

8. Berufssoziologische und berufstheoretische Grundlagen

8.1. Zum Begriff Beruf

Beruf wird alltagssprachlich oft gleichgesetzt mit Arbeit. In der Soziologie bezeichnet Beruf in einem ersten Definitionsschritt zuerst einmal eine bestimmte Form der *Erwerbs*arbeit, d.h. Arbeit, die ausgeübt wird, um sich ein Einkommen und dadurch den Lebensunterhalt zu sichern. Max Weber (2005: 104) verstand unter Beruf „jene Spezifizierung, Spezialisierung und Kombination von Leistungen einer Person (...), die Grundlage einer kontinuierlichen Versorgungs- oder Erwerbschance ist", und zwar dann, wenn der Bedarf an diesen Leistungen andauernd ist und diese darüber hinaus einer bestimmten Ausbildung bedürfen.

Nicht jede Erwerbsarbeit ist jedoch berufsförmig organisiert. Die Berufssoziologie unterscheidet Berufe von *Jobs* und *Hobbys* (vgl. Brater 2010): Zu einem Beruf gehört ein umfassendes Wissen und Fähigkeiten, die es dem/der Berufstätigen erlauben, eigenständig und langfristig qualifizierte Arbeit auszuüben. Die Arbeit wird bei einem Beruf also nicht nur zum Einkommenserwerb ausgeübt, sondern sie setzt auch eine Qualifikation voraus, d.h. eine Berufsausbildung. Ein Hobby wäre demgegenüber zwar auch eine qualifizierte Tätigkeit, aber keine, die der Sicherung des Lebensunterhalts dient (wenn doch, dann hat jemand ein „Hobby zum Beruf gemacht"). Ein Job hingegen ist eine eher kurzfristige Erwerbstätigkeit, für deren Ausübung keine umfassende Berufsausbildung erforderlich ist.

Nicht immer hatte Beruf jedoch diese eingeschränkte Bedeutung als qualifizierte Erwerbsarbeit. Noch heute schwingen im Begriff des Berufs Bedeutungen mit, die zu früheren Zeiten mit dem Wort verbunden waren, nämlich vor allem der Aspekt der *Berufung*.

Eine Berufung zu bestimmten Tätigkeiten wurde im Mittelalter vor allem mit religiösen Vorstellungen verbunden, mit der Reformation verstärkte sich ein Verständnis von Beruf als von Gott gewollte *weltli-*

che Tätigkeit. Max Weber beschrieb diese Verschiebung als zentrale Voraussetzung, damit sich ein spezifischer ‚Geist des Kapitalismus' entwickeln konnte. In seinem Buch „Die protestantische Ethik und der Geist des Kapitalismus" (Weber 2006) analysiert er die Verbindung von Religion und Ökonomie anhand der protestantischen Berufskonzeption. Ob jemand von Gott auserwählt sei, könne zwar niemand mit Sicherheit wissen. In bestimmten Strömungen des Protestantismus herrsche jedoch ein Glaube daran, dass es für die Menschen Hinweise auf die Gnadenwahl gäbe, nämlich u.a. beruflichen Erfolg: Die Erfolgreichen könnten davon ausgehen, dass sie sich an der von Gott vorgesehen Stelle befinden und in seinem Sinne tätig sind. Die Verpflichtung auf einen Beruf, in Kombination mit der im Protestantismus bedeutsamen Askese, sorgte in Form einer rationalen Lebensführung dafür, dass erwirtschaftete Gewinne nicht verprasst sondern wieder investiert wurden. In der religiös motivierten Ausprägung rationaler Dispositionen und der protestantischen Berufskonzeption wären, so Weber, die sozialen Grundlagen für die Beschleunigung der kapitalistischen Entwicklung im Zuge der Reformation zu sehen.

„Mit der Inthronisierung des Konkurrenzprinzips seit der Aufhebung der Zunftschranken und dem Beginn der technischen Revolution der Industrie entfaltete die bürgerliche Gesellschaft eine Dynamik, die das einzelne Wirtschaftssubjekt zwingt, seine Erwerbsinteressen rücksichtslos und um das Wohl der Allgemeinheit unbekümmert zu verfolgen. Die protestantische Ethik, der bürgerlich-kapitalistische Pflichtbegriff lieferten den Gewissenszwang dazu. Das antifeudale Ideal der Autonomie des Individuum, das dessen politische Selbstbestimmung meinte, verwandelte sich im Wirtschaftsgefüge zu jener Ideologie, deren es zur Aufrechterhaltung der Ordnung und zur Steigerung der Leistung bedurfte." (Institut für Sozialforschung 1956: 49)

Auch wenn die Webersche Analyse aus heutiger Sicht nicht mehr uneingeschränkt einleuchtet, wird in Webers Studie doch ein Wandel der Berufsvorstellungen herausgearbeitet, der berufssoziologisch interessant ist.

8.2. Wichtige theoretische Strömungen im deutschsprachigen Raum

In Deutschland lassen sich zumindest für die Zeit bis 1980 drei dominante Berufstheorien ausmachen (vgl. Demszky von der Hagen/Voß 2010: 757ff.).

Erstens eine idealistische Berufssoziologie, die von Karl Dunkmann vertreten wurde und sich auf Durkheim und Tönnies bezog. Dunkmann vertrat eine konservative, fortschrittskritische Haltung zum ,modernen' Berufssystem, insofern aus seiner Sicht der Aspekt der Berufung nun gegenüber der reinen Erwerbsarbeit zunehmend ins Hintertreffen gerate. Berufung verstand er dabei weniger religiös, sondern als Pflicht gegenüber der ,Volksgemeinschaft' (vgl. ebd.), die mit beruflichen Wertvorstellungen verbunden sei. Die normative Vorstellung einer Berufung findet hier ihre Fortsetzung (Voß 2001: 289).

Vom US-amerikanischen Strukturfunktionalismus geprägt bildete sich auch in Deutschland eine berufssoziologische Perspektive heraus, die auf den ersten Blick neutraler zu sein schien: Im Anschluss an Talcott Parsons wurde hier die Berufsspezialisierung als notwendige Ausdifferenzierung der gesellschaftlichen Funktionen im Zuge des technischen Fortschritts analysiert.

„Trotzdem bleibt auch hier eine den alteuropäischen Berufsbegriffen analoge dualistische Struktur wirksam: Die berufliche Spezialisierung ist nach wie vor Ausdruck einer ,höheren' Rationalität (funktionale Erfordernisse statt göttlicher Auftrag), der gegenüber der Einzelne in der Pflicht sei und die er per ,commitment' (Normbefolgung statt religiöser Gehorsam) zu vollziehen habe." (Demszky v. d. Hagen/Voß 2010: 757)

Vertreten wurde diese Perspektive in Deutschland etwa von Hansjürgen Daheim und Heinz Hartmann, der eine lineare Abfolge von Arbeit über Beruf zu Profession annahm. Die Prozesse der Verberuflichung und schließlich der Professionalisierung könnten jedoch auch durch Berufsauflösung und Deprofessionalisierung rückgängig gemacht werden.

Wie bereits bei den Bildungstheorien sichtbar wurde, ist eine häufig vorgebrachte Kritik am Strukturfunktionalismus, dass er soziale Kämpfe nicht zur Kenntnis nehme und stattdessen den aktuellen Stand der Entwicklung so darstelle, als hätte er notwendig so und nicht anders verlaufen müssen. Gegen eine strukturfunktionalistische Berufssoziologie entwickelte sich eine subjektorientierte Berufstheorie, die den Blick auf das Individuum und die Konstruktion spezifischer Fähigkeiten richtete. Berufe gelten hier als eine Art Vorlage für die Entwicklung einer bestimmten Kombination individueller Fähigkeiten:

"Berufe sind in soziologischer Sicht institutionalisierte Strukturen, die das Gesamtarbeitsvermögen inhaltlich bestimmen, differenzieren und gliedern. Berufe sind 'Arbeitskräftemuster', d.h. latente gesellschaftlich festgeschriebene, normierte Bündelungen von Wissen und Können, die eine Mittlerrolle zwischen Bildungs- und Beschäftigungssystem spielen (Beck/Brater/Daheim 1980)." (Brater 2010: 805)

Die Kombination und Bündelung bestimmter Fähigkeiten bzw. Tätigkeiten zu einem Beruf wird auch als *Schneidung* von Berufen bezeichnet (Brater 2010: 806f.). Die subjektorientierte Berufssoziologie analysiert dabei die Aushandlungen und Konflikte zwischen bspw. Berufsverbänden, sowie die Bedeutung (national-)staatlicher Berufsbildungssysteme und Berufsbilder, die Einfluss auf die Schneidung von Berufen nehmen (vgl. Demszky v. d. Hagen/Voß 2010: 758):

„Auch wenn die subjektorientierte Berufssoziologie ihren Gegenstand mit Blick auf Individuen thematisiert, wird durchgehend hervorgehoben, dass Berufe gesellschaftliche Formen sind, die die soziale Statuszuweisung und Identitätsbildung von Personen bestimmen und eine Reproduktion sozialer Ungleichheit bewirken. Berufe bestimmen die Ausstattung von Personen mit Kompetenzen, legten aber auch fest, was Individuen nicht können und dürfen. Berufe steuerten zudem, wie Institutionen auf Individuen zugreifen und Privilegien oder Nachteile zuweisen. Nicht zuletzt die persönlichkeitsstrukturierende Wirkung der Berufe führt zu einer dezidierten Berufskritik: Berufe erleichterten zwar den Austausch zwischen Struktur und Subjekt, bedeuteten aber auch Restriktionen für beide Seiten." (ebd.)

Während stabile Berufsbilder, etwa bei den Lehrberufen, Konstruktionen sind, die für den sich rasch wandelnden Arbeitsmarkt zu träge sein können (vgl. Brater 2010), wird auf der Seite der Individuen die Beschränkung der individuellen Entwicklungsmöglichkeiten durch Berufe kritisiert.

Die Bündelung von Tätigkeiten zu einem Beruf oder zu einem Arbeitsplatz wird sozial ausgehandelt, ergibt sich also nicht automatisch aus einer dem Beruf, der Technik o.ä. innewohnenden Notwendigkeit ergibt. Die Schneidung von Berufen ist nicht nur aus berufspolitischen Gründen zentral, sondern interessiert auch aus der Perspektive der feministischen Theorie, allerdings weniger, weil das Abdrängen in klassische Frauenberufe die Entwicklung von Fähigkeiten einschränkt, sondern vor allem weil Frauen durch die Segmentierung des Arbeitsmarktes und die Konstruktion angeblich weniger wertvoller Tätigkeitsbündel benachteiligt werden.

8.3. Feministische Berufstheorie

Berufe sind nicht nur je nach Branche geschlechtlich strukturiert und in traditionelle Frauen- und Männerberufe zu unterteilen, sondern es findet sich auch eine geschlechtstypische Trennung bei den eingenommenen Berufspositionen, weil Frauen häufig in den geringer entlohnten und zuarbeitenden Positionen zu finden, Männer hingegen in Leitungsfunktionen stark überrepräsentiert sind.

Aus feministischer Perspektive werden Erklärungen für diese horizontale und vertikale Differenzierung – Segregation und Hierarchie – gesucht (Rabe-Kleberg 1996: 277). Diese wird einerseits im Verhältnis zwischen Erwerbsarbeit und anderen Arbeitsformen, insbesondere der privat geleisteten Haus- und Pflegearbeit, andererseits dem Zusammenhang von Kapitalismus und Patriarchat gesehen (Rabe-Kleberg 1996).

Dabei wird beispielsweise diskutiert, ob Hausarbeit wie im Marxismus als Teil der allgemeinen kapitalistischen Ausbeutung bzw. zur Reproduktion von Arbeitskraft, oder als Teil eines patriarchalen Herrschaftsverhältnisses aufgefasst werden kann. Es geht also darum zu entscheiden, ob die beruflichen Probleme von Frauen primär eine Folge des Kapitalismus oder des Patriarchats sind. Gegenüber einer solchen Entscheidung zwischen den beiden Alternativen wird betont, dass sowohl Kapitalismus als auch Patriarchat zentrale Erklärungselemente sind:

„Wesentlich für das Verständnis der beiden Strukturen ist, dass sie als Machtstrukturen mit dem Ziel der Ausbeutung von Arbeit begriffen werden, die der Frauen zum einen, die der Lohnarbeiter zum anderen. Der Kern der Ungleichheit der Geschlechter liegt danach eben hier begründet, in der Teilung der Frauenarbeit in bezahlte Lohnarbeit und unbezahlte Hausarbeit, in ihrem Ausschluss von (gut) bezahlter Lohnarbeit und der damit einhergehenden Abhängigkeit vom Ehemann sowie drittens in der vertikalen und horizontalen Segregation der Berufe.

In der Diskriminierung der weiblichen (Berufs-) Arbeit treffen und stützen sich patriarchale, ökonomische und sozialstaatliche Interessen an der Garantierung unbezahlter Haus- und Familienarbeit, an der ‚kostengünstigen' Erbringung weiblicher Dienstleistungsarbeit und an hierarchischen Verhältnissen am Lohnarbeitsplatz im Allgemeinen. Die partriarchalen, ökonomischen und sozialen Strukturen folgen jedoch durchaus eigenen Logiken und vor allem je eigenen Legitimationsmustern, so dass sie durchaus in Widerspruch zueinander treten können und Möglichkeiten zu grundlegenden Veränderungen des Geschlechterverhältnisses – zumindest theoretisch – eröffnen." (Rabe-Kleberg 1996: 281)

Wie bereits oben erwähnt wurde, kommt der Schneidung von Berufen und der Bewertung der dafür erforderlichen Qualifikation eine wichtige Bedeutung zu. Dies lässt sich anhand eines Beispiels aus der Druckindustrie für die berufliche Benachteiligung von Frauen illustrieren (Maruani/Nicole-Drancourt 1989, beschrieben in Krais 1993: 238ff.): Im Zuge des technischen Fortschritts wurden in den 70er Jahren in der Druckindustrie den Schreibmaschinen ähnliche Tastaturen eingeführt. Aufgrund der Assoziation von Schreibmaschine mit Sekretärinnen wurden nun in der traditionell männlichen Druckbranche Frauen zur Texteingabe eingesetzt. Nachdem daraufhin die männlichen Arbeitnehmer streikten, wurde in der Folge von Management und Gewerkschaft festgelegt, dass nur die Tätigkeiten der Männer als ‚qualifizierte' gelten sollten, jene der Frauen hingegen nicht, obwohl die tatsächlich ausgeübten Tätigkeiten und Arbeitsplätze nahezu gleich waren. Darüber wurde legitimiert, dass die beschäftigten Frauen mehr Arbeitsleistung bei weniger Pausen und geringerem Gehalt erbringen mussten als die Männer. Trotzdem die Frauen eine Berufsausbildung als Sekretärin hatten, wurden sie als ungelernte Arbeitskräfte kategorisiert. Beate Krais fasst daher die Mechanismen der beruflichen Benachteiligung von Frauen, die durch die Schneidung von Berufen vermittelt ist, folgendermaßen zusammen:

„Die Diskriminierung von Frauen auf dem Arbeitsmarkt, läuft, wie an diesem Beispiel deutlich wird, vor allem über zwei Prozesse: über die gesellschaftliche Anerkennung und Bewertung von Qualifikationen und über die Bündelung von Arbeitsaufgaben zu einem Arbeitsplatz. Beide Prozesse sind sozial, über Machtbeziehungen, vermittelt, und zwar nicht nur über die Beziehungen zwischen Arbeitgebern und abhängig Beschäftigten, sondern auch zwischen verschiedenen Gruppen von Arbeitskräften." (Krais 1993: 240)

8.4. Sozialstrukturforschung: Berufsstruktur und Lebensführung

Die Berufsstruktur ist eng mit sozialen Ungleichheiten verbunden. Berufe werden hinsichtlich ihrer gesellschaftlichen Bedeutung, des Einkommens, der Anerkennung unterschiedlich bewertet, teilweise aufgrund der erfolgreichen Berufspolitik von beruflichen Interessensvertretungen.

Lange Zeit strukturierten Berufe die Lebenschancen der Berufstätigen fundamental und umfassend, erst in jüngerer Zeit wird von Seite der Sozialstrukturforschung eine Lockerung der Beziehung zwischen Beruf und Lebensführung angenommen. Berufe bzw. Berufspositionen werden somit auch im Hinblick auf den Lebensstil und die Anerkennung soziologisch relevant, die sie für die Berufstätigen generieren.

Im Mittelalter bestand noch eine sehr enge Verbindung zwischen den von den Zünften geregelten Berufen und nahezu allen Bereichen der persönlichen Lebensgestaltung:

„Sozialstrukturell wird (neben anderen gesellschaftlichen Mechanismen) über dieses Modell von Beruf ein hoch stabiles System sozialer Ordnung und Integration geschaffen. Berufe vermitteln gesellschaftlich wie individuell feste soziale Orte, aus denen eindeutige Rechte wie Pflichten erwachsen, und die gleichermaßen die gesellschaftliche Integration wie auch eine (meist krasse) soziale Ungleichheit sichern." (Voß 2001: 289)

Die ständische Organisation der Berufe bedeutete eine sehr stabile Beziehung zwischen sozialer Herkunft, Berufsausbildung und Lebensführung. Berufe waren damals „Lebensberufe (...), die nicht nur den beruflichen Kontext, sondern letztlich die Lebensweise und die soziale Lage insgesamt" (Voß 2001: 290) bestimmten.

Berufsstände konstituierten sich nach Max Weber sogar durch ihre Ehre aufgrund der Lebensführung, die mit einem bestimmten Beruf einherging (Weber 2005: 226f., 683f.). Nachdem Individuen ihren Beruf nicht frei wählen konnten, sondern ihre Geburt bzw. Herkunft diesen bestimmte, waren sie entsprechend nachhaltig von dieser berufsständischen Ordnung geprägt. Erst im Zuge der Industrialisierung wurde soziale Mobilität langsam als Idee relevant und teilweise auch von bestimmten Bevölkerungsgruppen erreicht.

Eine mit dem Beruf in Verbindung stehende Lebensführung wurde später von Pierre Bourdieu in sein Modell des sozialen Raumes einbezogen, dem sich unterschiedliche Lebensstile zuordnen lassen (vgl. Bourdieu 1982). Das Modell des sozialen Raumes ersetzt bei Bourdieu das marxistische Klassenmodell. Er nimmt an, dass ökonomisches und kulturelles Kapital die zentralen Achsen sind, die den sozialen Raum aufspannen, und die Position in diesem Raum präge die Lebenschancen nachhaltig. So kann er zeigen, dass sich nicht nur die obere Klasse von der mittleren und unteren Klasse mittels ihrer Lebensführung abgrenzt, sondern dass die obere Klasse keineswegs so homogen ist, wie man annehmen könnte; sie besteht vielmehr aus unterschiedlichen *Klassenfraktionen*: UnternehmerInnen bspw. mit in erster Linie hohem ökonomischen Kapital unterscheiden sich in vielerlei Hinsicht von HochschullehrerInnen mit vornehmlich hohem kulturellen Kapital, etwa in ihren Vorlieben bei Ernährung, Sport, Ausgehen, Urlaub, aber auch in ihrer politischen Einstellung, usw. Der gesellschaftliche Raum ist somit ausdifferenziert, und zwar in verschiedene soziale Felder – etwa Bildung, Wissenschaft, Kunst, Wirtschaft, Politik, usw. Die Zugehörigkeit einer Person zu einem Feld bestimmt sich dabei maßgeblich über den Beruf. Für einzelne Felder differenziert Bourdieu nun auch weitere, berufsspezifische Kapitalformen, mit denen sich ebenfalls ein Raum sozialer Positionen und Hierarchien konstruieren lässt. Bspw. arbeitet er anhand des wissenschaftlichen Feldes einen Einfluss von ökonomischem, politischem und wissenschaftlichem Kapital heraus, und unterscheidet bei letzterem noch einmal zwischen wissenschaftlichem und universitärem Kapital (vgl. Bourdieu 1988). Mit dem Raummodell wird der Verteilung unterschiedlicher Kapitalformen Rechnung getragen und dabei systematisch soziale Herrschaft und Ausdifferenzierung von Berufsfeldern aufeinander bezogen.

In der Sozialstrukturforschung gelten Bildung und Beruf bzw. Berufsposition als wichtige Indikatoren für den sozialen Status. Schichtmodelle verwenden häufig Berufsklassifikationen, etwa die *International Standard Classification of Occupations* (ISCO) der *International Labour Organisation*. Die soziale Wertschätzung einer Berufsgruppe, d.h. Berufsprestige, wird ebenfalls in der Sozialstrukturforschung untersucht, etwa wenn sie die *International Standard Classification of Occupations* (ISCO) der *International Labour Organisation* in eine dem Berufsprestige entsprechende Reihung bringen (vgl. etwa die Prestigeskala von Donald J. Treiman).

Dem Wandel der Berufsstruktur mit der Verschiebung von Industrieberufen zu Dienstleistungsberufen korrespondierte auch ein Wandel in der Sozialstruktur und der sozialen Ungleichheit in einer Gesellschaft (vgl. Hradil 2005: 353-442; Geißler 2006). Wenn sich ForscherInnen mittlerweile (insbesondere in der Markt- und Meinungsforschung) nur mehr auf Lebensstile beziehen und keinen nennenswerten Zusammenhang mehr mit der sozialen Lage annehmen, wird demzufolge statt von Klassen oder Schichten von *sozialen Milieus* gesprochen. In der Milieuforschung wird davon ausgegangen, dass die berufliche Spezialisierung mit einer Fragmentierung und Individualisierung einhergehe, und an die Stelle einer Klassenstruktur zunehmend vielfältige Lebensstile und Werthaltungen treten würden. Dies wurde von Ulrich Beck in seiner „Individualisierungsthese" vertreten, die seither für viele SoziologInnen zum Ausgangspunkt einer kritischen Bezugnahme wurde. Trotz der teilweise heftig diskutierten Individualisierungsthese ist bislang nicht klar, inwiefern diese Auflösungserscheinungen tatsächlich unumkehrbar oder auch generalisierbar sind.

Im Zuge des Wandels der Berufsstruktur wird von Teilen der Forschung zwar betont, dass sich ein Zusammenhang zwischen Beruf und Lebensführung allgemein nicht mehr so deutlich belegen lässt. Forschungen in Deutschland, die das Bourdieusche Raummodell in einer Kombination mit Milieuansätzen verwenden, zeigen aber, dass es nach wie vor eine Verbindung zwischen der Position in der Sozialstruktur und Aspekten der Lebensführung gibt, etwa zwischen Bildung bzw. Beruf und dem Studien- und Weiterbildungsverhalten (Bremer 2007; Lange-Vester/Teiwes-Kügler 2006) oder der politischen Einstellung (Vester u.a. 2001).

Weiterführende Literatur:
Klassiker
Beck, Ulrich; Brater, Michael; Daheim, Hansjürgen (1980): Soziologie der Arbeit und der Berufe. Grundlagen, Problemfelder, Forschungsergebnisse. Hamburg: Rowohlt.
Bolte, Karl Martin; Treutner, Erhard (Hg.) (1983): Subjektorientierte Arbeits- und Berufssoziologie. Frankfurt am Main: Campus.
Daheim, Hansjürgen (1967): Der Beruf in der modernen Gesellschaft. Versuch einer soziologischen Theorie beruflichen Handelns. Köln/Berlin: Kiepenheuer & Witsch.
Dunkmann, Karl (1922): Die Lehre vom Beruf. Eine Einführung in die Geschichte und Soziologie des Berufs. Berlin: Trowitzsch & Sohn.
Dunkmann, Karl (1933): Soziologie der Arbeit. Halle an der Saale: Marhold.
Durkheim, Émile (1977): Über die Teilung der sozialen Arbeit. Frankfurt a.M.: Suhrkamp, S. 39-71 (Vorwort zur 2. Auflage: Einige Bemerkungen zur Frage der Berufsgruppen).

Weber, Max (1964): Politik als Beruf. 4. Aufl. Berlin: Duncker & Humblot.
Weber, Max (1996): Wissenschaft als Beruf. 10. Aufl. Berlin: Duncker & Humblot.
Weber, Max (2005): Wirtschaft und Gesellschaft. Grundriss der verstehenden Soziologie. Frankfurt am Main: Melzer.
Weber, Max (2006): Die protestantische Ethik und der Geist des Kapitalismus. Vollständige Ausgabe. Hg. und eingeleitet von Dirk Kaesler. 2. durchgesehene Aufl. München: Beck.

Sekundärliteratur
Müller, Hans-Peter (1992): Gesellschaftliche Moral und individuelle Lebensführung. Ein Vergleich von Émile Durkheim und Max Weber. Zeitschrift für Soziologie 21, S. 49-60.
Müller, Hans-Peter (2005): Lebensführung durch Arbeit? Max Weber und die Soziologie von Arbeit und Beruf heute. In: Karin Lohr und Hildegard Nickel (Hg.): Subjektivierung von Arbeit - Riskante Chancen. Münster: Westfälisches Dampfboot, S. 17–33.
Seyfarth, Constans (1989): Über Max Webers Beitrag zur Theorie professionellen beruflichen Handelns, zugleich eine Vorstudie zum Verständnis seiner Soziologie als Praxis. In: J. Weiss (Hrsg.): Max Weber heute. Erträge und Probleme der Forschung. Frankfurt a.M.: Suhrkamp, S. 371-405.

Berufssoziologische Einführung/Überblick
Brater, Michael; Beck, Ulrich (1982): Berufe als Organisationsform menschlichen Arbeitsvermögens. In: W. Littek, W. Rammert und Günther Wachtler (Hg.): Einführung in die Arbeits- und Industriesoziologie. Frankfurt am Main: Campus, S. 208–224.
Bolte, Karl Martin; Brater, Michael; Beck, Ulrich (1988): Der Berufsbegriff als Instrument soziologischer Analyse. In: Karl Martin Bolte (Hg.): Mensch, Arbeit und Betrieb. Weinheim: VCH-Verlag, S. 39–54.
Kurtz, Thomas (2002): Berufssoziologie. Bielefeld: Transcript.

Weitere Literatur
Beck, Ulrich; Brater, Michael (Hg.) (1977): Die soziale Konstruktion der Berufe. Band 1. Frankfurt am Main: Aspekte.
Beck, Ulrich; Brater, Michael (1978): Berufliche Arbeitsteilung und soziale Ungleichheit. Eine gesellschaftlich-historische Theorie der Berufe. Frankfurt am Main: Campus.
Beck, Ulrich; Brater, Michael; Tramsen, Eckhard (1976): Beruf, Herrschaft und Identität. Ein subjektbezogener Ansatz zum Verhältnis von Bildung und Produktion. In: Soziale Welt 27, S. 8-44 bzw. 180-205.
Berger, Peter A.; Konietzka, Dirk; Michailow, Matthias (2001): Beruf, soziale Ungleichheit und Individualisierung. In: Kurtz, Thomas (Hg.): Aspekte des Berufs in der Moderne, Opladen: Leske + Budrich, S. 209-237.
Berger, Peter A.; Sopp, Peter (Hg.) (1995): Sozialstruktur und Lebenslauf. Lebensläufe und soziale Ungleichheit im gesellschaftlichen Wandel. Opladen: Leske + Budrich.

Bolder, Axel; Epping, Rudolf; Klein, Rosemarie; Reutter, Gerhard; Seiverth, Andreas (Hg.) (2010): Neue Lebenslaufregimes - neue Konzepte der Bildung Erwachsener? Wiesbaden: VS (Bildung und Arbeit, 2).

Brater, Michael (2010): Berufliche Bildung. In: Fritz Böhle, G. Günter Voß und Günther Wachtler (Hg.): Handbuch Arbeitssoziologie. Wiesbaden: VS, S. 805–840.

Demszky von der Hagen, Alma; Voß, G. Günter (2010): Beruf und Profession. In: Fritz Böhle, G. Günter Voß und Günther Wachtler (Hg.): Handbuch Arbeitssoziologie. Wiesbaden: VS, S. 751–804.

Hradil, Stefan (2005): Soziale Ungleichheit in Deutschland. 8. Aufl. Wiesbaden: VS Verlag.

Kraus, Katrin (2006): Vom Beruf zur Employability? Zur Theorie einer Pädagogik des Erwerbs. Wiesbaden.

Lutz, Burkart (2003): Employability - Wortblase oder neue Herausforderung für die Berufsbildung; in: Zeitschrift für Berufs- und Wirtschaftspädagogik 17, S. 29-38.

Rabe-Kleberg, Ursula (2002): Frauenberufe. Zur Segmentierung der Berufswelt. Bielefeld: Kleine.

Rerrich, Maria S.; Voß Günter G. (1992): Vexierbild soziale Ungleichheit. Die Bedeutung alltäglicher Lebensführung für die Sozialstrukturanalyse. In: Hradil, Stefan (Hg.): Zwischen Bewußtsein und Sein. Die Vermittlung "objektiver" Lebensbedingungen und "subjektiver" Lebensweisen. Opladen: Leske + Budrich, S. 251-266.

Vester, Michael; von Oertzen, Peter; Geiling, Heiko; Hermann, Thomas; Müller, Dagmar (2001): Soziale Milieus im gesellschaftlichen Strukturwandel. Zwischen Integration und Ausgrenzung. Frankfurt am Main: Suhrkamp.

Windolf, Paul (1981): Berufliche Sozialisation. Zur Produktion des beruflichen Habitus. Stuttgart: Enke.

9. Wandel der Berufsstruktur

Der von der subjektorientierten Berufssoziologie als Bündelung von Wissen und Können definierte Beruf ist, so neuere berufssoziologische Ansätze, in eine „Krise" geraten. Diese – umstrittene – Diagnose bezieht sich auf den beobachtbaren Wandel der Berufsstruktur und von Arbeit generell, die zu der Einschätzung beiträgt, dass sich sowohl gesellschaftlich als auch individuell die Strukturierungskraft und Bedeutung der Berufe stark verändert hat.

Historisch betrachtet bildeten die Zünfte aufgrund ihrer Monopolstellung ein Hemmnis für eine marktförmige Organisation von Arbeit: Sie regelten den Zugang und monopolisierten Leistungen wie auch ArbeitnehmerInnen. Der Einfluss der Zünfte auf Berufe zeigt sich auch in der Abgrenzung von anderen Berufen und der Vermeidung von Konkurrenz durch den Gewerbeschein etwa. Daher werden sie als besonders konservativ bzw. träge eingeschätzt.

Während im Mittelalter der Beruf religiös bzw. von den Zünften geprägt war, bildete sich Zuge der Industrialisierung ein breites Proletariat mit so genannten „Jedermanns-Qualifikationen" (Voß 2001: 290) heraus. Ergänzend entstanden auch spezialisierte Berufe im Bereich der Verwaltung und der Technik, sowie leitende Berufspositionen in der Industrie. Vorarbeiter und (Werk-)Meister waren strukturell zwischen Management und ArbeiterInnen angesiedelt – eine durchaus widersprüchliche Lage für die Beschäftigten (vgl. Demszky v. d. Hagen/Voß 2010: 760ff.). Die sehr rigide Arbeits- und Lebensorganisation rund um Berufe wurde zwar zunehmend gelockert, nichts desto trotz blieben zentrale berufliche Werte bestehen, nämlich die klassischen „Arbeitstugenden" Disziplin, Fleiß, Pünktlichkeit oder Gehorsam (Voß 2001: 291). Die Stabilität der Berufsstruktur war u.a. auch darauf zurückzuführen, dass die Industrie lange Zeit Fachkräfte über Handwerker rekrutierte, während die Masse der IndustriearbeiterInnen un- und angelernt waren. Bis ins späte 19. Jahrhundert gab es keine Industrieberufe, erst kurz vor dem 2. Weltkrieg entstanden industrielle Ausbildungsberufe nach dem Vorbild der dualen Handwerksausbildung.

Mit der zweiten Industrialisierung erhöhte sich der betriebliche Bedarf an FacharbeiterInnen, d.h. eine berufliche Qualifizierung der Arbeitskräfte wurde in größerem Umfang gebraucht. Diese wurde nun zunehmend staatlich gesteuert im Berufsbildungssystem organisiert und die Erwerbsbiographie sozialstaatlich gestützt. Die Berufsstruktur wurde stark politisch geformt, vor allem entlang des Qualifikationsbedarfs der Wirtschaft (Brater 2010: 808ff.). Für diese Phase typisch ist das Berufsverständnis der subjektorientierten Berufssoziologie, insofern „das Berufssystem (...) Ausdruck systematisch entwickelter und explizit gesellschaftlich (bzw. staatlich) flankierter sowie hoch standardisierter (und z.T. sogar rechtlich basierter) Muster von Fähigkeitskombinationen [ist]" (ebd.).

Gegenüber der mittelalterlichen Vorstellung einer göttlichen Vorbestimmung des persönlichen Berufs und gegenüber einer ständischen Vererbung des Berufs entwickelte sich erst im Zuge der Aufklärung die Vorstellung, dass auch der Wunsch, einen Beruf auszuüben, wichtig sein könnte, d.h. die Berufswahl aufgrund einer spezifischen Neigung erfolgen sollte (Demszky von der Hagen/Voß 2010: 756). Damit wurde jedoch die Idee der Berufung nicht verabschiedet, sondern nur individualisiert: Sie ist nun in den Individuen selbst zu suchen, nämlich als persönlicher Wunsch, einen spezifischen Beruf auszuüben. Diese vermeintlich individuelle Berufswahl je nach Neigung wird jedoch „durch die vorgegebenen Berufsraster oder milieuspezifische Einflüsse hochgradig kanalisiert" (Voß 2001: 292).

Wenn man aktuelle Berufswahlmuster betrachtet, fällt auf, dass die freie Wahl der Berufe de facto nach wie vor stark an die soziale Herkunft gebunden ist. Die Gründe dafür – biographische Entwicklung von Berufswünschen und Fähigkeiten, mangelnde Informationen, usw. – werden von der Berufswahlforschung untersucht (Demszky v. d. Hagen/Voß 2010: 765f.).

9.1. Die Entwicklungen zum Individualberuf: Krise des Berufs, Tertiarisierung, Entgrenzung

Der kontinuierliche Wandel aufgrund steigender Konkurrenz bringt dramatische Probleme für Berufe, insofern berufliches Wissen und Fähigkeiten schnell veralten. Insgesamt stieg in europäischen Gesellschaften in den letzten Jahrzehnten der Anteil von qualifizierten Berufen im Bereich der Dienstleistungen stark an. Diese Verschiebung hin zum tertiären Sektor wird auch als *Tertiarisierung* bezeichnet (Jacobsen 2010). Die Zunahme niederer und mittlerer Angestelltenpositionen verändere dabei auch die Wahrnehmung der Gesellschaftsstruktur: Während ArbeiterInnen eher einen Gegensatz zwischen Kapital und Arbeit sehen würden, sehe die Mittelschicht die Gesellschaft als kontinuierlich abgestuft. An die Stelle der Klassen treten nun soziale Schichten. Solche neuen ‚Dienstleistungsgesellschaften' wären daher „nivellierte Mittelstandsgesellschaften", so Helmut Schelsky:

„Wenn sich die beruflichen und sozialen Orientierungen der angestellten, also ihre Tendenz zu individualistischem und konkurrenzbezogenem Handeln, gesellschaftlich verallgemeinern, wird der Klassenkonflikt obsolet und abhängig Beschäftigte wie Unternehmer können gemeinsam am Aufbau des Wohlstands arbeiten" (Jacobsen 2010: 211).

Dahinter steht die Frage, ob Angestellte den UnternehmerInnen oder den abhängig Beschäftigten zugeordnet werden können.

Seit den 1980er Jahren wurde festgestellt, dass sich die Effizienz der Arbeit durch klassische Rationalisierung und Kontrolle kaum mehr weiter steigern ließ. (Voß 2001: 292) Während Weber bereits darauf hinwies, dass gewerbliche Berufe eher normierbar wären, seien Dienstleitungen etwa in der Verwaltung über ihren Erfolg zu regulieren, wie dies im New Public Management, dem neuen Steuerungsmodell der öffentlichen Verwaltung, und hier insbesondere dem „management by objectives" der Fall ist. Es stellt sich also die Frage, ob sich Dienstleistungen standardisieren bzw. durch Technik und Maschinen *ersetzen* lassen und daher eine zunehmende Dequalifizierung eintritt, insofern ‚kreative' Eigenleistungen, für die vertiefendes Arbeitswissen notwendig ist, dann nicht mehr notwendig sind; oder ob Maschinen nur unterstützen (Jacobsen 2010). Die Rationalisierung von Dienstleistungen selbst ist begrenzt – wenn, dann durch maschinelle Arbeit, Rationalisierung der Organisation sowie Auslagerung von Arbeit, etwa Selbstbedienung. Ab den 1980er Jahre verlagerte sich die Debatte weg vom Kapitalverhältnis und den Technologien, und statt Dequalifizierung wurde eher Qualifizierung und Professionalisierung im Bereich der Dienstleistungen geortet.

Bei Frauenberufen wurde hingegen weiterhin so getan, als wäre dafür keine Qualifizierung notwendig, sondern Frauen bräuchten im Dienstleistungsbereich nur auf ihre „'natürlichen' Kompetenzen" zurückgreifen (Jacobsen 2010: 218). Die Frauen- und Geschlechterforschung beeinflusste maßgeblich die Verschiebung des Blicks auf einen zentralen Aspekt der Dienstleistungen, nämlich die dabei verrichtete Interaktionsarbeit im KundInnen- / PatientInnen- / KlientInnenkontakt (ebd.: 219).

„Die Anforderungen an fachliche wie an sozial-kommunikative Qualifikationen und Kompetenzen nehmen an vielen Arbeitsplätzen zu. Vor allem werden die qualifizierten Aufgaben verdichtet. Dies gibt Anlass dafür, auch in diesen Tätigkeiten mit Gruppen- und Teamarbeit zu experimentieren. Steigende Anforderungen werden aber nicht nur in fachlicher Hinsicht, sondern vielfach auch mit Blick auf das Arbeitsvolumen einerseits und die zu übernehmende Verantwortung für den Erfolg andererseits als Problem offensichtlich. Das Problem des Übergreifens der Anforderungen aus der Erwerbsarbeit in das Privatleben in Form von überlangen Arbeitszeiten, ständiger Bereitschaft, Anspannung durch Erfolgsdruck u.ä. wird mit dem Begriff der 'Entgrenzung' von Arbeit und Leben im Sinne des Eindringens ökonomisch bestimmter Anforderungen in die Strukturen des Alltags gefasst (zuerst Voß 1998). Die zunehmende Verantwortlichkeit und Verlagerung unternehmerischer Risiken auf die angestellten Beschäftigten wird später als 'Vermarktlichung' bezeichnet (zuerst Moldaschl 1998)." (Jakobsen 2010: 220)

Die Arbeitssteuerung wurde nun zunehmend an die Beschäftigten übertragen, jedoch in Verbindung mit anders gelagerten Kontrollmechanismen, die insbesondere die Arbeitsergebnisse vorgeben. Einerseits erhalten die ArbeitnehmerInnen dadurch größere Freiheiten bei der Arbeitsorganisation und der Entscheidung, *wie* sie die vorgegebenen Ziele erreichen. Insofern wird der berufsstrukturelle Wandel nicht nur negativ eingeschätzt, sondern auch als Möglichkeit zu mehr Selbstbestimmung (Brater 2010: 826f.). Andererseits mobilisiert die nun geforderte *„Selbst-Kontrolle"*, *„Selbst-Ökonomisierung"* und *„Selbst-Rationalisierung"* (Voß 2001: 297) die ArbeitnehmerInnen in einem bisher nicht gekannten Ausmaß; die Bewältigung dieser Selbststeuerung wird in Verbindung mit gesteigerten Arbeitsanforderungen dabei zu einer individuell zu verarbeitenden Herausforderung bzw. Belastung.

Dies ist Teil einer Entwicklung, die als *Entgrenzung* bezeichnet wird:

„Damit wird sowohl auf die Ausdünnung von Arbeits- und Betriebsstrukturen, als auch auf das zunehmende Verschwimmen von bisher charakteristischen strukturellen Grenzziehungen (z.B. zwischen Hierarchieebenen und Abteilungen, zwischen Betrieben und ihrer Umwelt, zwischen betrieblichen Funktionsbereichen und Qualifikationsgruppen, zwischen abhängigen und selbständigen Berufstätigen, zwischen ,Arbeit' und ,Leben' usw.) hingewiesen" (Voß 2001.: 293).

Damit ist der Übergang zu einer „Krise des Berufs" markiert: Anstatt des früheren Lebensberufs werden nun Berufswechsel, Umschulung und Weiterbildung verbreitete Phänomene. Dies setzt bei den Berufstätigen eine Bereitschaft zur Veränderung voraus, es kommt zu einem Wertewandel: die klassische Berufsverbundenheit wird ersetzt durch Flexibilität, d.h. aber auch einer auf die Zukunft bezogenen Unsicherheit. Dadurch verlieren Berufe jedoch auch ihre frühere Bedeutung für die Individuen, sie prägen diese nicht mehr im gleichen Ausmaß bzw. auf eine andere Art. Wenn Schlüsselqualifikationen und berufsübergreifende Kompetenzen wichtiger werden (vgl. Kapitel 3), kann von einer *Entberuflichung* ausgegangen werden.

Der Wandel der Berufsstruktur schlägt sich auch in den Biographien nieder, etwa in der *Auflösung der Normalbiographie* (vgl. Demszky v. d. Hagen/Voß 2010: 771). Während die Selbstverwirklichungsansprüche der ArbeitnehmerInnen mit den statischen Berufsstrukturen nicht zu erfüllen waren, treten nun an die Stelle des lebenslang und häufig im selben Betrieb ausgeübten Berufs Unsicherheit, Prekarität, Flexibilisierung und Entgrenzung. Der sich selbst vermarktende „Arbeitskraftunternehmer" sei als eine Art Individualberuf zu verstehen. Dies scheint auf den ersten Blick ein Widerspruch zu sein, waren Berufe doch als gesellschaftliche Arbeitskräftemuster definiert worden, also gerade nichts Individuelles. Mit Individualberuf gemeint ist jedoch nicht die Auflösung von beruflichen Musters, sondern die Übertragung der Verantwortung auf die Individuen. Der Individualberuf bezeichnet solcherart „eine von den einzelnen Personen aktiv strukturierte und auf kontinuierliche Selbstvermarktung hin angelegte, sehr persönliche Kulturform für ihre Arbeitsfähigkeit" (Voß 2001: 299f.). Diese müssen sich Fähigkeiten aneignen, die einerseits ihrer Persönlichkeit entsprechen, andererseits ihre Qualifikationen laufend, aber stringent an die Bedarfe des Arbeitsmarktes anpassen. „Folge ist, dass man zukünftig nicht mehr ‚eine' feste fachliche Ausrichtung ‚hat' (die man mit vielen anderen teilt, sondern sein je eigenes Berufsprofil ‚machen' muß, und zwar als kontinuierliches Projekt mit unklarem Ausgang." (Voß 2001: 303)

9.2. Wissensgesellschaft und Wissensformen

Sowohl die Berufsbildung als auch das klassische humanistische Bildungsverständnis kommen zunehmend unter Druck durch den Verwertungsanspruch an Wissen. Insbesondere die Idee, dass die Wirtschaft immer stärker auf Wissen angewiesen ist und das Konzept einer *Wissensgesellschaft* spielen hier eine Rolle. Damit in Verbindung steht die Verschiebung sozialer Positionen, weil eine neue Wissenselite das humanistische BildungsbürgerInnentum wie auch die Fachelite verdrängt. (Münch 2008: 34)

Wissensgesellschaft wird als Schlagwort nach Ansicht des Bildungswissenschaftlers Erich Ribolits (2009: 11f.) in zweifachem Sinne verwendet: Einerseits wird mit dem Begriff der Wissensgesellschaft deskriptiv ein „Wandel der gesellschaftlichen und ökonomischen Bedeutung von Wissen" bezeichnet, andererseits wird damit auch normativ begründet, warum Wissen noch stärker als bisher als ökonomische Ressource verwendet werden müsse. Häufig wird argumentiert, dass Länder, die keine nennenswerten Rohstoffe hätten, für ihre wirtschaftliche Entwicklung nur auf die Bildung und das Wissen der Bevölkerung setzen könnten. Diesem vielleicht einleuchtenden Argument hält Ribolits entgegen, dass die Zunahme von Wissen nicht nur Kapitalismus befördern, sondern diesen auch hemmen kann: Die Verwertung von Wissen führe zwar zur Entwicklung neuer Technologien und damit zu Produktivitätssteigerungen und Rationalisierung von Arbeit; gleichzeitig würden dadurch Arbeitskräfte eingespart, die dann kaum Geld zum Kauf der Waren hätten (ebd.: 13). Deshalb würden nun neue Wissensformen einer Verwertung zugeführt werden, und zwar vor allem informelles Wissen. Formelles Wissen meint Kenntnisse, die organisiert vermittelt und erworben werden, d.h. meist Unterrichtswissen. Informelles Wissen ist etwas, das eher beiläufig angeeignet wird, durch den Umgang mit Menschen, Dingen, Situationen, usw., ohne dass dieser Umgang tatsächlich als Lernen bzw. ‚Üben' oder als Wissenserwerb wahrgenommen würde.

Formelle Wissensvermittlung würde im Schulunterricht häufig nicht die Entwicklung des ganzen Menschen anstreben, sondern nur eine zweckgerichtete Nutzung des Wissens vermitteln. Dies reduziert Menschen jedoch zu einer Art Automaten oder „Speichermedium" (ebd.: 17), und ignoriert darüber hinausgehende Fähigkeiten zur kritischen Reflexion des Gegebenen.

„Lernende werden dabei als zwar hochkomplexe und entsprechend schwierig zu steuernde, nichtsdestotrotz aber programmierbare Maschinen behandelt. Mit unterschiedlichsten methodischen Arrangements wird versucht, ihr Aufnahme- und Behaltevermögen zu optimieren und sie möglichst gut mit Wissen zu ‚füllen'. Das Ziel besteht darin, sie für Arbeitsprozesse verwertbar zu machen und dem gesellschaftlichen Status quo anzupassen (…)." (Ribolits 2009: 16)

Diese spezifische Prägung von Wissensprozessen war am Bedarf des Industriekapitalismus ausgerichtet und schränkte gleichzeitig Kritik an dieser Reduktion ein, insofern Autonomie und eigenständiges Denken keine Priorität im Unterricht hatten.

Die Fokussierung auf Wissenswiedergabe wurde vor allem auch an der klassischen Berufsbildung kritisiert, der vorgeworfen wurde, stark autoritäre Züge zu beinhalten, etwa weil ein wissender Meister den Lernenden etwas vorzeigte, was diese möglichst gut nachmachen sollten (vgl. Brater 2010). Computer sind in der *Reproduktion* von Wissen Menschen deutlich überlegen und können bestimmte Formen menschlicher Arbeit daher ersetzen. Die *Produktion* von Wissen und der flexible, kreative und reflexive Umgang damit lassen sich jedoch nicht von Menschen ablösen. Viele Berufe erfordern tatsächlich eine mehr oder weniger selbständige Arbeitshaltung, Flexibilität, Entscheidungs- und Problemlösungsfähigkeiten. Insbesondere professionelle Tätigkeiten beruhen auf sozialen und emotionalen Fähigkeiten, die weit über Routinewissen hinausgehen, und die einen Bezug zu einem konkreten Kontext herstellen müssen, d.h. sich auf immer neue Situationen einlassen und diese eigenständig bewerten müssen (vgl. Kapitel 10). Auch bei der Modernisierung von Berufen wird es wichtig, dass ArbeitnehmerInnen sich selbständig Wissen aneignen – sie können nicht nur einmal im Leben lernen, nämlich bis zum Ende der Berufsschule, und dann bis zur Pensionierung eine prinzipiell kaum veränderte Arbeit ausführen. Weiterbildung und das sogenannte Lebenslange Lernen werden damit immer wichtiger. Dies stellt jedoch Bildungsinstitutionen vor neue Unterrichtsanforderungen, weil sie Selbständigkeit stärker fördern müssten, und weil sich die Frage stellt, wie bzw. ob überhaupt bestimmte Kompetenzen gezielt vermittelt werden können. Klar scheint vor allem, dass klassische Unterrichtsformen, etwa der Frontalunterricht, kaum geeignet sind, um soziale, kommunikative oder emotionale Kompetenzen wie Teamfähigkeit oder Empathie zu fördern. Diese Änderungen sollten jedoch nicht als humanistische Pädagogik gedeutet werden, denn, wie der Bildungswissenschaftler Erich Ribolits herausstreicht, der Kapitalismus profitiert von der stärkeren Selbständigkeit der ArbeitnehmerInnen: Im Idealfall identifizieren sie sich mit der Arbeit, organisieren sich und die Arbeit selbst, und werden *„freiwillig,* ohne permanente Kontrolle, im Sinne der Verwertungsvorgaben aktiv" (Ribolits 2009: 27).

Im Hintergrund der Wissensgesellschaft stehe dabei, so die These Daniel Bells, ein innerhalb der Eliten geführter „Kampf um die gesellschaftliche Hegemonie (...), d.h. die Zurückdrängung der alten herrschenden Klassen des Besitzes und der Macht durch die von den wissenschaftlichen Eliten geführten Berufsgruppen der ‚Wissensgesellschaft'." (Vester u.a.: 132) In dieser Perspektive wird die zunehmende Herrschaft von ExpertInnen kritisiert: Diese wäre undemokratisch, weil ExpertInnen nicht gewählt werden. Mittlerweile sinke mit den modernen Massenmedien jedoch das Vertrauen in ExpertInnen wieder, weil Wissen breit zugänglich, quasi demokratisiert wird, weshalb die Kritik an der Macht von ExpertInnen steigt. Dieser Prozess trägt dazu bei, dass der Status wissensintensiver Berufe, insbesondere der Professionen, sinkt, weil Wissen nicht mehr als Monopol bestimmter Berufsgruppen anerkannt wird.

Weiterführende Literatur:
Baethge, Martin (2001): Beruf – Ende oder Transformation eines erfolgreichen Ausbildungskonzepts? In: Kurtz, Thomas (Hg.): Aspekte des Berufs in der Moderne. Opladen: Leske + Budrich, S. 39-68.
Daheim, Hansjürgen (2001): Berufliche Arbeit im Übergang von der Industrie- zur Dienstleistungsgesellschaft. In: Kurtz, Thomas (Hg.): Aspekte des Berufs in der Moderne. Opladen: Leske + Budrich.
Beck, Ulrich; Brater, Michael; Daheim, Hansjürgen (1980): Soziologie der Arbeit und der Berufe. Grundlagen, Problemfelder, Forschungsergebnisse. Reinbek bei Hamburg.
Meister, Dorothee M. (2001): Veränderungen in Arbeit, Beruf und Weiterbildung durch IuK-Technologien. In: Kurtz, Thomas (Hg.): Aspekte des Berufs in der Moderne. Opladen: Leske + Budrich, S. 69-93.
Stock, Manfred (2005): Arbeiter, Unternehmer, Professioneller: Zur sozialen Konstruktion von Beschäftigung in der Moderne, Wiesbaden: Verlag für Sozialwissenschaften.

Subjektivierung und Entgrenzung
Karin Lohr und Hildegard Nickel (Hg.): Subjektivierung von Arbeit - Riskante Chancen. Münster: Westfälisches Dampfboot.
Moldaschl, Manfred; Voß, Günter G. (Hg.) (2003): Subjektivierung von Arbeit. 2. Aufl. München: Hampp.

Voß, G. Günter; Pongratz, Hans J. (1998): Der Arbeitskraftunternehmer. Eine neue Grundform der Ware Arbeitskraft? In: *KZfSS* 50, 1998, S. 131–158.

Voß, G. Günter; Weiß, Cornelia (2005): Ist der Arbeitskraftunternehmer weiblich? In: Karin Lohr und Hildegard Nickel (Hg.): Subjektivierung von Arbeit - Riskante Chancen. Münster: Westfälisches Dampfboot, S. 65–91.

Wissensgesellschaft

Bittlingmayer, Uwe H. (2005): Wissensgesellschaft als Wille und Vorstellung, Konstanz

Bittlingmayer, Uwe H.; Bauer, Ullrich (Hg.) (2006): Die „Wissensgesellschaft" – Mythos, Ideologie oder Realität. Wiesbaden. (*Interessanter Sammelband mit Beiträgen zu Wissensgesellschaft und Bildung, Medien, Ökonomie, Politik, sowie einem theoretischen Schwerpunkt zu Beginn mit klassischen Texten*)

Axel Bolder (2006): Weiterbildung in der Wissensgesellschaft. Die Vollendung des Matthäus-Prinzips. In: Bittlingmayer, Uwe H.; Bauer, Ullrich (Hg.) (2006): Die „Wissensgesellschaft" – Mythos, Ideologie oder Realität. Wiesbaden, S. 431-444.

Bell, Daniel (1979): Die nachindustrielle Gesellschaft. Frankfurt, New York: Campus, S. 20-49.

Castells, Manuel (2005): Die Internet-Galaxie. Internet, Wirtschaft und Gesellschaft. Wiesbaden: VS Verlag für Sozialwissenschaften, S. 75-128

Engelhardt, Anina/Kajetzke, Laura (Hg.) (2010): Handbuch Wissensgesellschaft. Theorien, Themen und Probleme. Bielefeld: transcript.

Holland-Cunz, Barbara (2005): Die Regierung des Wissens. Wissenschaft, Politik und Geschlecht in der "Wissensgesellschaft". Opladen: Barbara Budrich.

Kraemer, Klaus; Bittlingmayer, Uwe (2001): Soziale Polarisierung durch Wissen. Zum Wandel der Arbeitsmarktchancen in der "Wissensgesellschaft". In: Peter Berger und D. Konietzka (Hg.): Die Erwerbsgesellschaft. Neue Ungleichheiten und Unsicherheiten. Opladen: Leske + Budrich, S. 313–321.

Kurtz, Thomas (2003): Professionen und Wissensberufe. Sind Professionen Wissensberufe, sind alle Wissensberufe Professionen, in: Arbeit: Zeitschrift für Arbeitsforschung, Arbeitsgestaltung und Arbeitspolitik, H. 1, Jg. 12, 5-15.

Stehr, Nico (2001): Moderne Wissensgesellschaften. Bundeszentrale für politische Bildung. Aus Politik und Zeitgeschichte 36.

Stehr, Nico (1994a): Knowledge societies. London: Sage.

Stehr, Nico (1994b): Arbeit, Eigentum und Wissen. Zur Theorie von Wissensgesellschaften. Frankfurt/Main: Suhrkamp, S. 451-519.

Stehr, Nico; Grundmann, Reiner (2001): Die Arbeitswelt in der Wissensgesellschaft. In: Kurtz, Thomas (Hg.): Aspekte des Berufs in der Moderne. Opladen: Leske + Budrich, S. 315-336.

Stehr, Nico (2003): Wissenspolitik. Die Überwachung des Wissens. Frankfurt am Main: Suhrkamp.

Tänzler, Dirk/Knoblauch, Hubert/Soeffner, Hans-Georg (Hg.) (2006): Zur Kritik der Wissensgesellschaft. Konstanz: UVK.

10. Professionstheoretische und professionssoziologische Grundlagen

10.1. Begriff und Merkmale von Professionen

Profession stammt von *profiteri* (lat.) und bedeutet Geständnis bzw. Bekenntnis. Dieser begriffliche Ursprung verweist auf ein wesentliches Merkmal der klassischen Professionen – ÄrztInnen, Geistliche und JuristInnen –, nämlich das Ablegen eines Eides oder Gelübdes vor der Berufsausübung. Professionen sind also spezielle Berufe, die hohe ethische Ansprüche an die Professionellen stellen. Weil im Mittelalter Medizin, Recht und Theologie auch die klassischen Fakultäten europäischer Universitäten bildeten, werden Professionen als mit einer universitären Ausbildung verbunden gesehen und in einer sehr weit gefassten Definition auch als akademische Berufe charakterisiert (Mieg 2003: 14). Darüber hinaus gibt es jedoch weitere institutionelle Merkmale, die Professionen definieren (sollen). Am häufigsten wird die hohe Autonomie der Professionen durch ihre Selbstverwaltung in Berufsverbänden angeführt, die bspw. regeln, wer mit welchen Qualifikationen die professionelle Tätigkeit ausüben darf; die dadurch aber auch die Tätigkeit monopolisieren und daher über Marktmacht verfügen (ebd.: 17). Ein ebenfalls häufig genanntes Merkmal von Professionen ist ihre Gemeinwohlorientierung, sie bearbeiten einen wichtigen sozialen Problembereich bzw. Zentralwert (ebd.: 15).

Kurtz (2202) listet insgesamt sieben Kriterien einer Profession auf:

„1. Die Berufsangehörigen sind in einem selbst verwalteten Berufsverband organisiert.

2. Der Berufsverband stellt spezifische Verhaltensregeln in Form einer Berufsethik (code of ethics, code of conduct) auf, an die die Professionellen in ihrer Praxis gebunden sind.

3. Die Professionstätigkeit ist durch eine besondere Wissensbasis gekennzeichnet, deren Vermittlung in der Regel in der Hand des Berufsverbandes liegt; Hochschullehrer sind ebenfalls Mitglieder der Profes-

sion, und so wird der rekrutierte Nachwuchs zumeist in einem zwei-
phasigen Modell (Hochschule / professionelle Organisation) schon
während der Ausbildung in die Profession hinein sozialisiert.

4. Die professionelle Arbeit ist ein Dienst an der Allgemeinheit und auf
zentrale gesellschaftliche Werte (Erziehung, Gerechtigkeit, Gesundheit,
Seelenheil etc.) bezogen; mit dieser Gemeinwohlorientierung korres-
pondiert das Postulat der eher altruistischen denn egoistischen
Dienstmotivation.

5. In der asymmetrischen Beziehung zwischen Professionellen und Kli-
enten fungieren Erstere als Experten und können weitgehend autonom
entscheiden und gestalten; sie haben ein hohes Verantwortungsbe-
wusstsein für ihre Klienten, erwarten von diesen aber auch Vertrauen
in ihre fachliche Kompetenz und moralische Integrität.

6. Die Professionellen besetzen mit ihrer Tätigkeit ein gegenüber ande-
ren Berufen deutlich demarkiertes, exklusives Handlungskompetenz-
monopol; da die Problemlösung aber nicht selbstverständlich ist (nicht
jeder Rechtsstreit kann erfolgreich gelöst, nicht jeder Kranke geheilt
werden), genießt diese mit Unsicherheit hantierende professionelle
Arbeit in ihrer Umwelt ein hohes Maß an gesellschaftlicher Wertschät-
zung. Und

7. Den professionellen Berufen ist in der Regel öffentliche Werbung
untersagt." (Kurtz 2002: 49)

Ähnlich charakterisieren Demszky v. d. Hagen/Voß (2010: 763) Professionen durch ihre "theoretisch ausgerichtete Tätigkeit mit einer lang
dauernden, wissenschaftlich fundierten Spezialausbildung; ethische
Verhaltenscodices; Altruismus; Organisation im Berufsverband; hohes
Ansehen, Prestige und Selbstbewusstsein; monopolisierte Arbeitsbe-
reiche mit kontrollierten Berufszugängen"

Am Beispiel der ÄrztInnen lässt sich dieser merkmalstheoretische Ansatz folgendermaßen veranschaulichen: ÄrztInnen sind in Berufsverbänden organisiert, die den Berufszugang regeln. Die Ärztekammer
verleiht die Berechtigung zur Berufsausübung, prüft und legt Lehrin-

halte der medizinischen Ausbildung fest, formuliert einen Verhaltens-
kodex und Richtlinien der Berufsausübung, und vertritt die ÄrztInnen
in ihren Interessen. Das ‚Bekenntnis' ist im Fall der ÄrztInnen der hip-
pokratische Eid, mit dem sich ÄrztInnen zur Einhaltung einer medizinischen Berufsethik selbst verpflichten. Die Ausbildung erfolgt mit dem
Universitätsstudium und dem anschließenden Turnus, bei dem eine
Sozialisation in die Profession stattfindet, in zwei Phasen. Das erworbene Wissen ist hochspeziell und die Aneignung dauert teilweise sehr
lange, insbesondere wenn an die allgemeinmedizinische Ausbildung
eine Facharztausbildung angeschlossen wird. Als ExpertInnen haben
ÄrztInnen eine hohe Entscheidungsautonomie, sind jedoch darauf
angewiesen, dass der/die PatientIn Vertrauen hat, alle medizinisch
relevanten Informationen mitteilt und sich dann auf die Behandlung
einlässt. ÄrztInnen haben dabei ein Monopol auf Eingriffe im körperlichen Bereich, die anderen Menschen nicht erlaubt sind. Schließlich
haben ÄrztInnen auch einen hohen gesellschaftlichen Status inne und
erfahren hohen Respekt und Anerkennung, wenn vielleicht auch nicht
mehr im gleichen Ausmaß wie früher.

Worin genau sich Professionen von anderen Berufen unterscheiden
wurde lange Zeit kontrovers diskutiert. Harald Mieg (2003: 15) schlägt
vor, diesen Definitionsstreit als Problem der Familienähnlichkeit (Witt-
genstein) zu sehen: Um zur ‚Familie' der Professionen zu gehören,
müssen nicht alle in Frage kommenden Berufe dieselben Merkmale
aufweisen. Vielmehr ist es ausreichend, wenn manche Berufe einige
Merkmale teilen, mit anderen Berufen jedoch andere Gemeinsamkeiten aufweisen, so dass sie zwar miteinander verbunden sind, aber
nicht notwendig alle Kriterien erfüllen müssen.

Die Debatte um die Merkmale von Professionen wird aktuell jedoch
kaum mehr in der Professionssoziologie geführt, der „so genannte
indikatorische Ansatz (...) (wird) als überholt angesehen" (Pfadenhau-
er/Sander 2010: 362). Berufspolitisch ist die Debatte jedoch nach wie
vor zentral, weil die Aufwertung eines Berufes zur Profession diesem
mehr Autonomie, Rechte und Privilegien einräumt. Es gibt daher ein
Interesse bestimmter Berufe, ihren berufspolitischen Status zu än-

dern, und dabei wird Bezug genommen auf professionstheoretische Überlegungen.

Diese Aushandlungsprozesse betreffen vor allem die sogenannten *Semi-Professionen*, die auch als neue oder vermittelnde Professionen bezeichnet werden (Pfadenhauer/Sander 2010: 361). Dazu zählen bspw. LehrerInnen, SozialarbeiterInnen, IngenieurInnen, ArchitektInnen, WissenschaftlerInnen, KünstlerInnen, PolitikerInnen oder (Steuer-, Unternehmens-)BeraterInnen, aber auch Werbefachleute, JournalistInnen oder SchriftstellerInnen. Dass die genannten Berufe als Professionen zu fassen sind, wird dabei unterschiedlich argumentiert. Für die Berufsgruppe der BeraterInnen wird etwa in erster Linie ihr ExpertInnenwissen angeführt (Kurtz 2002: 63f.): In Wissensberufen muss ein professioneller Umgang mit Nicht-/ Wissen gefunden werden, der sich nicht in eine Arbeitsroutine pressen lässt, sondern auf der situationsadäquaten Einschätzung hochqualifizierter WissensarbeiterInnen beruht. Diese Argumentation kann dabei auf dem, eingangs genannten, weiten Professionskonzept der akademischen Berufe aufbauen. Bei SozialarbeiterInnen wiederum überwiegt der Bezug auf die stellvertretende Problemlösung und auf den Umgang mit Fällen (vgl. Kapitel 11).

Insgesamt lässt sich ein inflationärer Gebrauch des Professionsbegriffs feststellen, d.h. dass immer mehr Berufe in das Konzept der Profession zu passen scheinen und davon ausgegangen wird, dass sich im Zuge der Wissensgesellschaft eine Entwicklung von Arbeit über Beruf zur Profession vollzieht (Kurtz 2002: 48). Dieser Zunahme der Professionalisierung in vielen Berufen gegenüber lässt sich jedoch auch eine entgegengesetzte Tendenz zur *Deprofessionalisierung* beobachten.

10.2. Professionstheoretische Perspektiven

Neben dieser eher empirisch ausgerichteten Professionsforschung, die sich auf Merkmale konzentriert, gibt es unterschiedliche theoretische Perspektiven auf Professionen, wie auch bereits bei Bildung und Beruf sichtbar wurde.

10.2.1. Strukturfunktionalistische Perspektive

Aus der Sicht Talcott Parsons ergeben sich Professionen mehr oder weniger linear aus der Entwicklung moderner Gesellschaften, insofern den akademischen Berufen aufgrund der Rationalitätssteigerung darin zunehmend mehr Bedeutung zukomme. Professionen werden hier verstanden als „Dienstleistungsberufe mit einem hohen Niveau an Fachwissen" (Pfadenhauer/Sander 2010: 363), die wichtige gesellschaftliche Funktionen erfüllen, u.a. Kontrollfunktionen. Dafür benötigen Professionelle ausreichend Handlungsautonomie, die jedoch ebenfalls einer Kontrolle unterliegen muss. Charakteristisch für Professionen sei nun ihre Selbstkontrolle vermittels einer strengen Berufsethik sowie vermittels einer strengen berufsstrukturellen Kontrolle. Professionen kontrollieren die Tätigkeiten ihrer Mitglieder intern – durch andere KollegInnen. Dafür würden Professionelle durch Privilegien und Prestige entlohnt. Die unterschiedlichen Professionen bildeten darüber hinaus einen professionellen Komplex, der über die ausdifferenzierten gesellschaftlichen Teilbereiche hinweg agiere.

Kritik an einem strukturfunktionalistischen Blick auf Professionen bezieht sich erstens darauf, dass gefragt werden kann, ob es tatsächlich Professionen zur Funktionserfüllung brauche (Mieg 2003: 30f.). Zweitens sei die Institutionalisierung nicht ausreichend analysiert worden, insbesondere die Entstehung der Berufsethik (Pfadenhauer/Sander 2010: 364). Drittens könnte man Professionen nicht mehr als einen übergreifenden Komplex fassen; sie bilden kein eigenes System (ebd.: 366).

Weiterführende Literatur:
Parsons, Talcott (1958): Struktur und Funktion der modernen Medizin. Eine soziologische Analyse. In: Rene König und Margret Tönnesmann (Hg.): Probleme der Medizin-Soziologie. Opladen: Westdt. Verlag (KZfSS, Sonderheft 3), S. 10–57.
Parsons, Talcott (1964): Die akademischen Berufe und die Sozialstruktur. In: Talcott Parsons (Hg.): Beiträge zur soziologischen Theorie. Neuwied, Berlin: Luchterhand, S. 160–179.

Parsons, Talcott (1968): Professions. In: D.L Sills (Hg.): International Encyclopedia of the Social Sciences. New York: Macmillan, S. 536–547.

Parsons, Talcott (1978): Research with Human Subjects and the "Professional Complex". In: Talcott Parsons (Hg.): Action Theory and the Human Condition. New York: Macmillan, S. 35–65.

Daheim, Hansjürgen (1967): Der Beruf in der modernen Gesellschaft. Versuch einer soziologischen Theorie beruflichen Handelns. Köln: Kiepenheuer & Witsch.

Daheim, Hansjürgen (1992): Zum Stand der Professionssoziologie. Rekonstruktion machttheoretischer Modelle der Profession. In: Bernd Dewe, Wilfried Ferchhoff und Frank-Olaf Radtke (Hg.): Erziehen als Profession. Zur Logik professionellen Handelns in pädagogischen Feldern. Opladen: Leske + Budrich, S. 21–35.

Hartmann, Heinz (1972): Arbeit, Beruf, Profession. In: Thomas Luckmann und W. M. Sprondel (Hg.): Berufssoziologie. Köln: PRV-Pahl-Rugenstein, S. 36–52.

10.2.2. Oevermanns Perspektive

Ulrich Oevermann reagierte auf die Kritik am Strukturfunktionalismus mit einer Strukturtheorie: Berufsethik und Handlungsautonomie der Professionen resultieren zwangsläufig aus der Struktur der Probleme, die Professionen bearbeiten, nämlich dringliche Lebenskrisen. Oevermann beschäftigte sich mit der typischen Art des Handelns und der Tätigkeit von Professionellen, die er als stellvertretende Krisenbewältigung charakterisierte (Kurtz 2002: 55). Professionelle müssen diese Krisen allerdings unter Verwendung allgemeinen Wissens lösen, d.h. eine auf den spezifischen Fall bezogene Anwendung ihres ExpertInnenwissens leisten, weshalb sie auf der Suche nach einer Lösung Praxis und Theorie gleichzeitig berücksichtigen müssen.

„Die Spezifik des Problems erfordert eine nicht-standardisierte, nicht-routinisierte Lösung, die sich dem Professionellen im Rückgriff auf sein Fach- und Erfahrungswissen, aber keineswegs schematisch erschließt. Seine Aufgabe und Leistung besteht in der Vermittlung von Theorie und Praxis mittels stellvertretender Deutung – stellvertretend für die autonome Lebenspraxis." (Pfadenhauer/Sander 2010: 365)

Oevermann nennt drei Aspekte, die gesellschaftlich bewältigt werden müssen: „Recht und Gerechtigkeit", die das Zusammenleben fundieren, „leibliche und psychosoziale Integrität", die die menschliche Würde therapeutisch bearbeiten, sowie die Auseinandersetzung mit Wahrheit und Kunst (Kurtz 2002: 55). Eben diese Struktur der in den genannten Bereichen notwendigen Krisenbewältigung würde erst verständlich machen, weshalb sich spezifische Professionen entwickelt hätten.

Nachdem Oevermann vertritt, dass diese Strukturen universell (weil zum menschlichen Wesen gehörend) seien, kam jedoch Kritik an dieser wenig soziologischen Grundlage seiner Theorie, und damit auch an seiner Professionstheorie auf.

Weiterführende Literatur:

Oevermann, Ulrich (1996): Theoretische Skizze einer revidierten Theorie professionalisierten Handelns. In: A. Combe und W. Helsper (Hg.): Pädagogische Professionalität. Untersuchungen zum Typus pädagogischen Handelns. Frankfurt am Main: Suhrkamp, S. 70–182.
Oevermann, Ulrich (1997): Die Architektonik einer revidierten Professionalisierungstheorie und die Professionalisierung rechtspflegerischen Handelns. In: Andreas Wernet (Hg.): Professioneller Habitus im Recht. Untersuchungen zur Professionalisierungsbedürftigkeit der Strafrechtspflege und zum Professionshabitus von Strafverteidigern. Berlin, S. 9–20.

10.2.3 Systemtheoretische Perspektive

Aus einer systemtheoretischen Perspektive sind Professionen durch ein Technologiedefizit gekennzeichnet, d.h. es muss hier in kurzer Zeit eine nicht-standardisierbare Tätigkeit erbracht werden (Pfadenhauer/Sander 2010: 366). Dies steht im Gegensatz zu Systemen, die rund um einen binären Code strukturiert sind. Nicht nur das Erziehungssystem (vgl. Kapitel 4), sondern auch das Rechts-, Religions- und Gesundheitssystems erfordern von den dort Tätigen Entscheidungen unter Bedingungen der Unsicherheit, ein Gespür für die KlientInnen und Verantwortung. Selbst wenn die KlientInnen den Professionellen Vertrauen entgegenbringen und bei der Lösung ihres Problem ‚mittun', könne die professionelle Arbeit scheitern, weshalb Professionen eine so hohe gesellschaftliche Anerkennung erfahren würden. Die Möglichkeit des Scheiterns etwa beim Versuch, ‚krank' in ‚gesund' zu überführen, unterscheide das Gesundheitssystem von anderen Systemen. Professionelle arbeiten zwischen diesen Polen in einem Raum der Unsicherheit, die sich nicht technisch bewältigen lässt (Kurtz 2002: 56). Nicht technisch bewältigbar sind vor allem Tätigkeiten, die an und mit Menschen ausgeführt werden, d.h. berufliches bzw. professionelles Handeln auf der Grundlage sozialer Interaktionen. Deshalb legt Luhmann nahe, „dass Professionen nicht in allen, sondern nur in solchen gesellschaftlichen Teilbereichen ausdifferenziert werden können, in denen die Arbeit an Personen den Kernbestand des Geschehens ausmacht." (ebd.: 56)

Rudolf Stichweh verschiebt schließlich den Fokus der Systemtheorie auf das sich wandelnde Verhältnis der stellvertretenden Problemlösung zwischen Professionellen und KlientInnen. Er spricht weiters von Leitprofessionen, die innerhalb eines Systems andere Berufe anweisen und kontrollieren (ebd.: 57), etwa im Gesundheitssystem ÄrztInnen, die die Krankenpflege organisieren, indem sie diese an andere Berufsgruppen delegieren.

Weiterführende Literatur:
Klassiker
Luhmann, Niklas (1981): Die Profession der Juristen. Kommentare zur Situation in der Bundesrepublik Deutschland. In: ders. (Hg.): Ausdifferenzierung des Rechts. Beiträge zur Rechtssoziologie und Rechtstheorie. Frankfurt am Main: Suhrkamp, S. 173-190.
Luhmann, Niklas (1984): Soziale Systeme. Grundriss einer allgemeinen Theorie. Frankfurt am Main: Suhrkamp.

Luhmann, Niklas (1996): Das Erziehungssystem und die Systeme seiner Umwelt. In: der./K. E. Schorr (Hg.): Zwischen System und Umwelt. Fragen an die Pädagogik. Frankfurt am Main: Suhrkamp, S. 14-52.

Weitere Literatur:
Kurtz, Thomas (2000): Moderne Professionen und Gesellschaftliche Kommunikation. In: Soziale Systeme. Zeitschrift für soziologische Theorie 6 (1), S. 169-194.
Kurtz, Thomas (2003): Gesellschaft, Funktionssystem, Person. Überlegungen zum Bedeutungswandel professioneller Leistungen. In: H. Mieg und M. Pfadenhauer (Hg.): Professionelle Leistung – Professional Performance. Positionen der Professionssoziologie. Konstanz: UVK, S. 89-110.

Stichweh, Rudolf (1992): Professionalisierung, Ausdifferenzierung von Funktionssystemen, Inklusion. Betrachtungen aus systemtheoretischer Sicht. In: Dewe, Bernd; Ferchhoff, Wilfried; Radtke, Frank-Olaf (Hg.): Erziehen als Profession. Zur Logik professionellen Handelns in pädagogischen Feldern. Opladen: Leske + Budrich, S. 36-48.

Stichweh, Rudolf (1994): Wissenschaft, Universität, Professionen. Soziologische Analysen. Frankfurt am Main: Suhrkamp.

Stichweh, Rudolf (1996): Professionen in einer funktional differenzierten Gesellschaft. In: Combe, Arno; Helsper, Werner (Hg.): Pädagogische Professionalität. Untersuchungen zum Typus pädagogischen Handelns, Frankfurt am Main: Suhrkamp, S. 49-69.

Stichweh, Rudolf (2000): Professionen im System der modernen Gesellschaft. In: Roland Merten (Hg.): Systemtheorie Sozialer Arbeit. Neue Ansätze und veränderte Perspektiven. Opladen: Leske + Budrich, S. 29-38.

Stichweh, Rudolf (2005): Wissen und die Professionen in einer Organisationsgesellschaft. In: Th. Klatetzki und V. Tacke (Hg.): Organisation und Profession. Wiesbaden: VS, S. 31-45.

Stichweh, Rudolf (2008): Professionen in einer funktional differenzierten Gesellschaft. In: I. Saake und W. Vogd (Hg.): Moderne Mythen der Medizin. Studien zur organisierten Krankenbehandlung. Wiesbaden, VS, S. 329-345.

10.2.4. Interaktionismusperspektive

An den bisher genannten Theorien wurde kritisiert, dass sie zu wenig auf Macht und Aushandlungsprozesse fokussieren. Eine Änderung der Perspektive erfolgte mit Everett C. Hughes, der eine von der ‚Chicago School' inspirierte interaktionistische Analyse von Professionen forcierte (Pfadenhauer/Sander 2010: 368). Dabei wurden nun verstärkt die professionelle Interaktion und die Entwicklung der Arbeitsteilung innerhalb und zwischen Berufen analysiert.

Die Interaktion zwischen Professionellen und KlientInnen ist wesentlich durch Deutungen konstituiert. So argumentiert die interaktionistische Professionssoziologie, dass dem professionellen Handeln die soziale Konstruktion eines Falles zugrunde liegt, d.h. eine Rekonstruktion und Deutung des Problems des/der KlientIn, und zwar gemeinsam mit dem/der KlientIn. Dabei müssen sich die Professionellen zwar auf die KlientInnen einlassen, gleichzeitig müssen sie eine Interpretation entwickeln, die zwar die Deutung der KlientInnen miteinbezieht, jedoch auch darüber hinaus geht und möglicherweise dieser sogar widerspricht. In den Interaktionen kommt es für die Professionellen deshalb zu „Spannungen zwischen emotionaler Nähe zum Klienten und professioneller Distanz, zwischen dem Wohl bzw. Interesse des Klienten und dem der Allgemeinheit" (Pfadenhauer/Sander 2010: 368). In Deutschland hat Fritz Schütze diesen Ansatz vertreten. Er sieht bei Professionellen eine der ethnographischen Soziologie sehr ähnliche Orientierung an dem Ziel, andere Menschen zu *verstehen*.

Als zentrale Begriffe der interaktionistischen Professionstheorie gelten *Lizenz* und *Mandat* von Professionen:

„Während Lizenz die an eine Fachausbildung geknüpfte formale Berechtigung bedeutet, ‚Dinge' tun bzw. Handlungen ausführen zu dürfen – wie z.B. operative Eingriffe in die körperliche Unversehrtheit des Menschen oder die Verordnung rezeptpflichtiger Mittel durch Ärzte, die anderen untersagt sind, weist das Mandat über diese formale Befugnis hinaus und impliziert Definitionsmacht in einem umfassenden Sinne, nämlich die Vollmacht bzw. ‚Ermächtigung', ‚autoritativ' tätig zu werden. Mittels Mandat bestimmen Professionen die Bedarfe von Menschen (Klienten) – einschließlich der Arten und Weisen, diese zu befriedigen: ‚Professionals do not merely serve; they define the very wants which they serve' (Hughes 1971, S. 424)." (ebd.: 369)

Das Mandat zur Situationsdefinition – was das Problem ist, was der/die KlientIn braucht, welche Mittel zur Lösung eingesetzt werden sollen, usw. – haben dabei eine bevormundende Komponente, die durch den Vorsprung an Fachwissen der ExpertInnen gegenüber der Laien gerechtfertigt wird.

Während im Interaktionismus stark auf die Darstellung bzw. Inszenierung professioneller Leistung geachtet wird, steht die Beschäftigung mit dem ExpertInnenwissen vor allem im Zentrum einer wissenssoziologischen Professionstheorie. In dieser Tradition wird dann auch beschrieben, was bereits in Kapitel 9 zur Wissensgesellschaft sichtbar wurde, nämlich der Vertrauensverlust in ExpertInnen, der zu einem Statusverlust der Professionen beitragen könnte (Demszky v. d. Hagen/Voß 2010: 775).

Weiterführende Literatur:
Klassische Literatur
Abbott, Andrew (1988): The System of Professions: An Essay on the Division of Expert Labour. Chicago: Chicago University Press.
Hughes, Everett C. (1963): Professions. In: *Daedalus* (92), S. 655–668.
Hughes, Everett C. (1958): Men and Their Work. Glencoe.
Strauss, Anselm u.a (1985): Social Organization of Medical Work. Chicago.

Weitere Literatur
Gildemeister, Regine (1995): Professionelles soziales Handeln - Balance zwischen Wissenschaft und Lebenspraxis. In: Heinz Wilfing (Hg.): Konturen der Sozialarbeit. Wien, S. 5–40.
Gildemeister, Regine (1996): Professionalisierung. In: D. Kreft und I. Mielenz (Hg.): Wörterbuch soziale Arbeit. 4. Aufl. Weinheim: Beltz, S. 443–445.
Pfadenhauer, Michaela (2003): Professionalität. Eine wissenssoziologische Rekonstruktion institutionalisierter Kompentenzdarstellungskompetenz. Opladen: Leske + Budrich.
Pfadenhauer, Michaela (2005): De-Professionalisierung durch Lernkulturalisierung. Zur Herausforderung des medizinischen Standes durch Life Long Learning. In: Heinrich Bollinger, Anke Gerlach und Michaela Pfadenhauer (Hg.): Gesundheitsberufe im Wandel. Soziologische Beobachtungen und Interpretationen. Frankfurt am Main: Mabuse, S. 207–221.
Pfadenhauer, Michaela (Hg.) (2005): Professionelles Handeln. Wiesbaden: VS.
Pfadenhauer, Michaela; Scheffer, Thomas (Hg.) (2009): Profession, Habitus und Wandel. Frankfurt am Main, Wien, u.a.: Peter Lang.
Pfadenhauer, Michaela; Sander, Tobias (2010): Professionssoziologie. In: Georg Kneer und Markus Schroer (Hg.): Handbuch Spezielle Soziologien. Wiesbaden: VS, S. 361–378.
Schütze, Fritz (1984): Professionelles Handeln, wissenschaftliche Forschung und Supervision. In: Norbert Lippenmeier (Hg.): Beiträge zur Supervision. Kassel, S. 262–289.
Schütze, Fritz (1992): Sozialarbeit als 'bescheidene' Profession. In: Bernd Dewe, Wilfried Ferchhoff und Frank-Olaf Radtke (Hg.): Erziehen als Profession. Zur Logik professionellen Handelns in pädagogischen Feldern. Opladen: Leske + Budrich, S. 132–170.
Schütze, Fritz (1994): Strukturen professionellen Handelns, biographische Betroffenheit und Supervision. In: *Supervision* 13, 1994 (25), S. 10–39.
Schütze, Fritz (1996): Organisationszwänge und hoheitsstaatliche Rahmenbedingungen im Sozialwesen. Ihre Auswirkungen auf die Paradoxien des professionellen Handelns. In: A. Combe und W. Helsper (Hg.): Pädagogische Professionalität. Untersuchungen zum Typus pädagogischen Handelns. Frankfurt / M.: Suhrkamp, S. 183–275.

Themenbereich Wissenssoziologie – ExpertInnentum
Hitzler, Ronald; Honer, Anne; Maeder, Christoph (Hg.) (1994): Expertenwissen. Die institutionaliserte Kompetenz zur Konstruktion von Wirklichkeit. Opladen: Westdeutscher Verlag.
Klatetzki, Thomas (1993): Wissen, was man tut. Professionalität als organisationskulturelles System. Eine ethnographische Interpretation. Bielefeld: Böllert.
Meuser, Michael (2005): Professionell handeln ohne Profession? Eine Begriffsrekonstruktion. In: Michaela Pfadenhauer (Hg.): Professionelles Handeln. Wiesbaden: VS, S. 253–264.

10.2.5. ,Power Approach' Ansatz

Professionalisierung wird in dieser Theorie, die sich auf Machtprozesse konzentriert, als Schließung und Zugangsbeschränkung von Berufen verstanden, weil bestimmte Tätigkeiten nur ausgeübt werden können, wenn die entsprechende Qualifikation erworben und den Standards des Berufsverbandes entsprochen wird (Pfadenhauer/Sander 2010: 370). Weil die Ausbildung lange dauert, kann sich dies nicht jede/r leisten, weshalb argumentiert wird, dass es sich hier um eine „konzertierte und zunehmend auch organisierte Anstrengung der berufsständischen ,Schließung' und Statussicherung von zuvor minderprivilegierten Berufsangehörigen" (ebd.) handle. Insbesondere die Mittelschichten würde Professionalisierung zur Aufwertung der eigenen Berufe nutzen, und gleichzeitig dadurch Macht und Wissen monopolisieren: Expertise wird gegen ein Honorar als Dienstleistung angeboten (ebd.: 370).

„Aus Sicht des machttheoretischen Ansatzes dient die Gemeinwohlorientierung dabei als Ideologie und zur Legitimation eines kollektiven Aufstiegsprojekts von Mitgliedern der Mittelschicht, das vor allem im 19. und 20. Jahrhundert Erfolg hatte. Doch der Kapitalismus entwickelt sich weiter und prägt zunehmend alle Dienstleistungsverhältnisse; professionelle Leistungen werden kommerzialisiert, womit den Professionen die Proletarisierung droht." (Mieg 2003: 31)

Anschließend an die subjektorientierte Berufssoziologie werden im machttheoretischen Ansatz Berufspolitik und Aushandlungsprozesse rund um die Konstruktion von Professionen analysiert, in die die Interessensvertreterlnnen der Professionen lobbyieren. Die Entwicklung von Professionen beruht dabei insbesondere in Europa auch auf staatlichen Rahmenbedingungen, die professionelle Institutionen kontrollieren, regulieren und teilweise auch finanzieren (Pfadenhauer/Sander 2010: 372). Für den machtkritischen Professionstheoretiker Eliot Freidson ist der Staat sogar hauptverantwortlich für die Stabilität von Professionen – „von der beruflichen Arbeitsteilung über das Bildungs- und Ausbildungssystem, über Kompetenzschneidung und Lizenzierung bis hin zur Beschränkung von Wettbewerb" (ebd.).

Kritik am Power Approach richtet sich vor allem darauf, dass Professionalisierung in gewissem Sinne als Verschwörung erscheinen würde (Mieg 2003: 31).

Weiterführende Literatur:
Klassiker
Freidson, Eliot (1975): Dominanz der Experten. Zur sozialen Struktur medizinischer Versorgung. München u.a.
Freidson, Eliot (1993): How Dominant are the Professions? In: Hafferty, Frederic W.; McKinlay, John B. (Hg.): The changing medical profession. An international perspective. New York u.a.: Oxford Univ. Press.
Freidson, Eliot (2001): Professionalism. The Third Logic. Cambridge: Polity Press.
Freidson, Eliot (2002): Professional powers: A study of the institutionalization of formal knowledge. 9. pr., Chicago, Ill. u.a.: Univ. of Chicago Press.
Johnson, Terence J. (1972): Professions and Power. London/Basingstoke.
Larson, Magali S. (1977): The Rise of Professionalism. A Sociological Analysis. Berkeley u.a.: University of California Press.

10.2.6. Feministische Perspektive

Auch Professionen waren von Anfang an Teil der geschlechtlichen Machtverhältnisse, sie können nicht unabhängig davon gedacht werden (Demszky v. d. Hagen/Voß 2010: 775).
Professionen werden daher u.a. unter dem Gesichtspunkt einer Kritik am Patriarchat thematisiert: Professionelle in Medizin oder Kirche werden gesehen „als Instanzen zur Kontrolle der Reproduktion: Kon-

trolle der Sexualität, der Geburt, der Erziehung. (....) Die direkte, in der persönlichen Beziehung der Ehegatten fundierte patriarchale Kontrolle der Frau in der Familie wird zunehmend ergänzt durch die unpersönliche Kontrolle männlicher Professionsvertreter (Ärzte, Therapeuten)" (Meuser 1998: 95). Die Tätigkeiten von Frauen, die gegenüber den meist männlichen Professionsvertretern abgewertet wurden und werden, werden in Teilen der feministischen Professionstheorie aufgewertet, etwa als Professionalisierung im reproduktiven Bereich.

„Die feststehenden Geschlechtsverhältnisse lassen Selbstverständlichkeiten entstehen, die die soziale Konstruiertheit eines angeblich natürlichen Passungsverhältnisses zwischen Beruf und Geschlecht (wie etwa beim meist männlichen Arzt und der weiblichen Arzthelferin) im Nachhinein verdecken" (Demszky v. d. Hagen/Voß 2010: 775).

Weiterführende Literatur:
Allmendinger, Jutta; Hackmann, Richard J. (1994): Akzeptanz oder Abwehr? Die Integration von Frauen in professionellen Organisationen. In: KZfSS, Jg. 46 (2), S. 238-258.
Gildemeister, Regine; Wetterer, Angelika (2007): Erosion oder Reproduktion geschlechtlicher Differenzierungen? Widersprüchliche Entwicklungen in professionalisierten Berufsfeldern und Organisationen. Münster: Westfälisches Dampfboot.
Hasenjürgen, Brigitte (2002): Profession und Geschlecht. Zur Entwicklung eines Diskurses. In: Jahrbuch der Kath. Fachhochschule NW (1). Köln, S. 128-149.
Kuhlmann, Ellen (1999): Profession und Geschlechterdifferenz. Eine Studie über die Zahnmedizin. Opladen: Leske + Budrich.
Kuhlmann, Ellen; Kutzner, Edelgard; Müller, Ursula; Riegraf, Birgit; Wilz, Sylvia (2002): Organisationen und Professionen als Produktionsstätten der Geschlechter(a)symmetrie. In: Schäfer, Eva; Fritzsche, Bettina; Nagode, Claudia (Hg.): Geschlechterverhältnisse im sozialen Wandel. Interdisziplinäre Analysen zu Geschlecht und Modernisierung. Opladen: Leske + Budrich, S. 221-249.
Pasquale, Judith (1998): Die Arbeit der Mütter. Verberuflichung und Professionalisierung moderner Mutterarbeit. München: Juventa.
Rabe-Kleberg, Ursula (1996): Professionalität und Geschlechterverhältnis. Oder: Was ist „semi" an traditionellen Frauenberufen? In: Combe, Arno; Helsper, Werner (Hg.): Pädagogische Professionalität: Untersuchungen zum Typus pädagogischen Handelns, Frankfurt am Main: Suhrkamp, S. 276-302.

Rabe-Kleberg, Urlsula (1999): Wie aus Berufen für Frauen Frauenberufe werden. Ein Beitrag zur Transformation des Geschlechterverhältnisses. In: Nickel, Hildegard M.; Völker S. und Hasko Hünig (Hg.): Transformation − Unternehmensreorganisation − Geschlechterforschung, Opladen: Leske + Budrich, S. 93-107.

Rabe-Kleberg, Ursula (2002): Frauenberufe. Zur Segmentierung der Berufswelt. Bielefeld: Kleine.

Rosken, Anne (2009): Diversity und Profession. Eine biographisch-narrative Untersuchung im Kontext der Bildungssoziologie. Wiesbaden: VS.

Wetterer, Angelika (Hg.) (1992): Profession und Geschlecht. Über die Marginalität von Frauen in hochqualifizierten Berufen. Frankfurt am Main: Campus.

Wetterer, Angelika (1993): Professionalisierung und Geschlechterhierarchie. Vom kollektiven Frauenausschluß zur Integration mit beschränkten Möglichkeiten, Kassel: Jenior u. Pressler.

Wetterer, Angelika (1995): Die soziale Konstruktion von Geschlecht in Professionalisierungsprozessen. Frankfurt am Main: Campus.

Wetterer, Angelika (1999): Ausschließende Einschließung − marginalisierende Integration: Geschlechterkonstruktionen in Professionalisierungsprozessen. In: Neusel, Ayla; Wetterer, Angelika (Hg.): Vielfältige Verschiedenheiten. Geschlechterverhältnisse in Studium, Hochschule und Beruf. Frankfurt am Main: Suhrkamp, S. 223-253.

11. Care: Helfen als Beruf

11.1. Soziale Arbeit:

Berufs- und professionssoziologische Annäherungen

Als ein für die Professionsdiskussion interessantes und zusehends auch relevantes Beschäftigungssegment sollen im Folgenden Berufe der Sozialen Arbeit (Kap. 11.1) sowie der Pflegeberuf (Kap. 11.2.) als Ausschnitte des Bereiches von Care- und Sorgearbeit vorgestellt werden.

11.1.1. Hilfe im gesellschaftlichen Wandel

Helfen – also konkrete aktive unterstützende Intervention als Beitrag zur Befriedigung der Bedürfnisse eines anderen Menschen – ist und war immer in herrschende gesellschaftlich-kulturelle Bedingungen eingebunden. Luhmann diagnostizierte schon vor über 30 Jahren ein zahlreiches Nebeneinander verschiedener Arten und Formen des Helfens. Diesen Zustand nimmt Luhmann als Beleg dafür, dass eine gesamtgesellschaftliche Struktur des „Hilfe-Komplexes" fehlt:

„In der Form von Hilfe werden heute nicht mehr Probleme von gesamtgesellschaftlichem Rang gelöst, sondern Probleme in Teilsystemen der Gesellschaft. Damit ist ein einheitliches Muster, eine religiöse oder moralische Formel entbehrlich geworden." (Luhmann 1979: 37).

Jegliche Form des Helfens ist mit spezifischen Gesellschaftsformen eng verbunden und nur aus diesem Kontext nachvollziehbar. Hilfe ist wesentlich gesteuert und definiert durch Strukturen gegenseitiger (Verhaltens-) Erwartungen. Eine kurze Charakterisierung der prägenden Bedingungen des „Helfens" in entwicklungshistorischer Perspektive unterscheidet zwischen Typologien des Helfens in archaischen, in hochentwickelten und in modernen Gesellschaften (vgl. Luhmann 1979).

In den *archaischen Gesellschaften* waren Hilfsaktivitäten eingebunden in einen unmittelbaren, gemeinsam erlebten Lebenszusammenhang, in welchem die Naturbedrohungen groß und zufallsabhängig waren. Die wechselseitige Hilfe war eine Art Lebens- und Überlebensstrategie in vertrauten Situationen und mit bekannten AkteurInnen, deren Bedürfnisse und Handlungs-möglichkeiten voraussehbar waren.

In den *hochkultivierten Gesellschaften* mit Arbeitsteilung und differenzierter Schichtung wurden entsprechend der sich entwickelnden Komplexität auch Instrumente zur Präzisierung und Begrenzung von Hilfe geschaffen. Es verlagert sich die Motivation zu „helfen, damit mir geholfen wird" hin auf eine Art vertragliche Verbindlichkeit; einerseits mit einem normativen Anspruch der „guten Tat" bzw. der Verpflichtung bestimmter Schichten, „Almosen zu geben" – es kann also von einer Entpflichtung des Helfens gesprochen werden, während sich zugleich mit der steigenden Bedeutung der Geldwirtschaft erste Professionen herausbilden, welche Hilfe nicht auf der Grundlage reziproker Vergeltung leisten, sondern dafür „Honorar" verlangen (Medizin, Rechtsbereich...). Hilfe und Zuwendung beginnen sich zum Korrektiv zu (gesellschafts-)politischen Planungsfehlern zu wandeln und es entsteht eine neue, von individuellen Entscheidungen eher unabhängige Form: die organisierte Hilfe.

In *modernen Gesellschaften* gibt es – im Unterschied zu den archaischen – geregelte und berechenbare lebensweltliche Voraussetzungen und ein entwickeltes Geldsystem (Tausch); dementsprechend bilden sich auf die Hilfe spezialisierte Sozialsysteme (Professionalisierung). Individuelle Motive werden entbehrlich, in den Hilfe-Systemen gibt es Programme und Personal. Helfende Aktivitäten werden nicht mehr durch den Anblick individueller Not ausgelöst, sondern durch einen Ist – Soll – Vergleich, durch einen Vergleich von Tatbestand und Programm. Für viele „Hilfsprobleme" gibt es dementsprechend (funktional) zuständige Stellen.

„Somit wird die Hilfe in nie zuvor erreichter Weise eine zuverlässig erwartbare Leistung, gleichsam Sicherheitshorizont des täglichen Lebens auf unbegrenzte Zeit in den sachlichen Grenzen der Organisationpro-gramme, deren jeweiligen Inhalt man feststellen kann. Zugleich wirkt gesellschaftlicher Wandel als Veränderungen der Umwelt von Organisationen, und nicht mehr direkt auf diese ein." (Luhmann 1979: 32)

Diese Grundlagen erleichtern die berufs- und professionssoziologischen Annäherungen an die Eigenheiten der Sozialen Arbeit und das Verständnis von wesentlichen diesem Tätigkeitsfeld innewohnenden Widersprüchlichkeiten im Kontext von Professionalisierung, Semiprofessionalisierung und Deprofessionalisierung.

11.1.2. Soziale Arbeit: Aspekte soziologischer Reflexion

Eine soziologische Analyse von Sozialer Arbeit erfolgt meist entlang dieser Dimensionen: Soziale Arbeit als Form der Bearbeitung sozialer Probleme, als institutionalisierte Form organisierter Hilfe und als eigenständige und abgrenzbare Berufsform.

Soziale Arbeit ist in all ihren (historischen) Formen der Institutionalisierung, der Organisation auch wesentlich Ausdrucksform gesellschaftlicher Widersprüche und nicht deren Bewältigung (vgl. Kerber-Ganse 1984). Ein sehr konkreter Widerspruch ergibt sich aus dem problematischen Verhältnis von Hilfestellung und damit verbundener Kontrollfunktion. Ausweitung sozialer Hilfe bedingt systembedingt zwingend vermehrte Kontrolle. Gesellschaftliche Absicherungsmaß-nahmen (Rationalisierung, Spezialisierung, Professionalisierung, Bürokratisierung) führen parallel zu technokratischen Herrschafts- und Kontrollmechanismen. Die zunehmenden finanziellen Probleme und die Verknappung der Mittel für Soziale Arbeit verstärken in der Öffentlichkeit die Diskussionen über Selbsthilfekonzepte und unbezahlter Arbeitsleistung als Beitrag für den Wohlfahrtsstaat; die Tendenzen zur Reprivatisierung von (sozial-)staatlicher Hilfe mit zunehmender staatlicher Kontrolle sind deutlich wahrnehmbar.

Soziale Arbeit beschäftigt sich mit „Armut und Abweichung" (Kerber-Ganse 1984: 501). Beide Begriffe sind als Polaritäten zu gesellschaftlichem Reichtum bzw. zu normativen Orientierungen konstruiert. Abweichung ist Teil der staatlichen / gesellschaftlichen Definitionsmacht, die Kontrollmechanismen wirken häufig über soziale Hilfe und wohlfahrtsstaatliche Unterstützungen. In entwickelten kapitalistischen Gesellschaften können zudem Sozialleistungen auch als Indikator für gesellschaftlichen Wohlstand argumentiert werden, wenn akzeptiert wird, gesellschaftliche Widersprüche mit ökonomischen Leistungen kompensieren zu können.

Der Widerspruch, den diese *„Doppelfunktion von Hilfe und Kontrolle"* von Sozialer Arbeit beinhaltet, wird an Beispielen (Straffällige, Obdachlose, Drogenabhängige) deutlich; es verwischen „...sich helfendunterstützende und repressiv-kontroll-ierende Maßnahmen bis zur Austauschbarkeit" (Gildemeister 1993: 61).

Rationalisierungsstrategien und bürokratische Strukturen begründen neben der unmittelbaren Hilfeleistung auch die Notwendigkeit der Diagnose der Hilfsbedürftigkeit. Diese Tatsache bildet auch eine der konstitutiven Voraussetzungen für die Entwicklung von entsprechenden Methoden, theoretischen Konzepten, Ausbildungscurricula – und damit auch Entstehungsbedingung für den Professionalisierungsprozess wird. Die Gründung zahlreicher Selbsthilfegruppen kann auch als Reaktion und Antwort auf die so genannte „Entmündigung durch ExpertInnen" gesehen werden.

Generell ist die Entwicklung in der Sozialen Arbeit gekennzeichnet durch Verrechtlichung (Absicherung; Anspruch auf soziale Hilfe), Ausbau und Reformen auf der Ausbildungsebene (Fachhochschulniveau / Professionalität) und Institutionalisierung; es gibt nach wie vor den Trend, nicht-organisierte Formen der Problembewältigung in verschiedene Formen beruflich organisierter Bearbeitung überzuführen bzw. damit zu verbinden (zB Selbsthilfegruppen und staatliche Stellen organisatorisch zu verbinden und leistungsmäßig zu koordinieren (vgl. Olk / Otto 1987). Inhaltlich und methodisch gibt es mit der besseren materiellen Absicherung auch eine Veränderung im Funktionsverständnis: die psychosozialen, beraterischen Anteile im sozialarbeiterischen Auftrag werden mehr. Um die anstehenden Probleme besser bewältigen zu können, ist eine der wirksamen Strategien zur Leistungsoptimierung, die Soziale Arbeit in ihrem Dienstleistungsanspruch so zu organisieren, dass sie näher an die Lebenswelten der KlientInnen angebunden wird.

In einem einfachen Modell können die (widersprüchliche) Situation und daraus folgende Fragen skizziert und entwickelt werden:

Gesellschaftspolitische Rahmenbedingungen

Institution / ArbeitgeberIn

bezahlt

SozialerbeiterInnen

betreut

KlientInnen

Welchen Auftrag haben die SozialarbeiterInnen? Wem gegenüber fühlen sie sich (mehr) verpflichtet? Der AuftraggeberIn? Den KlientInnen? Welche Erwartungen gibt es von beiden Seiten? In welcher Beziehung stehen KlientInnen mit der AuftraggeberIn?

11.1.3. Soziale Arbeit: Entstehung und Begriffsgeschichte

Soziale Arbeit wird immer wieder im Kontext ihrer „Organisierbarkeit" thematisiert. Aufgaben und Funktionen ‚sozialer' Hilfe waren ursprünglich in einem unmittelbaren sozialen lebens- und erfahrungsweltlichen Zusammenhang eingebettet bzw. wurden durch einen ‚primären' Lebenskontext wie Familie oder Nachbarschaft abgedeckt. Es drängt sich die Frage auf, ob diese ursprünglich in direkte soziale Lebensabläufe eingebetteten Prozesse wie Pflege, Beratung, Fürsorge, Trost, Begleitung, Rat, Krisenbewältigung usw. durch organisierte Hilfe substituiert werden können – und wenn ja, in welcher Form dies jeweils zielgruppenspezifisch und klientInnenorientiert umgesetzt werden kann. Die ursprünglichen Lebenszusammenhänge haben sich grundlegend verändert (zB Wandel der familiären Strukturen) und neue, die soziale Verbundenheit zwischen Individuum und Gesellschaft schaffende und vermittelnde Instanzen sind entstanden. Im menschlichen Zusammenleben und zu dessen Bewältigung gab es immer jene charakteristischen Tätigkeiten, welche als ‚soziale' Tätigkeiten zu beschreiben sind. Im engeren Sinne werden heute mit dem Begriff Soziale Arbeit zwei Tätigkeitsbereiche bzw. Berufsfelder (mit professionellen Entwicklungen) beschrieben, welche bislang als Sozialpädagogik und Sozialarbeit benannt wurden. Auf dem Hintergrund sozialer und struktureller Veränderungen haben sich jeweils unterscheidbare unterstützende Hilfsformen entwickelt. Sehr vereinfacht hat sich die Sozialarbeit aus dem mittelalterlichen und neuzeitlichen Bereich der Armenversorgung und den sozialen Bewegungen des 19. Jhdts. heraus entwickelt, während die historischen Grundlagen der Sozialpädagogik in der (gemeinschaftlich notwendigen) Betreuung der Waisen und in der fürsorglichen Jugendarbeit liegt (vgl. Hamburger 2003).

Zu Beginn des 2o. Jhdts. wurden diese Tätigkeitsbereiche zunehmend verberuflicht und liefern heute zentrale Themen und Inhalte im Rahmen von Professionalisierungsdiskussionen (siehe Kap. 10). Im europäischen Übergang von der Ständegesellschaft zur modernen Gesellschaft auf der Basis funktioneller Differenzierungen spielen Prozesse der Professionalisierung eine große Rolle; diese wird als „gesellschaftsgeschichtlich bedeutend" bezeichnet (vgl. Stichweh in Kurtz 2002).

Sozialpädagogik umschreibt einen inhaltlich wie methodisch breiten Bereich und ist im Kontext der Entstehung bzw. der Bewältigungsversuche der „sozialen Frage" des 19. Jhdts. zu sehen:

„Sozialpädagogik ist nicht nur eine sozial- und erziehungswissenschaftliche Disziplin im allgemeinen Sinne, sondern gleichzeitig auch eine Theorie besonderer Praxisinstitutionen – vor allem der Jugendhilfe und Sozialarbeit. Als erziehungswissenschaftliche Disziplin beschäftigt sich die Sozialpädagogik mit jenen sozialstrukturell und institutionell bedingten Konflikten, welche im Verlauf der Sozialisation von Kindern und Jugendlichen auftreten: Konflikte zwischen subjektiven Antrieben und dem Vermögen der Kinder und Jugendlichen und gesellschaftlichen und institutionellen Anforderungen, wie sie in Familie, Schule, Arbeits-

welt und Gemeinwesen vermittelt sind. Sie versucht, diese Konflikte aufzuklären, ihre Folgeprobleme zu prognostizieren und in diesem Kontext die Grundlagen für erzieherische Hilfen zu entwickeln. " (Böhnisch 1979: 22)

Inhaltliche Erweiterungen wie Bildungs- und Aktivierungsaufgaben im Rahmen der Jugendbetreuung sowie Beratung und Begleitung in allgemeinen Lebensfragen oder speziellen gesell-schaftlichen Teilbereichen (zB Schule, Familien- und Erziehungsberatung) sowie die Erweiterung des AdressatInnenkreises allgemein bis hin zu sozialpädagogischen Aufgaben in der Altenbetreuung und im Pflegebereich belegen die notwendigen begrifflichen Erweiterungen und Verschiebung der theoretischen Perspektiven.

Sozialarbeit kann allgemein als jene Tätigkeit charakterisiert werden, die sozial Schwachen mit individuellen Unterstützungen oder sozial- wie gesellschaftspolitischen Maßnahmen zur Lebens-bewältigung bzw. zur Verbesserung der Lebenssituation Hilfen (von relevanten Informationen bis zur konkreten Tat) bietet. Im 19. Jhdt. gab es erste Schritte zur Verberuflichung und der Status der auf Unterstützung angewiesenen Betroffenen wandelte sich von *AlmosenempfängerInnen* (aus der kommunalen und konfessionellen Armenfürsorge) zu *Anspruchsberechtigten* im Zuge der sozial- und wohlfahrtsstaatlichen Entwicklung. Diese Entwicklungen prägen die wohlfahrtsstaatlichen Konzepte auf dem Hintergrund starker gesellschaftlicher Umbrüche und beeinflussen die Soziale Arbeit bzw. deren Interventionsstrategien. Diese Voraussetzungen und Abhängigkeiten werden in der Sozialen Arbeit durchaus wahrgenommen und thematisiert und der Beruf ringt um ‚relative' Autonomie. Soziale Arbeit begreift sich nicht nur als Reaktion auf Begleiterscheinungen und Folgen des gesellschaftlichen Wandels, sondern versteht sich ebenso als Impulsgeber für diesen (vgl. Mühlum 1997). Zwei Ansätze prägen die methodischen Diskussionen sowie das grundlegende Berufsverständnis: der Doppelcharakter von personenorientierter und struktureller Arbeit:

- case work und
- community work (vgl. Thiersch 1996 u. Mühlum 1997).

Eine so genannte Bindestrich-Lösung wurde lange Zeit praktiziert und die Ausbildungs- bzw. Studiengänge wurden Sozialarbeit / Sozialpädagogik genannt; danach konvergierten beide Bereiche in den Begriff Soziale Arbeit (Grundlage: Wissenschaft von der Sozialen Arbeit).

Soziale Arbeit wurde (theoretisch wie praktisch) im Laufe der Verberuflichung und aktuell durch Professionalisierungsmaßnahmen fachlich ausgeweitet und interdisziplinär positioniert: medizinische, volkswirtschaftliche, betriebswirtschaftliche, psychologische, soziologische, pädagogische, juristische Teilbereiche und Kompetenzen wurden eingearbeitet und prägen das berufliche Selbstverständnis. Im deutschsprachigen Raum bilden wohl sozialwissenschaftliche Grundlagen das Leitmodell einer eigenständigen Entwicklung von Sozialarbeitswissenschaft; in den USA hingegen ist *social work* als selbständige Wissenschaftsdisziplin etabliert (vgl. Hamburger 2003).

Die Fachliteratur bestätigt der Sozialen Arbeit, auf dem Weg zu anerkannten und leistungsfähigen Wissenschaftskonzepten zu sein; die Theorie der Sozialen Arbeit beschäftigt sich mit spezifischen Formen und Wirkungen von Hilfsleistungen und thematisiert Lebenslagen und Lebensverhältnisse und lässt sich in vier tragende Themenbereiche unterteilen (vgl. Thiersch 1996):

- moderne Gesellschaft und die Entwicklung von Problemen, Lern- u. Entwicklungsaufgaben

- Theorie der Gesellschaft als Sozial- und Sozialisationsstaat mit den gesellschaftlichen Funktionen von Hilfe und Unterstützung

- Vernetzung und Arbeitsverbund wohlfahrtsstaatlicher Institutionen

- Handlungsmuster in Erziehung, Zusammenleben, Beratung, Organisation und die Aspekte von

- Beruflichkeit und wissenschaftlich gestützte Handlungs- und Alltagskompetenzen.

11.1.4. Professionalisierung / Semi-Professionalität

Bei der Reflexion kulturgeschichtlicher Dimension von Hilfsaktivitäten sind zwei Punkte wesentlich: Motivation (Bereitschaft, die Hilfesuchenden zu unterstützen) und Ressourcen (materielle Mittel). Im Kontext von Hilfsbedürftigkeit und Helfen sind starke subjektive Momente wirksam und es kann schwer auf bloß objektivierbare Fakten zurückgegriffen werden (z.b. spielen Selbstwert und Selbstbild eines Hilfsbedürftigen eine große Rolle, ob und von wem Hilfe in Anspruch genommen wird). Soziologisch betrachtet kommt Hilfe als Aktion dann zustande, wenn und soweit diese erwartet werden kann (vgl. Mühlum et al. 1997).

Folgende Entwicklungsstufen fürsorglichen Handelns werden auf der Grundlage sozialer Organisationsform unterschieden:

Ort des Handelns bzw. Ort der Intervention	Motivation bzw. Sozialform des Helfens
Familie / Sippe / Clan	*verwandtschaftlich*
Sozialer Begegnungsraum	*nachbarschaftlich*
Gruppe Betroffener	*gegenseitig*
Kirche / Gemeinschaft	*religiös*
Staat	*sozialstaatlich*

In der zunehmend aufgeklärten Gesellschaft änderten sich die Grundlagen des sozialen Zusammenhalts und rationale Prinzipien der Gesellschafts- und Lebensgestaltung begannen sich durchzusetzen. Nach der in archaischen Gesellschaften wirkenden Reziprozitätsnorm (unmittelbar gegenseitig erwartbare Hilfe im gemeinsamen Lebensraum) haben wir es heute mit hoch komplexen und differenzierten Sozialsystemen mit Leistungsspezialisierungen zu tun und es entstanden Organisationen und Institutionen zur Bewältigung und Reduzierung dieser Komplexität: Professionalisierung ist eine Antwort. Es steigt damit zwar die Qualität der Hilfeleistung, es besteht aber auch die Gefahr des Verdrängens der individuellen Bezüge durch Bürokratisierung, Technisierung und Institutionalisierung. Berufe der Sozialen Arbeit werden damit in Teilbereichen Vollzugsorgane staatlicher Institutionen und die soziale Kontrolle wird damit quasi ein Auftragsteil sozialarbeiterischer Aktionen und Interventionen. Ursprüngliches Berufsverständnis und reale Umsetzungsmöglichkeit stehen damit fallweise im sozialarbeiterischen Handlungsalltag im Widerspruch; diese Tatsache wird mit dem Begriff des „doppelten Mandats" beschrieben (siehe auch S. 159).

Soziale Arbeit lässt sich gesellschaftstheoretisch als Antwort auf die Fragen der Modernisierung und Rationalisierung der Lebenswelten begreifen. Aus der Tatsache, dass gesellschaftlicher Reichtum auch Armut produziert, dass rationale Trends ebenso irrationale Effekte provozieren, legitimiert sich die Existenz und die Professionalisierung der Sozialen Arbeit, indem sie jene Aspekte gesamtgesellschaftlicher Entwicklungen thematisiert und bearbeitet, welche zunächst nicht gewollt waren, weil übersehen wurde, dass Lösungen auch Probleme schaffen.

Soziale Arbeit fokussiert als Profession damit die *Kehrseite* rationaler Entwicklungen und gesellschaftspolitischer Gestaltungsversuche (vgl. Kleve 2004). Die Veränderungen des klassischen Familienverbands (Erwerbstätigkeit, Zeitknappheit), die Zersplitterung der Gesellschaft in verschiedenste spezialisierte Teilsysteme (an denen partizipiert werden sollte) und die Problemvielfalt mit welcher komplexe Gesellschaften zu tun haben und die von herkömmlichen und etablierten Professionen nicht mehr gelöst werden können, mögen hier als Beleg dienen.

Die Einordnung und Betrachtung von Sozialer Arbeit im Rahmen gängiger soziologischer Professionskonzepte (vgl. S. 140f) ist kaum klar und widerspruchsfrei vorzunehmen. Soziale Arbeit wird einerseits in einer fortdauernden Entwicklung vom Beruf zur Profession oder semiprofessionell gesehen, andererseits gibt es Beschreibungen einer voll entwickelten Professionalität – einige Stimmen betonen sogar Aspekte der Überprofessionalisierung (vgl. Gall / Hitz 1996). Wie bereits erwähnt, ist die organisationell - administrative Eingebundenheit der Sozialen Arbeit ein kennzeichnendes Strukturmerkmal mit einem unmittelbar innewohnenden Konfliktpotenzial: zum einen geht es um die *professionelle Selbstkontrolle* und zum anderen ist die *hierarchische Fremdkontrolle* unter bürokratischen Strukturen präsent. Dies wird als Argument dafür gebracht, dass Soziale Arbeit sich nicht vollständig professionalisieren kann und deshalb als Semi-Profession zu gelten hat. Semi-Profession ist als Begriff in der soziologischen Literatur spät aufgetaucht und wird in Verbindung mit der Entwicklung komplexer Organisationen gebracht. Bürokratische Handlungsstrukturen haben sich so gewandelt, dass sich auch Semi-Professionen darin etablieren konnten (vgl. Dewe/Ferchhoff 1986).

Nach engen strukturtheoretischen Kriterien nach Oevermann (vgl. S. 145) muss der Sozialen Arbeit der professionelle Status verwehrt bleiben, da die Autonomie zu stark durch Vorgaben und Weisungen anderer Professionen eingeschränkt ist (JuristInnen, MedizinerInnen) und sie zudem keinen klar abgegrenzten eigenen Tätigkeitsbereich beschreiben kann – die Soziale Arbeit könne daher höchstens als Semi-Profession gelten.

„Vollen Professionen" wird sowohl von den umgebenden Organisationen wie auch von den KlientInnen der autonome Status zugeschrieben, während „Semi-Professionen" entweder klientInnenautonom oder organisationsautonom sind. MedizinerInnen sind beides, SozialarbeiterInnen sind wenig klientInnenautonom, jedoch organisationsautonom und ErzieherInnen sind schwach organisationsautonom, aber eher klientInnenautonom (vgl. Daheim 1992).

Aktuell wandert der Fokus von berufsstrukturellen Aspekten von Professionalität zu einer mehr handlungstheoretischen sowie kompetenzbezogenen Perspektive. Die tatsächlichen alltäglichen Handlungsvollzüge, konkrete problemlösende Handlungskompetenzen sollen den Ausschlag für die Zuschreibung professioneller Merkmale und Kriterien sein und weniger von traditionellen Berufen abgeleitete soziale Statusaspekte. In diesem Verständnis können auch Semi-

Professionen (wie Soziale Arbeit) durchaus „professionell" handeln, wenn die Aufgaben (im Rahmen sozialpolitischer Vorgaben) effektiv und entlang geltender beruflicher Standards erledigt werden (vgl. Heiner 2004).

Im Konzept der ‚postmodernen Sozialarbeit' wird die Orientierungslosigkeit der Sozialen Arbeit diskutiert; in der ‚Lebensweltorientierung' der Sozialen Arbeit wird ein aufklärerisches Projekt verfolgt, welches die Unterschiedlichkeit und Widersprüchlichkeit zwischen professioneller Handlungsroutine und Alltagsroutine der KlientInnen sichtbar machen soll. In der Soziologie wie in der Sozialen Arbeit selbst werden also gesellschaftstheoretische Prämissen reflektiert, welche für die Professionalisierungsdebatte hinsichtlich Autonomie, sowie Aufgaben- und Rollenklarheit relevant sind.

Soziale Arbeit versteht sich als intermediäre Instanz zwischen Individuum und Gesellschaft und vermittelt zwischen System und Lebenswelt. Diese Begriffe charakterisieren jene Grundlage, mit der Habermas die moderne Gesellschaft interpretiert (vgl. Habermas 1981). Die vermittelnde intermediäre Funktion von Sozialer Arbeit ergibt sich aus dem Prozess der ‚Rationalisierung der Lebenswelt' und dessen Folgen, die auch für die Soziale Arbeit selbst widersprüchlich sein können. Die ‚Nebenwirkungen' der Modernisierung ergeben sich aus dem ...

„...Eindringen von Formen ökonomischer und administrativer Rationalität in Handlungsbereiche, die sich der Umstellung auf die Medien Macht und Geld widersetzen, weil sie auf kulturelle Überlieferung, soziale Integration und Erziehung spezialisiert sind und auf Verständigung als Mechanismus der Handlungskoordinierung angewiesen bleiben" (Habermas 1981: 488)

Soziale Arbeit verkörpert dann aber nicht nur eine kommunikative Vermittlungsinstanz mit dem Ziel aufklärerischer Wirkung, sondern wirkt ihrerseits als koordinierender und eingrenzender Systemrahmen, der gesellschaftspolitisch zwar durchaus funktional sein kann, aber auch ebenso entmündigend auf KlientInnen wirken kann. Damit würde der Systemintegration gegenüber der Sozialintegration der Vorzug gegeben.

Soziale Arbeit sieht ihre Aufgaben und Erfolgsquoten nicht primär darin, den Status von KlientInnen von ‚hilfsbedürftig' auf ‚nicht-hilfsbedürftig' zu verändern, sondern es soll ebenso die (Selbst-) Reflexionsfähigkeit des Klientels entwickelt werden, sowohl hinsichtlich individueller als auch gesellschaftlicher und sozialer Orientierungen, um zu geeigneten subjektiven Deutungs- und Bewältigungsmustern für die alltäglichen Anforderungen zu finden. Dieses Spannungsfeld des Tätigkeitsbereiches Sozialer Arbeit zwischen *Anpassungs- und Reflexionsstrategie* ist im beruflich-autonomen Selbstverständnis theoretisch wie praktisch zu bearbeiten.

Soziale Arbeit beschäftigt sich mit mangelnder Anpassung, mit Resozialisierung; ein reflektiertes Verhältnis zu gesellschaftlichen Normen und Werten ist für die Klarheit der Berufsrolle und die Abgrenzung in der Aufgabenerfüllung notwendig. Das Verhältnis zu Auftrag gebenden Institutionen sowie zu anderen (professionellen) Berufsgruppen (und in Zukunft verstärkt zu den wachsenden Selbsthilfegruppen) ist bestimmender Teil vom (professionellen) Rollenverständnis. Der soziale Status des Berufsfeldes Soziale Arbeit ist begrenzt; professionelles Selbstverständnis ist in hohem Maße von individueller Motivation und persönlichem Engagement abhängig. Die – ebenso engagierte – wissenschaftliche Bearbeitung und Reflexion Sozialer Arbeit von den BerufsvertreterInnen selbst wie von einschlägigen Fachdisziplinen (zum Beispiel Soziologie) kann zur ‚professionellen Identität' Sozialer Arbeit beitragen.

Weiterführende Literatur:
Brem-Gräser, Luitgard (1993): Handbuch der Beratung für helfende Berufe. München: E. Reinhardt Verlag.
Böhnisch, Lothar (1979): Sozialpädagogik hat viele Gesichter. in: Betrifft: Erziehung Jg.12, Heft 9, S.22-24
Daheim, Hans-Jürgen (1992): Zum Stand der Professionssoziologie. Rekonstruktion machttheoretischer Modelle der Profession. in: Dewe, Bernd / Ferchhoff, Wilfried /

Radtke, Frank-Olaf (Hg.): Erziehen als Profession. Zur Logik professionellen Handelns in pädagogischen Feldern. Opladen: Leske+Budrich. S. 21-35

Dewe, Bernd / Ferchhoff, Wilfried (1986): De-Institutionalisierung sozialer Dienste. In: Die Mitarbeit. Zeitschrift für Gesellschafts- und Kulturpolitik. 35. Jg. Heft 4, S. 329-358

Gall, Rahel / Hitz, Rafaella (1996): Professionelle Identitäten in der Sozialarbeit. Bern: Edition Soziothek

Habermas, Jürgen (1981): Theorie des kommunikativen Handelns. Band II: Zur Kritik der funktionalistischen Vernunft. Frankfurt: Suhrkamp

Hamburger, Franz (2003): Einführung in die Sozialpädagogik. Stuttgart: Kohlhammer

Heiner, Maja (2004): Professionalität in der Sozialen Arbeit. Theoretische Konzepte, Modelle und empirische Perspektiven. Stuttgart: Kohlhammer

Kerber-Ganse, Waltraut (1984): Sozialarbeit. in: Kerber, Harald / Schmieder Arnold (Hg.)(1984): Handbuch Soziologie. Reinbek: Rowohlt. S. 500 – 503

Kleve, Heiko (1999): Postmoderne Sozialarbeit. Ein systemtheoretisch-konstruktivistischer Beitrag zur Sozialarbeitswissenschaft. Aachen: Kersting

Kurtz, Thomas (2002): Berufssoziologie. Bielefeld: Transcript Verlag

Luhmann, Niklas (1979): Formen des Helfens im Wandel gesellschaftlicher Bedingungen. in: Otto, Hans-Uwe / Schneider, Siegfried (Hg.): Gesellschaftliche Perspektiven der Sozialarbeit. Band I. Neuwied: Luchterhand

Matthes, Joachim (1979): Sozialarbeit als soziale Kontrolle. in: Otto, Hans-Uwe / Schneider, Siegfried (Hg.): Gesellschaftliche Perspektiven der Sozialarbeit. Band I. Neuwied: Luchterhand S. 107-128

Mühlum, Albert / Barhtolomeyczik, Sabine / Göpel, Eberhard (1997): Sozialarbeitswissenschaft, Pflegewissenschaft, Gesundheitswissenschaft. Freiburg: Lambertus

Müller, Carl Wolfgang (2009): Wie Helfen zum Beruf wurde. Eine Methodengeschichte der Sozialen Arbeit. Weinheim: Juventa

Stichweh, Rudolf (1992): Professionalisierung, Ausdifferenzierung von Funktionssystemen, Inklusion. Betrachtungen aus systemtheoretischer Sicht. in: Dewe, Bernd / Ferchhoff, Wilfried / Radtke, Frank-Olaf (Hg.): Erziehen als Profession. Zur Logik professionellen Handelns in pädagogischen Feldern. Opladen: Leske+Budrich. S. 36-48

Thiersch, Hans (1996): Sozialarbeitswissenschaft. Neue Herausforderungen oder Altbekanntes? in: Merten, Roland et al (Hg.). Sozialarbeitswissenschaft – Kontroversen und Perspektiven. Neuwied: Luchterhand. S.1-19

Internet:

Geser, Hans (2001): Zur Krise des Helfens in der individualisierten Gesellschaft. Zürich. http://socio.ch/health/t_geser1.html (25.4.2012)

Kleve, Heiko (2004): Sozialarbeit und Sozialpädagogik – Zur Einheit einer Unterscheidung. http://www.ibs-networld.de/index-aktuell.html (26.4.2012)

11.2. Pflege: Säkularisierung und Professionalisierung

11.2.1. Professionalisierung im Handlungsfeld „CARE": Schwierigkeiten und Ambivalenzen

,Care' ist ein Begriff, der aus der angloamerikanischen Forschung stammt und wird im deutschsprachigen Raum allgemein im Sinne von Sorgearbeit, Selbst- und Fürsorge oder Lebenssorge verwendet (u.a. Aulenbacher und Dammayr 2014; Klinger 2013; Schnabl 2005). Vielfach wird darunter die unbezahlte Arbeit und Herstellung spezifischer Dienstleistungen verstanden, wie sie großteils durch Familienmitglieder in der Sphäre des Privaten erbracht und deshalb nicht oder nur in geringfügigem Ausmaß auf dem Markt „verkauft" wird. Insbesondere sind hier Aufgaben aus der Reproduktionssphäre angesprochen, zu denen etwa die Kinderbetreuung, Pflege und Betreuung von alten oder Menschen mit gesundheitlichen und/oder körperlichen Einschränkungen, Hausarbeiten wie Kochen, Putzen, Einkaufen usw. zählen. Gegenwärtig werden alle die genannten Tätigkeiten zu weiten Anteilen von Frauen und zumeist unentgeltlich erbracht (Brückner 2010; Kammer für Arbeiter und Angestellte für Oberösterreich 2012: 22). Seit einiger Zeit ist der Care-Bereich zu einem international und interdisziplinär viel beachtetem Forschungsfeld angewachsen, was sich besonders vor jenem Hintergrund erklärt, dass die Sorge für sich und für andere im Zuge des ökonomischen und sozialstrukturellen Wandels der Gesellschaft und seiner politischen Bearbeitung zusehends in die Krise geraten ist und sich insofern die Frage nach zukunftsgerichteten Lösungen in diesen Bereichen neu stellt (u.a. Aulenbacher, Riegraf und Theobald 2014). Dies wiederum ist durch unterschiedliche Einflussfaktoren wie sie der demografische Wandel, „Zweitrundeneffekte" wirtschaftlicher Krisen, Frauenerwerbstätigkeit, Sozialstrukturwandel und Wandel in den Familien- und Lebensformen etc. darstellen, bedingt.

Wie sich solche derartige Veränderungen mit Blick auf Professionalisierung stellen, wird hier entlang der Bereiche der Sozialen Arbeit und der Pflege einführend dargestellt.

Der Pflegeberuf ist im Hinblick auf Professionalisierung und Akademisierung seit mehreren Jahren in Bewegung gekommen; allerdings – und dies kann bereits an dieser Stelle angemerkt werden – gehen diese Entwicklungen auch mit manchen Widersprüchlichkeiten und Spannungen einher. Da es sich hierbei um ein Berufsfeld handelt, welches bislang als semi-professionell etikettiert wurde (Gottschall 2008) und insofern für die Beobachtung von Professionalisierungsbestrebungen und den eingeleiteten Maßnahmen ein besonders interessantes Beispiel darstellt, scheint eine differenzierte Auseinandersetzung besonders lohnenswert.

„Einfach hatte es die Pflegewissenschaft in der Bundesrepublik *[ähnliches gilt für Österreich; die Verf.]* nie. Das Pflegepersonal braucht fundierte praktische Kenntnisse und kein Studium – sagten Ärzte. Gute Pfleger lernen am Krankenbett und nicht im Hörsaal – sagten hingegen viele Pfleger. Wozu braucht man zum Patientenwaschen ein Diplom? – fragten all die anderen Kritiker, als sich die Pflegewissenschaft vor gut 15 Jahren an den Hochschulen etablierte" (Büchse 2009: 93). Diese Statements aus „Die Zeit" bringen bereits unterschiedliche Konfliktfelder im Hinblick auf Professionalisierung zum Ausdruck. Dabei ist sie aus unterschiedlichen historisch gewachsenen, kontextuellen Rahmenbedingungen ohnehin mit erschwerenden Umständen konfrontiert, die im Folgenden kurz vorgestellt werden:

Die *Geschichte der Heilkunde* verdeutlicht, dass sich die Schwierigkeiten für Professionalisierungsbemühungen bereits früh herausbildeten und sich besonders in der Aufspaltung der Heilkunde (im beginnenden 19.Jhdt) „in eine männliche, naturwissenschaftlich orientierte ärztliche Domäne und in eine weibliche pflegerische Domäne [begründen]. Letztere wurde vor allem in ihrer Funktion als Zu- und Nacharbeit der ärztlichen Domäne entwickelt" (Bartholomeyczik 2010: 147). Während sich die empirisch naturwissenschaftliche Orientierung an den Universitäten durchsetzen konnte, verloren andere Heilberufe zugunsten der universitär ausgebildeten Ärzteschaft an Bedeutung. Sie wurden als unwichtig erachtet und mit ihnen auch die Subjektivität und Wahrnehmung der kranken Menschen. Diese lange Zeit prägende Haltung zeigt sich sehr ausdrucksvoll in einem Zitat der Rot-Kreuz-Oberin Clementine von Wallmenich aus dem Jahr 1902, die sich zur Forderung einer mehrjährigen Berufsausbildung für Pflege folgendermaßen äußert: „In allen ärztlichen Angelegenheiten müssen sie (die Pflegerinnen) sich den Anordnungen der Ärzte ohne Kritik fügen und ihnen gehorchen [...]. Gerade vermöge ihrer Berufsausbildung müssen besonders die Schwestern die Hoheit der Wissenschaft begreifen und einsehen, dass sie selbst zu wissenschaftlichem Urteil nicht fähig sind" (Wallmenich zit. nach Bischoff / Wanner in: Mayer 2007: 44).

Damit wurde die Teilung in eine heilende Medizin mit angeblich objektiver Wahrheit und eine fürsorgende Pflege mit irrelevantem Alltagsverständnis grundgelegt. Die Pflegerinnen hatten im Hintergrund der Ärzte als bloße Zuarbeiterinnen und quasi in einer Hausfrauenfunktion zu wirken (Bartholomeyczik 2010: 148). Außerdem trug (trägt) die „Geschlechtsspezifik des Pflegeberufs" nicht unwesentlich dazu bei, dass die Professionalisierung des Pflegeberufs nur langsam gelingen mag (ebd. 148). Einen besonderen Beitrag zu dieser Thematik leisten die sozialkonstruktivistischen Studien Angelika Wetterers, die aufzeigt, wie Geschlecht, Hierarchisierungen und Bewertungen in Institutionalisierungs- und Interaktionsprozessen sowie über (berufliche) Arbeitsteilungen und Segregationen konstruiert und reproduziert werden (Wetterer 1995, 2002).

Aus den *Inhalten des Pflegeberufs* ergeben sich etliche weitere Besonderheiten: So ist etwa im (Selbst-) Verständnis von guter Fürsorge und Pflege nicht immer gleich erkennbar, welche Kriterien sie als gute Pflege qualifiziert und was sie von „Allerweltsarbeit" unterscheidet. Besonders was die Erfordernisse von Zuwendung, Mitgefühl, Menschenfreundlichkeit, Solidarität, Empathie usw. betrifft, lassen sich diese Dimensionen nicht oder nur wenig operationalisieren, weshalb sie im „Pflege-Controlling" unberücksichtigt bleiben und wodurch außerdem dieses Verständnis von Pflegequalität unter dem Einfluss neuer Managementkonzepte und von Kostensenkungsdruck in die Defensive gerät (Senghaas-Knobloch 2008: 231 f.). In diesem Kontext stellt die Spannung von emotionaler Nähe zu den PatientInnen und professioneller Distanz und Abgrenzung eine ‚Paradoxie' professionellen Handelns dar. „Der Professionelle kann sich ihnen nicht entziehen, sondern muss sie permanent abwägen und ausbalancieren" (Pfadenhauer und Sander 2010: 368).

In diesem Zusammenhang sei schließlich auf das den Sorge- und Pflegeberufen eigene und für den Beruf notwendige Merkmal des *„Ethos von Fürsorge" („ethics of care")* verwiesen. Dieser, in die deutschsprachigen Diskussionen eher neu eingegangene und insofern noch weniger geläufige Begriff der „Fürsorgeethik" stammt aus dem angloamerikanischen Sprachraum und fand dort besonders in Ansätzen feministischer Ethik, Pädagogik, Psychologie und Philosophie Aufnahme. (Als für diese Diskussion wichtige Referenzautorinnen lassen sich etwa Carol Gilligan, Nel Noddings, Joan Tronto, Elisabeth Conradi etc. nennen). Dieses, für Sorge- und Pflegearbeit spezifische Ethos gilt als ein für die Profession notwendiges Merkmal, impliziert jedoch eine Art von Wissen, welchem oft nur wenig Anerkennung zuteil wird. Das mag daran liegen, dass sich hierin kein objektiv messbares Wissen ausdrückt und zudem Aspekte der Feminisierung des Pflegeberufs eine Rolle spielen (Aulenbacher und Dammayr 2014; Schnabl 2005). Da jedoch die meisten Gesundheitseinrichtungen an traditioneller Schulmedizin ausgerichtet sind, orientieren sich die Auffassungen im Hinblick auf das Wissen/auf Wissensbestände und Handlungspraktiken (Diagnostik, Therapie) sowie das eigene fachliche Selbstverständnis zumeist an sehr instrumentellen und rationalistischen Vorstellungen.

Fürsorgeethik meint jedoch darüber hinaus auch die (notwendige) Fähigkeit, jene Asymmetrie wahrzunehmen, die zwischen Pflegenden und Betreuungsbedürftigen besteht, da fürsorgliche Praxis auf die Bedürfnisse von Menschen reagiert. Darin liegt ein besonderes Verständnis von Reziprozität wie auch eine spezielle Rationalität. Im positiven Sinne lassen sich darunter Dimensionen der Pflege und Obhut, der Fürsorge und Betreuung sowie der Achtsamkeit, der Zuwendung und Vorsicht verstehen (Kohlen und Kumbruck 2008: 3).

Dass also Fürsorgeethik nicht in einem instrumentellen Verständnisses von Zeitnutzung aufgeht, sondern einer „geduldigen" Haltung bedarf, die sich auf die meist individuellen Gegebenheiten leibseelischer Existenz einzustellen vermag (ebd.), verdeutlicht bereits erste Schwierigkeiten von Professionalisierungsbestrebungen. Insofern der Pflegeberuf zudem feminisiert ist und die Kategorie Geschlecht im Hinblick auf Arbeitsteilungen und ihrer jeweiligen Bewertung (einhergehend mit den Inhalten wie hier, mit der als weiblich konnotierten Fürsorgeethik) stets eine wesentliche Rolle spielt, hat einen erheblichen Einfluss auf die Charakterisierung der Pflege als „semi-professionell". Neben dem oben angesprochenen Subjekt- und Interaktionscharakter von Pflege (Dunkel und Weihrich 2010), welcher Professionalisierung im Sinne von Standardisierung und Verwissenschaftlichung vielfach erschwert und der Gegebenheit, dass Pflegearbeit zudem mehr prozess- denn ergebnisorientiert zu sein hat, bestehen etliche weitere Schwierigkeiten: Diese resultieren etwa auch dem teils *uneinheitlichem Berufsverständnis* und insofern solche Bemühungen für manche Pflegepersonen eine nur marginale Rolle spielen, dass die Interessen zersplittert sind, oftmals eine eher geringe Fähigkeit zur Solidarisierung vorhanden ist und es Divergenzen zwischen den einzelnen Berufsgruppen gibt (Heller 1993: 62).[2]

Zudem tragen die hohen Anteile atypischer Beschäftigung und das vielfach diffuse, oft nicht klar beschriebene, sondern als „allumfassend" gültige und nur wenig spezifische Aufgabenspektrum, zu Schwierigkeiten in den Professionalisierungsbemühungen bei (Bartholomeyczik 2010: 149). Eine ambivalente Sichtweise auf Professionalisierung haben teils auch jene Wohlfahrtseinrichtungen, die mit hoher Beteiligung Ehrenamtlicher ihre Einrichtung führen. Sie befürchten, dass die individuelle Motivation zum Helfen, zur Solidarität und ehrenamtlichen Engagement verloren geht und eine „Kluft" zwischen Professionellen und „LaienmitarbeiterInnen" entstehen könnte. Niklas

---

[2] Dass mittlerweile zunehmend auch Solidarisierungsprozesse zu beobachten sind, davon zeugen unterschiedliche Care-Proteste und Flashmobs, wie etwa „Pflege am Boden" oder „Care.Macht.Mehr". Die oft heterogenen Gruppen eint besonders die Kritik an einer primär ökonomischen Orientierung von Carearbeit und der Kampf um ihre Aufwertung (Aulenbacher, Dammayr und Decieux 2015).

Luhmann spricht in diesem Zusammenhang von einer „Säkularisierung des Helfens" und dass es mit dem „Pathos des Helfens" (Luhmann zit. in Lechner 2007: 3) vorbei sei.

Dass die *Ausbildungsstätten für Pflege eine Sonderstellung im Bildungssystem* einnehmen bzw. nicht dem Bildungsministerium unterstehen, birgt ebenfalls Hindernisse für Professionalisierungs- und Akademisierungsprozesse: Insofern Gesundheits- und Krankenpflegeschulen zumeist an die jeweiligen Trägerschaften von Krankenhäusern angegliedert sind, kommt es zu teils unterschiedlichen Ausbildungsstandards (verschiedene Schwerpunktsetzungen je nach Krankenhaus, fehlende Verankerung im Gesamtbildungswesen, da der Zuständigkeitsbereich im Sozial- und Gesundheitsbereich liegt). Zudem bilden viele Pflegeschulen – aus Kostengründen des Klinikums – oft nur jene Anzahl Pflegender aus, die den eigenen Bedarf sichert; Alten- und Pflegeheime sind u.a. aus diesen Gründen oft mit qualifiziertem Personal unterversorgt, weshalb dort oft geringer ausgebildete Kräfte eingesetzt werden (Hable 2010). In diesem Zusammenhang ist außerdem zu erwähnen, dass die Lehrenden in den Pflegeschulen nicht immer hochschulisch qualifizierte Pflegepersonen waren/sind und dort außerdem Personen anderer Berufsgruppen wie insbesondere MedizinerInnen lehr(t)en, deren Qualifikationsanforderungen sowohl fachlich als auch pädagogisch-didaktisch nicht immer geregelt sind/waren. Diese haben/hatten vielfach nur geringe Mindestanforderungen zu erfüllen.

Insgesamt kann festgehalten werden, dass zwar eigenständige Bereiche der Pflegetätigkeit existieren, diese aber noch wenig geregelt sind. Insofern gibt es kaum ein Monopol auf (staatlich/gesetzlich) geschützte Aufgaben und festgelegte Tätigkeitsbereiche (Jurisdiktion), sogenannte „Vorbehaltsaufgaben", für die Pflege; diese sind stets für „Konkurrenz" offen. Das zeigt sich besonders an Diskussionen darüber, wer für die Pflegegeldeinstufung oder für den Bereich des Wundmanagements zuständig ist. „Berufliche Pflege ist somit substituierbar und der Konkurrenz anderer Berufe ausgesetzt. Demzufolge kann und wird Pflege in steigendem Umfang auch von ‚Laien' und ‚Angelernten' durchgeführt (u.a. aufgrund der ökonomischen Situation in den Versorgungseinrichtungen; ‚skill-mix' heißt das diesbezügliche Zauberwort), ein Umstand, der nur schwerlich mit einem professionellen Anspruch oder Status zu vereinbaren ist [...]" (Kälble 2005: 228). Da darüber hinaus nur geringe Karriere- und Aufstiegschancen sowie eine geringe gesellschaftliche Anerkennung zu erwarten sind, rangieren die Pflegeberufe weiterhin im unteren Bereich von Berufshierarchien und ihnen „haftet noch immer das Merkmal einer karitativ-fürsorglichen, vorrangig medizinorientierten Tätigkeit an" (Rieder zit. in ebd. 228).

All diese Aspekte trugen und tragen teils nach wie vor dazu bei, dass der Pflegeberuf lange Zeit keine akademische Ausbildung bzw. Anerkennung erfahren hat und deshalb bis heute vielfach nur als „semiprofessionell" gilt. Allerdings lassen sich seit nunmehr einigen Jahren bzw. Jahrzehnten verstärkt Bemühungen dahingehend wahrnehmen, den Pflegeberuf einer Professionalisierung und Akademisierung und damit einer adäquateren gesellschaftlichen Anerkennung wie auch (finanziellen) Aufwertung zuzuführen. Diese Entwicklungen werden unter Berücksichtigung jener Überlegungen, wie sie von Verantwortlichen des Pflegebereichs im Hinblick auf professionssoziologische Ansätze zu diskutieren und als vordringlich einzuschätzen sind, im Folgenden kurz skizziert.

11.2.2. Historische Entwicklung von Professionalisierung und Akademisierung in Österreich: Einige Eckdaten

Österreich ist, was die Akademisierung von Pflege anlangt ein Nachzügler im internationalen Vergleich und das derzeit bestehende Ausbildungssystem zum Gehobenen Dienst für die Gesundheits- und Krankenpflege ist noch nicht in vollem Maße in das europäische System integrierbar. Während sich in den USA oder in Großbritannien bereits vor bis zu fast 100 Jahren Anfänge in der Pflegeforschung und in Sachen Professionalisierung gezeigt haben, zeigte sich in Österreich lange Zeit ein „Verhaftetbleiben am klassischen Bild der ‚mütterlichen Pflege'" (Heller 1993: 62).

Die letzten 10 bis 15 Jahre sind allerdings von Publikationen zum Thema, von einer durch berufspolitische Interessen geprägten Debatte sowie von einer rasanten Entwicklung im Ausbau von Studiengängen und Fachhochschulen für Pflege gekennzeichnet. Dies verdeutlicht, dass die Pflege gegenwärtig durch einen erheblichen Wandel herausgefordert wird. Um einen Überblick über die facettenreichen Aspekte und um eine Einschätzung über den Stellenwert von Professionalisierung zu bekommen, soll hier kurzer historischer Abriss dieser Bemühungen vorgestellt werden[3]:

Die Pflege als Wissenschaft hat eine noch recht kurze Vergangenheit. Ein Grundstein für ihre Entwicklung kann in den Pionierarbeiten der britischen Krankenpflegerin und Statistikerin Florence Nightingale (1820-1910) gesehen werden, die in der Mitte des 19. Jahrhunderts den Grundstein in Richtung Wissenschaft legte: *„Sie suchte als Erste nach wissenschaftlichen Beweisen für Phänomene, die sie bei der Pflege britischer Soldaten im Krimkrieg beobachtete, und erkannte, dass die genaue Aufzeichnung und Messung der Ergebnisse pflegerischer und medizinischer Betreuung von ungeheurer Wichtigkeit für die Entwicklung effizienter Betreuung und Behandlung kranker Menschen waren"* (Mayer 2010: 41).

Für Professionalisierungsbestrebungen ist die Etablierung von Pflege in der universitären Landschaft äußerst bedeutsam. Als ein gelungener Schritt in dieser Hinsicht kann auf die Etablierung eines Lehrstuhls für „Krankenpflege und Gesundheitspflege" zu Beginn des 20. Jahrhunderts in den USA an der Columbia University in New York verwiesen werden. Diesen hatte die Krankenschwester Adelaide Nutting (Berufung 1907) inne. Erste fachwissenschaftliche Artikel wurden ab den 1920er Jahren ebenfalls in Amerika publiziert und 1952 erschien die erste wissenschaftliche Zeitschrift „Nursing Research". In Europa

---

[3] Einen entsprechenden Überblick über die momentanen unterschiedlichen Qualifizierungs- und Studienmöglichkeiten im Fachbereich Pflege und Gesundheit am tertiären Bildungssektor (Studiengänge, Fachhochschulen etc.) geben Deutemeyer, Melanie / Thiekötter, Andrea (2007): Studienführer Pflege und Gesundheit in Österreich. Ein Beitrag zur Professionalisierung durch Akademisierung, Wien: Facultas.

konnte die Pflege erst deutlich später eine solche „wissenschaftliche Karriere" verzeichnen, wobei Großbritannien hier eine Vorreiterrolle spielte – mit der österreichischen Pionierin Lisbeth Hockey. Österreich selbst hingegen bildet – wie eingangs erwähnt – in dieser Entwicklung im europäischen Vergleich eher ein Schlusslicht: Erste Bemühungen sind hier ab 1970 zu verzeichnen; diese basierten jedoch zunächst auf Einzelinitiativen. Erst mit Einführung des (neuen) Berufsgesetzes für Gesundheits- und Krankenpflege im Jahr 1997, welches der Pflege einen autonomen Handlungsraum zugesteht, erfahren die Bemühungen einen nachhaltigen Anstoß[4]. Ebenfalls hat die Einführung des Individuellen Diplomstudiums für Pflegewissenschaften an der Universität Wien im Jahr (WS) 1999/2000 den Weg zur Akademisierung wesentlich vorbereitet und geprägt[5] (ebd. 41 f.). Seither erfahren pflegespezifische Lehrgänge einen beachtlichen Aufschwung (es folgte 2004 die Gründung eines Pflegewissenschaftsstudiums an der Medizinischen Universität Graz und an der privaten Universität UMIT in Hall/Tirol[6],

---

[4] Wesentliche Änderungen bzw. Fortschritte waren die Definition eines Berufsbildes und die Bestimmung von Berufsrechten und -pflichten. Dahingehend lautet der §11 des GuKG „(1) Der gehobene Dienst für Gesundheits- und Krankenpflege ist der pflegerische Teil der gesundheitsfördernden, präventiven, diagnostischen, therapeutischen und rehabilitativen Maßnahmen zur Erhaltung oder Wiederherstellung der Gesundheit und zur Verhütung von Krankheiten" (ÖGKV 2008).

[5] Dieses Studium konnte einen rasanten Anstieg an Studierenden verzeichnen: von 76 NeuinskripientInnen im Jahr 1999/2000 auf 440 NeuinskripientInnen im Jahr 2006/2007, was zu einer Zahl von über 1000 insgesamt Studierenden im Jahr 2006/07 führte (Seidl 2010: 243).

[6] Das Ziel des Bakkalaureatsstudiums ist es, die Studierenden auf Praxisfelder des intra- und extramuralen Pflegebereiches, auf Unterrichts- und Lehrtätigkeiten sowie auf Aufgaben des Managements vorzubereiten. Dazu fokussiert es besonders auf die evidenzbasierte Weiterentwicklung der Pflegepraxis. Den Studienschwerpunkten (a) Pflegepädagogik, (b) Pflegemanagement und (c) Evidenzbasierte Pflegepraxis steht die Vermittlung der Lehr- und Managementkompetenz sowie pflegewissenschaftliche Kompetenz im Vordergrund (UMIT o.J./a; Deutemeyer und Thiekötter 2007: 110 ff.). Der Fächerkanon wurde dementsprechend konzipiert und Gesundheits- und Krankenpflege, Gerontologie, Kommunikation, Wissenschaftstheorie, Pflegeforschung, Gesundheitswissenschaften, Public Health etc. werden ebenso angeboten wie Organisation und Führen, Recht und Nursing Informatics oder Betriebswirtschaftslehre (letzteres beson-

sowie 2007 an der privaten Universität PMU in Salzburg) und die „Palette reicht von Pflegemanagement über Gesundheitswissenschaft bis zu Public Health – so unterschiedlich die Bezeichnungen, so unterschiedlich sind die Inhalte. Je nach Ausrichtung stehen entweder Pädagogik, Management oder Pflegewissenschaft im Mittelpunkt" (Büchse 2009: 93; dazu UMIT o.J./a). In diesem Zusammenhang wird oft der Begriff Akademisierung verwendet, welcher allerdings nicht immer präzise erscheint, da diese zwei unterschiedliche Aspekte anspricht: „zum einen die Etablierung der Ausbildung auf tertiärem Niveau und zum anderen die Tatsache, dass das berufliche Wissen ein akademisches wird, dass Pflege erforschbar und wissenschaftlich erfassbar wird" (Mayer 2010: 42).

Aus Deutschland wird berichtet, dass mit zunehmender Ökonomisierung des Gesundheitsbereichs die Pflege insgesamt unter Druck kommt und deshalb besonders Pflegemanagement-Studiengänge einen Aufschwung erleben, etwa um Leitungskräfte für Krankenhäuser und Pflegeeinrichtungen auszubilden. Insofern gilt der Umstand, dass die personenbezogene und klientInnennahe Pflege vielfach noch von der akademischen Ausbildung ausgeschlossen ist, als mangelhaft. Deshalb wird in aktuellen Debatten ihre Integration gefordert (Pflegeforschung, Pflegewissenschaft), da dies wiederum einen wichtigen Schritt in Richtung Selbstständigkeit, wissenschaftliche Fundierung und Professionalisierung gesehen wird (Büchse 2010: 93). Denn *mit der Entwicklung der Pflegewissenschaft hat sich für die Pflege eine neue Türe der Akzeptanz und der Untermauerung ihres Tuns aufgetan: eine Pflegepraxis, die auf Forschungserkenntnissen basiert. Mit der Adaption des Konzeptes der Evidence Based Practise (EBP) scheint sich zum einen eine Möglichkeit eröffnet zu haben, das pflegerische Tun*

---

ders im Rahmen des Studienschwerpunkts Management) (ebd. 111). Im Rahmen des Master-Studiums für Pflegewissenschaften werden folgende Studienschwerpunkte angeboten: (a) Geriatrisch/gerontologische Pflege- und Forschungsexpertise, (b) Pflegepädagogik, (c) Pflegemanagement, (d) Pflegeinformatik" (UMIT [o.J./d]). **Diese können mittlerweile wahlweise mit dem Master of Science in Nursing (MScN)** abgeschlossen werden.

---

nun endlich auf eine nachweisbare, beweisbare und überprüfbare Basis zu stellen, zum anderen auch die Möglichkeit der Aufwertung bislang ,unwissenschaftlicher' pflegerischer zu einer wissenschaftlichen Tätigkeit, um so mit der Medizin vermeintlich gleich zu ziehen" (Mayer 2010: 43).

Doch dahingehend bedarf es noch weiterer Maßnahmen um eine selbstständige Pflegeforschung etablieren zu können. Vorreiterinnen in Sachen Pflegewissenschaft und -forschung sprachen von ihren „Visionen", wonach es wünschenswert wäre, dass bis ins Jahr 2020 etwa 25 % bis wenigstens 10 % aller Pflegekräfte über eine akademische Ausbildung verfügten (Seidl 1994: 215). In Deutschland liegen die Zahlen an der „unteren Visionsgrenze"; von den 800 000 Pflegekräften haben etwa 10 % einen pflegewissenschaftlichen Studiengang absolviert. Doch der Anreiz dazu ist oft nur gering, da es an entsprechender Entlohnung fehlt (Büchse 2009: 93). Demnach wäre noch Bedarf gegeben, um diese bei Hauspflegediensten, in Sozialstationen, der Heimpflege, in der Fortbildung einzusetzen. Auch die medizinischen Dienste von Krankenkassen und in Sozialgerichten bedürfen der pflegewissenschaftlichen Expertise zur Begutachtungen und zur Qualitätssicherung (ebd.: 93).

Dieser „Schwachstelle" versucht man u.a. damit zu begegnen, dass die traditionellen Gesundheits- und Krankenpflegeschulen zusehends als pflegewissenschaftliche Lehrkrankenhäuser geführt werden, wie dies mittlerweile in den meisten europäischen Ländern möglich ist. Gemeint sind sogenannte Kombinationsstudien wie das „2in1 Modell Pflege", welches etwa von der Gesundheits- und Krankenpflegeschule Wels gemeinsam mit der Paracelsus Medizinische Privatuniversität Salzburg angeboten wird. Im Rahmen dieser Ausbildung ist es möglich, in sieben Semestern (Matura ist Voraussetzung) einen universitären Abschluss (Bachelor in Science of Nursing = Pflegewissenschaft) bei gleichzeitiger Absolvierung einer praktischen Ausbildung (Diplom zur/m Gesundheits- und Krankenpfleger/in) zu erlangen.

Als Inhalte werden sowohl pflegerische Tätigkeiten in allgemeiner und spezieller Pflege, Basiswissen in Medizin und Public Health aber auch in Statistik und wissenschaftlichem Arbeiten vermittelt. Dies soll zur Erarbeitung neuer Versorgungs-, Beratungs- und Pflegekonzepte befähigen. Die praktische Ausbildung umfasst 2 300 Stunden und ist mit einer Möglichkeit zum Auslandsstudium an Nursing Schools etwa in Jacksonville (USA) oder in Glasgow (Schottland) verbunden. Damit zeichnet sich dieses Modell nicht nur durch ein allgemein Höheres Bildungsniveau aus, es ermöglicht außerdem den Zugang zur (akademischen) Weiterbildung und verbindet Wissenschaft, Forschung und pflegerischer Praxis miteinander (Lazarus 2009: 2 ff.).

Ein weiterer Schritt in Richtung Akademisierung stellt derzeit die aktuelle Novelle des Gesundheits- und Krankenpflegegesetzes (GuKG) dar, die eine umfassende Reform der Gesundheits- und Krankenpflegeberufe vorsieht. Darin ist für den gehobenen Dienst eine akademische Ausbildung vorgesehen, die bis spätestens 2024 gänzlich an Fachhochschulen überführt wird. Dies gilt nicht für die weiteren, ebenfalls neu strukturierten Berufsbilder der Pflegefachassistenz und Pflegeassistenz; für sie ist eine zweijährige bzw. einjährige Ausbildung vorgesehen, die weiterhin an Krankenpflegeschulen vermittelt wird (siehe: https://www.parlament.gv.at/PAKT/VHG/XXV/ME/ME_00143/index.shtml).

Betrachtet man diese Stationen bzw. die Verlaufsgeschichte der Entwicklung der Akademisierung von Pflege so lassen sich mit Blick auf professionssoziologische Ansätze resümierend folgende Errungenschaften herausstellen: In machttheoretischer Perspektive konnte durch die Verwissenschaftlichung und Akademisierung, ein Zugewinn an Autonomie und an Instanzen zur Kontrolle des berufseigenen „abstract knowledges" erreicht werden.

Eine Instanz zur „control of technique" ist im 1997 verabschiedeten Gesundheits- und Krankenpflegegesetz zu sehen, in dem neben dem mitverantwortlichen und dem interdisziplinären Bereich erstmals ein für Pflege eigenständiger bzw. eigenverantwortlicher Bereich definiert wurde (Deutemeyer und Thiekötter 2007, 18 ff). Ein weiteres Beispiel für die Gewinnung von Handlungsautonomie ist am Beispiel der Gutachtertätigkeit zur Pflegegeldeinstufung erkennen: Als Teilerfolg dieses Bemühens ist die Ermöglichung der Ein- bzw. Höherstufung bei einem Pflegebedarf ab Stufe 4 durch den Gehobenen Dienst für GuKP, welche seit 1.1.2012 erfolgen kann, zu nennen (ÖGKV 2011).

11.2.3. Exkurs: Pflegeberufe im Spannungsfeld von Professionalisierung und Ökonomisierung

So begrüßenswert einige der Professionalisierungs- und Akademisierungsbemühungen und deren Errungenschaften in Richtung Aufwertung des Pflegeberufes zu erachten sind, so gilt es dennoch einen differenzierten Blick dafür zu haben, inwiefern manche dieser Entwicklungen durch Prozesse der Ökonomisierung angestoßen wurden und inwiefern hier einerseits gleichzeitig verlaufende Prozesse von Professionalisierung und Deprofessionalisierung im Spiel sind und andererseits (und trotz des Emanzipationsprozesses aus Abhängigkeiten der Medizin) dadurch auch neue Abhängigkeiten zur Ökonomie entstanden sind (vgl. Krampe 2009).

Seit nunmehr etlichen Jahren hat die zunehmende Ökonomisierung die Bereiche der Pflege- und Sorgearbeit auf unterschiedliche Weise herausgefordert und es verändern sich die handlungsleitenden Orientierungen dementsprechend in Richtung kostensparendes, effizientes Denken (und Pflegen) und in Richtung managerielle Organisation. Dies geht insofern mit Spannungen einher, als die Anforderungen der Ökonomie, vor allem der Betriebswirtschaft, im Pflegebereich auf davon unterschiedliche Inhalte und Logiken treffen, welche sich einem derart verrechenbaren und standardisierbaren Denken entziehen (u.a. Aulenbacher und Dammayr 2014). Dies wird besonders dort evident, wo es sich um Dimensionen einer „Ethik der Fürsorge" handelt.

Insofern diese Fürsorgeethik ein wesentlicher (wenngleich auch wie erwähnt vielfach zu gering geschätzter) Bestandteil der professionellen Identität von Pflegeberufen ist, betreffen solche Entwicklungen auch den Bereich der Profession bzw. die Professionalisierungsbestrebungen erheblich. Diese wurden zum Teil durch Ökonomisierung mitangestoßen, was sich bspw. an der Etablierung und Ausrichtung von Studiengängen für Pflegemanagement, Pflegewissenschaften zeigt.

Umgekehrt kommt es allerdings in einigen Bereichen der Pflegearbeit – und zwar vielfach in der konkreten Pflegepraxis – zu Tendenzen einer Deprofessionalisierung; dies vor allem in den Bereichen der Langzeit- und Altenpflege, wo oftmals (nicht zuletzt aus Gründen der Finanzierbarkeit wie aber auch aufgrund von Personalmangel und Rekrutierungsschwierigkeiten) ein formal geringer qualifiziertes Personal zum Einsatz kommt, dem man per Gesetz (Gesundheitsberufsänderungsgesetz, Hausbetreuungsgesetz) breitere Aufgabenbereiche überträgt.

Soweit ein abschließender Hinweis zu gegenwärtig und gleichzeitig verlaufenden Prozessen von Professionalisierung und Deprofessionalisierung, welche als Effekte gegenwärtiger Umstrukturierungsprozesse betrachtet werden können. Einige weitere interessante Veränderungen sind zu beobachten, die allerdings hier nicht weiter ausgeführt werden, sondern deren Betrachtung sich – wie einige der oben skizzierten Ausschnitte ebenfalls – für eine weitergehende Auseinandersetzung im Rahmen eigener Vertiefungen lohnen.

Weiterführende Literatur
Bollinger, Heinrich; Gerlach, Anke; Pfadenhauer, Michaela (Hg.) (2005): Gesundheitsberufe im Wandel. Soziologische Beobachtungen und Interpretationen. Frankfurt am Main: Mabuse.
Dörge, Christine (2009): Professionelles Pflegehandeln im Alltag. Vision oder Wirklichkeit?: Mabuse.
Fischer, Ute Luise (2010): „Der Bäcker backt, der Maler malt, der Pfleger ...“ – Soziologische Überlegungen zum Zusammenhang von Professionalität und Wertschätzung in der Kranken- und Altenpflege; in: Arbeit, 19, 4, 239-252.
Kuhlmann, Ellen (2003): Modernisierung der Professionen. Begegnungen zwischen Idealtypen und Hybriden am Beispiel der Medizin, in: dies. / Betzelt, Birgit (Hg.): Geschlechterverhältnisse im Dienstleistungssektor. Dynamiken, Differenzierungen und neue Horizonte, Baden-Baden: Nomos, 51-64.
Rabe-Kleberg, Ursula (1996): Professionalität und Geschlechterverhältnis. Oder: Was ist »semi« an traditionellen Frauenberufen?, in: Arno Combe, Werner Helsper (Hg.): Pädagogische Professionalität. Untersuchungen zum Typus pädagogischen Handelns. Frankfurt, 276-303.

Kreutzer, Susanne (2010): Transformationen pflegerischen Handelns. Institutionelle Kontexte und soziale Praxis vom 19. bis 21. Jahrhundert. Göttingen: Vandenhoeck & Ruprecht GmbH & Company KG.

Kumbruck, Christel; Rumpf, Mechthild; Senghaas-Knobloch, Eva (2010): Unsichtbare Pflegearbeit. Fürsorgliche Praxis auf der Suche nach Anerkennung. Studien zur Pflege 3. Mit einem Beitrag von Ute Gerhard. Münster: Lit [Protestantische Impulse für Gesellschaft und Kirche 10, 10].

Pundt, Johanne (2006): Professionalisierung im Gesundheitswesen. Positionen - Potentiale - Perspektiven. Bern: Hans Huber.

Sander, Kirsten (2009): Profession und Geschlecht im Krankenhaus: Soziale Praxis der Zusammenarbeit von Pflege und Medizin. Konstanz: UVK.

Schmidbaur, Marianne (2002): Vom "Lazaruskreuz" zu "Pflege aktuell". Professionalisierungs-diskurse in der deutschen Krankenpflege 1903 - 2000. Königstein: Helmer.

Literaturverweise Kap. 7 bis 9:

Becker, Rolf (2009): Bildungssoziologie - Was sie ist, was sie will, was sie kann. In: Rolf Becker (Hg.): Lehrbuch der Bildungssoziologie. Wiesbaden: VS, S. 9–34.

Becker, Rolf; Hadjar, Andreas (2009): Meritokratie - Zur gesellschaftlichen Legitimation ungleicher Bildungs-, Erwerbs- und Einkommenschancen in modernen Gesellschaften. In: Rolf Becker (Hg.): Lehrbuch der Bildungssoziologie. Wiesbaden: VS, S. 35–60.

Bourdieu, Pierre (1982): Die feinen Unterschiede. Kritik der gesellschaftlichen Urteilskraft. Frankfurt am Main: Suhrkamp.

Bourdieu, Pierre (1988): Homo academicus. Frankfurt am Main: Suhrkamp.

Bourdieu, Pierre (2001): Wie die Kultur zum Bauern kommt. Über Bildung, Schule und Politik. Hg. von Margareta Steinrücke. Hamburg: VSA (Schriften zu Politik & Kultur, 4).

Bourdieu, Pierre; Boltanski, Luc; de Saint Martin, Monique; Maldidier-Pargamin, Pascale (1981): Titel und Stelle. Über die Reproduktion sozialer Macht. Frankfurt am Main: Europäische Verlagsanstalt.

Brater, Michael (2010): Berufliche Bildung. In: Fritz Böhle, G. Günter Voß und Günther Wachtler (Hg.): Handbuch Arbeitssoziologie. Wiesbaden: VS, S. 805–840.

Bremer, Helmut (2007): Soziale Milieus, Habitus und Lernen. Zur sozialen Selektivität des Bildungswesens am Beispiel der Weiterbildung. Weinheim, München: Juventa (Bildungssoziologische Beiträge).

Demszky von der Hagen, Alma; Voß, G. Günter (2010): Beruf und Profession. In: Fritz Böhle, G. Günter Voß und Günther Wachtler (Hg.): Handbuch Arbeitssoziologie. Wiesbaden: VS, S. 751–804.

Geißler, Rainer (2006): Die Sozialstruktur Deutschlands: Zur gesellschaftlichen Entwicklung mit einer Bilanz zur Vereinigung. 4. Aufl. Wiesbaden: VS Verlag.

Hartmann, Michael (2002): Leistung oder Habitus? Das Leistungsprinzip und die soziale Offenheit der deutschen Wirtschaftselite. In: Bittlingmayer, Uwe / Eickelpasch, Rolf / Kastner, Jens / Rademacher, Claudia (Hg.): Theorie als Kampf? Zur politischen Soziologie Pierre Bourdieus. Opladen: Leske + Budrich, S. 361-377.

Hartmann, Michael (2004): Elitesoziologie. Eine Einführung. Frankfurt /M. : Campus.

Hradil, Stefan (2005): Soziale Ungleichheit in Deutschland. 8. Aufl. Wiesbaden: VS Verlag.

Jacobsen, Heike (2010): Strukturwandel der Arbeit im Tertiarisierungsprozess. In: Böhle, Fritz / Voß G. G. / Wachtler Günther (Hg.): Handbuch Arbeitssoziologie. Wiesbaden: VS, S. 203–228.

Kast, Fritz (2006): „Denn wer hat, dem wird (dazu) gegeben, und er wird im Überfluss haben…" - bildungsschicht- und regionsspezifische Besuchsquoten des Gymnasiums (Sekundäranalyse der Volkszählungsdaten). In: Erziehung und Unterricht 2006 (3-4), S. 236–263.

Keller, Reiner (2010): Kompetenz-Bildung: Programm und Zumutung individualisierter Bildungspraxis. Über Möglichkeiten einer erweiterten Bildungssoziologie. In: Thomas Kurtz und Michaela Pfadenhauer (Hg.): Soziologie der Kompetenz. Wiesbaden: VS (Wissen, Kommunikation und Gesellschaft. Schriften zur Wissenssoziologie.), S. 29–48.

Krais, Beate: Geschlechterverhältnis und symbolische Gewalt. In: Gunter Gebauer und Christoph Wulf (Hg.): Praxis und Ästhetik. Neue Perspektiven im Denken Pierre Bourdieus. Frankfurt am Main: Suhrkamp, S. 208–250.

Kreckel, Reinhard (2004): Politische Soziologie der sozialen Ungleichheit. 3. erweiterte. Frankfurt am Main: Campus.

Kurtz, Thomas (2002): Berufssoziologie. Bielefeld: Transcript.

Lange-Vester, Andrea; Teiwes-Kügler, Christel (2006): Die symbolische Gewalt der legitimen Kultur. Zur Reproduktion ungleicher Bildungschancen in Studierendenmilieus. In: Werner Georg (Hg.): Soziale Ungleichheit im Bildungssystem. Eine empirisch-theoretische Bestandsaufnahme. Konstanz: UVK, S. 55–92.

Löw, Martina (2006): Einführung in die Soziologie der Bildung und Erziehung. 2., durchgesehene Auflage. Opladen: Barbara Budrich (Einführungstexte Erziehungswissenschaft, 8).

Meuser, Michael (1998): Geschlecht und Männlichkeit. Soziologische Theorie und kulturelle Deutungsmuster. Opladen: Leske + Budrich, S. 89-104.

Mieg, Harald (2003): Problematik und Probleme der Professionssoziologie. In: Harald Mieg und Michaela Pfadenhauer (Hg.): Professionelle Leistung - Professional Performance. Positionen der Professionssoziologie. Konstanz: UVK, S. 11–48.

Münch, Richard (2008): Globale Eliten, lokale Autoritäten. Politik unter dem Regime von Pisa, McKinsey, Disney & Co. Frankfurt am Main: Suhrkamp.

Pfadenhauer, Michaela; Sander, Tobias (2010): Professionssoziologie. In: Georg Kneer und Markus Schroer (Hg.): Handbuch Spezielle Soziologien. Wiesbaden: VS, S. 361–378.

Ribolits, Erich (2009): Bildung ohne Wert. Wider die Humankapitalisierung des Menschen. Wien: Löcker.

Solga, Heike (2005): Meritokratie - die moderne Legitimation ungleicher Bildungschancen. In: Peter A. Berger und Heike Kahlert (Hg.): Institutionalisierte Ungleichheiten. Wie das Bildungswesen Chancen blockiert. Weinheim, München: Juventa (Bildungssoziologische Beiträge), S. 19–38.

Solga, Heike (2009): Bildungsarmut und Ausbildungslosigkeit in der Bildungs- und Wissens-gesellschaft. In: Rolf Becker (Hg.): Lehrbuch der Bildungssoziologie. Wiesbaden: VS, S. 395–432.

Vester, Michael; v. Oertzen, Peter; Geiling, Heiko; Hermann, Thomas; Müller, Dagmar (2001): Soziale Milieus im gesellschaftlichen Strukturwandel. Zwischen Integration und Ausgrenzung. Frankfurt am Main: Suhrkamp.

Voß, Günter G. (2001): Auf dem Wege zum Individualberuf? Zur Beruflichkeit des Arbeitskraftunternehmers. In: Kurtz, Thomas (Hg.): Aspekte des Berufs in der Moderne. Opladen: Leske + Budrich.

Weber, Max (2005): Wirtschaft und Gesellschaft. Grundriss der verstehenden Soziologie. Frankfurt am Main: Melzer.

Weber, Max (2006): Die protestantische Ethik und der Geist des Kapitalismus. Vollständige Ausgabe. Hg. und eingeleitet von Dirk Kaesler. 2. durchgesehene Aufl. München: Beck.

Literaturverweise Kap. 10 und 11:

Aulenbacher, Brigitte; Dammayr, Maria (2014): Zwischen Anspruch und Wirklichkeit: Zur Ganzheitlichkeit und Rationalisierung des Sorgens und der Sorgearbeit. In: Brigitte Aulenbacher, Birgit Riegraf und Hildegard Theobald (Hg.): Sorge: Arbeit, Verhältnisse, Regime. Care: Work, Relations, Regimes. Sonderband 20 der Zeitschrift Soziale Welt. Baden-Baden: Nomos, S. 125–140.

Aulenbacher, Brigitte; Dammayr, Maria; Décieux, Fabienne (2015): Prekäre Sorge, Sorgearbeit und Sorgeproteste. Über die Sorglosigkeit des Kapitalismus, Sorgearbeit und eine sorgsame Gesellschaft. In: Susanne Völker und Michèle Amacker (Hg.): Prekarisierungen. Arbeit, Sorge u. Politik. Weinheim: Beltz Juventa, S. 59–74.

Aulenbacher, Brigitte; Riegraf, Birgit; Theobald, Hildegard (Hg.) (2014): Sorge: Arbeit, Verhältnisse, Regime. Care: Work, Relations, Regimes. Sonderband 20 der Zeitschrift Soziale Welt. Baden-Baden: Nomos.

Bartholomeyczik, Sabine (2010): Professionelle Pflege heute. Einige Thesen, in: Kreutzer, Susanne (Hg.): Transformationen pflegerischen Handelns. Institutionelle Kontexte und soziale Praxis vom 19. bis 21. Jahrhundert, Göttingen: R&R unipress, 133-153.

Brückner, Margrit (2010): Entwicklungen der Care-Debatte – Wurzeln und Begrifflichkeiten. In: Ursula Apitzsch und Marianne Schmidbaur (Hg.): Care und Migration. Die Ent-Sorgung menschlicher Reproduktionsarbeit entlang von Geschlechter- und Armutsgrenzen. Opladen & Farmington Hills: Barbara Budrich, S. 43–58.

Büchse, Nicolas (2009): Erst Uni, dann Pflege, in: Die ZEIT Nr. 21 vom 14.05.2009, Seite 93, in: http://www.zeit.de/2009/21/Pflegewissenschaft-Buechse [03.01.2011].

Deutemeyer, Melanie / Thieköttter, Andrea (2007): Studienführer Pflege und Gesundheit in Österreich. Ein Beitrag zur Professionalisierung durch Akademisierung, Wien: Facultas.

Dunkel, Wolfgang; Weihrich, Margit (2010): Arbeit als Interaktion. In: Fritz Böhle, G. Günter Voß und Günther Wachtler (Hg.): Handbuch Arbeitssoziologie. Wiesbaden: VS Verlag für Sozialwissenschaften, S. 177–200.

Gottschall, Karin (2008): Soziale Dienstleistungen zwischen Informalisierung und Professionalisierung – oder: der schwierige Abschied vom deutschen Erbe sozialpolitischer Regulierung; in: Arbeit, 17, 4, 254–265.

Hable, Johann (2010): Pflegenotstand in Sicht, in: Gewerkschaft Öffentlicher Dienst, http://www.goed.at/16309.html [06.01.2011].

Heller, Andreas (1993): Universitäre Pflegeforschung in Österreich. Die Abteilung Pflegeforschung des Instituts für Pflege- und Gesundheitssystemforschung der Johannes Kepler Universität Linz, in Wien, in: Seidl, Elisabeth (Hg.): Betrifft: Pflegewissenschaft. Beiträge zum Selbstverständnis einer neuen Wissenschaftsdisziplin, (Reihe: Pflegewissenschaft heute, Bd.1), Wien/München/Bern: Verlag W. Maudrich, 61-74.

Kälble, Karl (2005): Die ‚Pflege' auf dem Weg zur Profession? Zur neueren Entwicklung der Pflegeberufe vor dem Hintergrund des Wandels und der Ökonomisierung im Gesundheitswesen, in: Eurich, Johannes / Brink, Alexander / Hädrich, Jürgen / Langer, Andreas / Schröder, Peter (Hg.): Soziale Institutionen zwischen Markt und Moral. Führungs- und Handlungskontexte, Wiesbaden: VS Verlag für Sozialwissenschaften, 215-245.

Kammer für Arbeiter und Angestellte für Oberösterreich (2012): Frauenmonitor 2012. Arbeiterkammer OÖ. Die Lage der Frauen in Oberösterreich, Linz.

Klinger, Cornelia (2013): Krise war immer… Lebenssorge und geschlechtliche Arbeitsteilungen in sozialphilosophischer und kapitalismuskritischer Perspektive. In: Erna Appelt, Brigitte Aulenbacher und Angelika Wetterer (Hg.): Gesellschaft. Feministische Krisendiagnosen. Münster: Westfälisches Dampfboot, S. 82–104.

Kohlen, Helen / Kumbruck, Christel (2008): Care-(Ethik) und das Ethos fürsorglicher Praxis, in: Forschungszentrum für Nachhaltigkeit der Universität Bremen (Hg.): artec-Paper, Nr. 151, Bremen, in: http://www.artec.uni-bremen.de/files/papers/paper_151.pdf [02.10.2010].

Krampe, Eva-Maria (2009): Emanzipation durch Professionalisierung? Akademisierung des Frauenberufs Pflege in den 1990er Jahren: Erwartungen und Folgen. Frankfurt

Lazarus Newsletter (2009): Das "2in1 Modell Pflege"; in: Lazarus Newsletter. Österreichs Fachzeitschrift für Gesundheits-, Kranken- und Altenpflege, 24, 4, 2-4

Mayer, Hanna (2007): Pflegeforschung anwenden. Elemente und Basiswissen für Studium und Weiterbildung. Wien: Facultas.

Mayer, Hanna (2010): „Verwissenschaftlichung" der Pflege – Chance zur Emanzipation?. Ein Diskurs aktueller Entwicklungen unter professionsspezifischem und feministischem Blickwinkel, in: Appelt, Erna / Heidegger, Maria / Preglau, Max / Wolf, Maria A. (Hg.): Who Cares? Betreuung und Pflege in Österreich. Eine geschlechterkritische Perspektive, Innsbruck/Wien/Bozen: StudienVerlag, 41-51.

Pfadenhauer, Michaela / Sander, Thomas (2010): Professionssoziologie, in: Kneer, Georg / Schroer, Markus (Hg.): Handbuch spezielle Soziologien, Wiesbaden: VS Verlag für Sozialwissenschaften, 361–378.

Schnabl, Christa (2005): Gerecht sorgen. Grundlagen einer sozialethischen Theorie der Fürsorge. Freiburg: Herder.

Seidl, Elisabeth (2010): Die Abteilung Pflegeforschung im Zentrum der Wissenschaftsentwicklung. Zahlen – Fakten – Daten im Überblick, in: Schnepp, Wilfried / Walter, Ilsemarie (Hg.): Multikulturalität in Pflege und Gesellschaft. Zum 70. Geburtstag von Elisabeth Seidl, Wien/Köln/Weimar: Böhlau, 237-246.

Seidl, Elisabeth (1994): Zukunftsperspektiven – Zukunftsträume der Pflege in Österreich, in: dies. / Zapotoczky, Klaus (Hg.): Pflegewissenschaft – eine universitäre Aufgabe, Linz: Trauner, 215-217.

Senghaas-Knobloch, Eva (2008): Care-Arbeit und das Ethos fürsorglicher Praxis unter neuen Marktbedingungen am Beispiel der Pflegepraxis, Berliner Journal für Soziologie, 18/2, 221–243.

Wetterer, Angelika (2002): Arbeitsteilung und Geschlechterkonstruktion, „Gender at Work" in theoretischer und historischer Perspektive, Konstanz: UVK.

Wetterer, Angelika (1995): Die soziale Konstruktion von Geschlecht in Professionalisierungsprozessen, Frankfurt/New York: Campus.

Internet:

ÖGKV – Österreichischer Gesundheits- und Krankenpflegeverband (2008): Bundesgesetz über Gesundheits- und Krankenpflegeberufe, in: http://www.oegkv.at/index.php?id=2986 [06.01.2011].

Lechner, Martin (2007): Soziale Arbeit zwischen Wirtschaftlichkeit und Menschlichkeit. Festvortrag beim 75-jährigen Jubiläum von Solidaris am 25.09.2007 in München, in: http://www.solidaris.de/publikationen/fachinformationen/download/75_Jahre_Solidaris_Muenchen_25.9.2007_Lechner.pdf [02.10.2010].

ÖGKV – Österreichischer Gesundheits- und Krankenpflegeverband (2011): Informationen zum Thema Pflegegeldeinstufung durch den Gehobenen Dienst für Gesundheits- und Krankenpflege, in:http://www.oegkv.at/fileadmin/docs/Pflegegeld/aktualisiert_Pflegegeld_07092011.pdf [13.04.2012].

UMIT – Private Universität für Gesundheitswissenschaften, Medizinische Informatik und Technik

(o. J./a): Pflegewissenschaft, Bachelor-Studium-Pflegewissenschaft, in: http://www.umit.at/page.cfm?vpath=departments/pflege/studium&studium=162&abschluss=bakk&expanddiv=subStudiumItem180 [03.01.2011].

(o. J./b): kombistudium pflege – linz, in: http://www.umit.at/page.cfm?vpath=departments/pflege/informationsnachmittag/kombistudium_linz [03.01.2011].

(o. J./c): bakkalaureat-arbeiten. Studienjahr 2009/2010, in: http://www.umit.at/page.cfm?vpath=departments/pflege/publikationen/bachelor_arbeiten&expanddiv=subDeptItem166 [03.01.2011].

(o. J./d): Pflegewissenschaft, Master-Studium-Pflegewissenschaft, in: http://www.umit.at/page.cfm?vpath=departments/pflege/studium&studium=162&abschluss=mag&expanddiv=subStudiumItem180 [03.01.2011].

Literaturverzeichnis

Abels, Heinz (2007): Einführung in die Soziologie. Band 1: Der Blick auf die Gesellschaft. 3. Aufl. Wiesbaden: VS.

Adorno, Theodor W. (1993): Einleitung in die Soziologie. (1968). Hg. von Christoph Gödde. Frankfurt am Main: Suhrkamp.

Adorno, Theodor W. (1997a): Was bedeutet: Aufarbeitung der Vergangenheit. In: ders.: Gesammelte Schriften, Bd. 10.2. Hg. v. Rolf Tiedemann. Unter Mitarbeit von Gretel Adorno, Susan Buck-Morss und Klaus Schultz. Frankfurt am Main: Suhrkamp, S. 555-572.

Adorno, Theodor W. (1997b): Zur Bekämpfung des Antisemitismus heute. In: Theodor W. Adorno: Gesammelte Schriften, Bd. 20.1. Hg. v. Rolf Tiedemann. Unter Mitarbeit von Gretel Adorno, Susan Buck-Morss und Klaus Schultz. Frankfurt am Main: Suhrkamp, S. 361–383.

Allmeninger, Jutta / Aisenbrey, Silke (2002): Soziologische Bildungsforschung. in: Tippelt, Rudolf (Hg.): Handbuch Bildungsforschung. Wiesbaden: VS Verlag, S. 41 - 60

Altrichter, Herbert; Heinrich, Martin; Soukup-Altrichter, Katharina (Hg.) (2011): Schulentwicklung durch Schulprofilierung? Zur Veränderung von Koordinationsmechanismen im Schulsystem. Wiesbaden: VS Verlag für Sozialwissenschaften.

Atzmüller, Roland (2009): Krise und Transformation der Arbeitsteilung. Politische und ideologische Aspekte der Veränderung der Ware Arbeitskraft. In: Alex Demirovic, Stephan Adolphs und Serhat Karakayali (Hg.): Das Staatsverständnis von Nicos Poulantzas. Baden-Baden: Nomos Verlag, S. 133-150.

Aulenbacher, Brigitte; Dammayr, Maria (2011): Denktraditionen und aktuelle Strömungen der Soziologie. Arbeitsmaterialien zur Vorlesung und zum Proseminar. Eigendruck der Johannes Kepler Universität, Institut für Soziologie.

Bacher, Johann; Paseka, Angelika (2006): Leistungsdifferenzen von Mädchen und Buben. In: Günter Haider und Claudia Schreiner

(Hg.Innen): Die PISA-Studie. Österreichs Schulsystem im internationalen Wettbewerb. Wien: Böhlau, S. 220-227.

Baumgart, Franzjörg (2009): Soziale Selektion in der Hochschule - Stufung, Modularisierung, Kreditierung auf dem Prüfstand. In: Barbara Friebertshäuser, Markus Rieger-Ladich und Lothar Wigger (Hg.): Reflexive Erziehungswissenschaft. Forschungsperspektiven im Anschluss an Pierre Bourdieu. 2., durchges. und erw. Aufl. Wiesbaden: VS, S. 307–320.

Beck, Ulrich (1986): Risikogesellschaft. Auf dem Weg in eine andere Moderne. Frankfurt am Main: Suhrkamp.

Becker, Gary (1993): Human Capital Revisited. In: Gary Becker (Hg.): Human Capital. A Theoretical and Empirical Analysis with Special Reference to Education. 3. Aufl. Chicago: The University of Chicago Press, S. 15–26.

Becker, Rolf (2009): Bildungssoziologie - Was sie ist, was sie will, was sie kann. In: Rolf Becker (Hg.): Lehrbuch der Bildungssoziologie. Wiesbaden: VS, S. 9–34.

Becker, Rolf (2010): Soziale Ungleichheit von Bildungschancen und Chancengerechtigkeit - eine Reanalyse mit bildungspolitischen Implikationen. In: Rolf Becker und Wolfgang Lauterbach (Hg.): Bildung als Privileg. Erklärungen und Befunde zu den Ursachen der Bildungsungleichheit. 4. Aufl. Wiesbaden: VS, S. 161–190.

Becker, Rolf; Lauterbach, Wolfgang (Hg.) (2010): Bildung als Privileg. Erklärungen und Befunde zu den Ursachen der Bildungsungleichheit. 4. Aufl. Wiesbaden: VS.

Becker, Rolf; Schubert, Frank (2006): Soziale Ungleichheit von Lesekompetenzen. Eine Matching-Analyse im Längsschnitt mit Querschnittsdaten von PIRLS 2001 und PISA 2000. In: Kölner Zeitschrift für Soziologie und Sozialpsychologie 58 (2), S. 253-284.

Boudon, Raymond (1974): Education, opportunity, and social inequality. Changing prospects in Western society. New York: Wiley.

Bourdieu, Pierre (1988): Homo academicus. Frankfurt am Main: Suhrkamp.

Bourdieu, Pierre (1993): Über die „scholastische Ansicht". In: Gebauer, Gunter; Wulf, Christoph (Hg.): Praxis und Ästhetik. Neue Perspektiven im Denken Pierre Bourdieus. Frankfurt am Main: Suhrkamp, S. 341-356.

Bourdieu, Pierre (2001): Wie die Kultur zum Bauern kommt. Über Bildung, Schule und Politik. Hg. von Margareta Steinrücke. Hamburg: VSA (Schriften zu Politik & Kultur, 4).

Bourdieu, Pierre (2002): Das Elend der Welt. Zeugnisse und Diagnosen alltäglichen Leidens an der Gesellschaft. [Nachdr.]. Konstanz: UVK.

Bourdieu, Pierre (2010): Sozialer Sinn. Kritik der theoretischen Vernunft. Frankfurt am Main: Suhrkamp.

Bourdieu, Pierre; Passeron, Jean-Claude (1971): Die Illusion der Chancengleichheit. Untersuchungen zur Soziologie des Bildungswesens am Beispiel Frankreichs. Stuttgart: Ernst Klett.

Bourdieu, Pierre; Boltanski, Luc; de Saint Martin, Monique; Maldidier-Pargamin, Pascale (1981): Titel und Stelle. Über die Reproduktion sozialer Macht. Frankfurt am Main: Europäische Verlagsanstalt.

Brater, Michael (2010): Berufliche Bildung. In: Fritz Böhle, G. Günter Voß und Günther Wachtler (Hg.): Handbuch Arbeitssoziologie. Wiesbaden: VS, S. 805–840.

Breen, Richard; Goldthorpe, John H. (1997): Explaining Educational Differentials. Towards a Formal Rational Action Theory. In: *Rationality and Society* 9, 1997 (3), S. 275–305.

Breit, Simone; Schreiner, Claudia 2006: Sozioökonomische Herkunft und Schulleistung. In: Günter Haider und Claudia Schreiner (Hg.Innen): Die PISA-Studie. Österreichs Schulsystem im internationalen Wettbewerb. Wien: Böhlau, S. 196-204.

Budde, Jürgen; Scholand, Barbara; Faulstich-Wieland, Hannelore (2008): Geschlechtergerechtigkeit in der Schule. Eine Studie zu Chancen, Blockaden und Perspektiven einer gender-sensiblen Schulkultur. Weinheim: Juventa.

Clark, Burton R. (1960): The "Cooling-Out" Function in Higher Education. In: *The American Journal of Sociology* 65, May 1960 (6), S. 569–576.

Clark, Burton R. (1998): Creating entrepreneurial universities. Organizational pathways of transformation. Oxford ;, New York: IAU Press by Pergamon Press.

Dahrendorf, Ralf (1965): Bildung ist Bürgerrecht. Plädoyer für eine aktive Bildungspolitik. Hamburg: Nannen.

Ditton, Hartmut; Krüsken, Jan (2006): Der Übergang von der Grundschule in die Sekundarstufe I. Zeitschrift für Erziehungswissenschaft 2006 (3), S. 348-371.

Enzelberger, Sabina (2001): Sozialgeschichte des Lehrerberufs. Gesellschaftliche Stellung und Professionalisierung von Lehrerinnen und Lehrern von den Anfängen bis zur Gegenwart. Weinheim: Juventa.

Erikson, Robert; Jonsson, Jan O. (1996): Explaining Class Inequality in Education: The Swedish Test Case. In: Robert Erikson und Jan O. Jonsson (Hg.): Can Education Be Equalized? Boulder: Westview Press, S. 1–63.

Esping-Andersen, Gøsta (1991): The three worlds of welfare capitalism. Cambridge: Polity Press.

Fend, Helmut (1981): Theorie der Schule. 2., durchges. Aufl. München [u.a.]: Urban & Schwarzenberg.

Fraser, Nancy (2001): Die halbierte Gerechtigkeit. Schlüsselbegriffe des postindustriellen Sozialstaats. Frankfurt am Main: Suhrkamp.

Geiger, Theodor (1930): Erziehung als Gegenstand der Soziologie. in: Die Erziehung. 5. Jahrgang. Heft 7, S. 405 – 427

Goldschmidt, Dietrich (1967): Bildungsplanung und Bildungsforschung. in: Oertzen, P. v.: Festschrift für Otto Brenner. Frankfurt: Europäische Verlagsanstalt. S. 447-463

Gomolla, Mechtild (2006): Fördern und Fordern allein genügt nicht! Mechanismen institutioneller Diskriminierung von Migrantenkindern und -jugendlichen im deutschen Schulsystem. In: Auernheimer, Georg (Hg.): Schieflagen im Bildungssystem. Die Benachteiligung der Migrantenkinder. 2., überarbeitete und erweiterte Aufl. Wiesbaden: VS, S. 87-102.

Gomolla, Mechthild; Radtke, Frank-Olaf (2009): Institutionelle Diskriminierung. Die Herstellung ethnischer Differenz in der Schule. 3. Aufl. Wiesbaden: VS.

Gruhlich, Julia / Weber, Lena / Binner, Kristina / Dammayr, Maria (Hg.): Soziologie im Dialog. Kritische Denkanstöße von Nachwuchswissenschaftler_innen. Berlin: LIT

Hadjar, Andreas; Becker, Rolf (2009): Erwartete und unerwartete Folgen der Bildungsexpansion in Deutschland. In: R. Becker (Hg.): Lehrbuch der Bildungssoziologie. Wiesbaden: VS, S. 195–214.

Hadjar, Andreas / Rothmüller, Barbara (2016): "Chancengleichheit und Leistungsmotiv in der Bildungspolitik: Die Debatten um die Gesamtschule am Beispiel Luxemburgs." In: *Austrian Journal of Political Science* 45(1), S. 51-64. (Online: http://oezp.univie.ac.at/index.php/zfp/article/view/1092/1178)

Hillmann, Karl-Heinz (2007): Wörterbuch der Soziologie. 5., vollständig überarbeitete und erw. Stuttgart: Kröner.

Hillmert, Steffen (2010): Soziale Ungleichheit im Bildungsverlauf: zum Verhältnis von Bildungsinstitutionen und Entscheidungen. In: Becker, Rolf; Lauterbach, Wolfgang (Hg.) (2010): Bildung als Privileg. Erklärungen und Befunde zu den Ursachen der Bildungsungleichheit. 4. Aufl. Wiesbaden: VS, 79-106.

Horkheimer, Max; Adorno, Theodor W. (1969): Dialektik der Aufklärung. Philosophische Fragmente. Frankfurt am Main: Fischer.

Hurrelmann, Klaus (Hg.) (1974): Soziologie der Erziehung. Weinheim, Basel: Beltz

Institut für Sozialforschung (1956): Soziologische Exkurse. Nach Vorträgen und Diskussionen. 3. Aufl. Frankfurt am Main: Europäische Verlagsanstalt (Frankfurter Beiträge zur Soziologie, 4).

Kahlert, Heike (2010): Bildungs- und Erziehungssoziolgie. in: Kneer, G. / Schroer, M. (Hg.): Handbuch Spezielle Soziologien. Wiesbaden: VS Verlag, S. 67 - 84

Kant, Immanuel (1913 [1784]): Beantwortung der Frage: Was ist Aufklärung? Immanuel Kants Werke. Band IV. Schriften von 1783–1788. Herausgegeben von Dr. Artur Buchenau und Dr. Ernst Cassirer. Berlin: Bruno Cassirer, S. 167–176.

Kant, Immanuel (1999): Grundlegung zur Metaphysik der Sitten. Mit einer Einleitung hg. von Bernd Kraft und Dieter Schönecker. Hamburg: F. Meiner.

Kast, Fritz (2006): „Denn wer hat, dem wird (dazu) gegeben, und er wird im Überfluss haben…" - bildungsschicht- und regionsspezifische Besuchsquoten des Gymnasiums (Sekundäranalyse der Volkszählungsdaten). In: *Erziehung und Unterricht*, 2006 (3-4), S. 236–263.

Keller, Reiner (2010): Kompetenz-Bildung: Programm und Zumutung individualisierter Bildungspraxis. Über Möglichkeiten einer erweiterten Bildungssoziologie. In: Thomas Kurtz und

Keller, Carsten; Schöller, Oliver (2002): Autoritäre Bildung. Bildungsreform im Zeichen von Standortwettbewerb und neuen Eliten. In: Uwe Bittlingmayer, Rolf Eikelpasch, Jens Kastner und Claudia Rademacher (Hg.): Theorie als Kampf. Zur politischen Soziologie Pierre Bourdieus. Opladen: Leske + Budrich, S. 381–414.

Kneer, Georg; Schroer, Markus (Hg.) (2010): Handbuch Spezielle Soziologien. Wiesbaden: VS Verlag

Koller, Hans-Christoph (2009): Zur Zeitstruktur biographischer Bildungsprozesse. In: Vera King und Benigna Gerisch (Hg.): Zeitgewinn und Selbstverlust. Folgen und Grenzen der Beschleunigung. Frankfurt, M, New York, NY: Campus, S. 183–201.

Kopp, Johannes (2009): Bildungssoziologie. Eine Einführung anhand empirischer Studien. Wiesbaden: VS.

Korte Hermann / Schäfers Bernhard (Hrsg.) (1993): Einführung in Spezielle Soziologien. Opladen: Leske und Budrich

Krais, Beate (2003): Perspektiven und Fragestellungen der Soziologie der Bildung und Erziehung. In: Barbara Orth, Thomas Schwietring und Johannes Weiss (Hg.): Soziologische Forschung. Stand und Perspektiven: ein Handbuch. Opladen: Leske + Budrich, S. 81–93.

Krautz, Jochen (2007): Ware Bildung. Schule und Universität unter dem Diktat der Ökonomie. Kreuzlingen/München: Diederichs.

Kretschmann, Claudia (2008): Studienstrukturreform an deutschen Hochschulen: Soziale Herkunft und Bildungsentscheidungen. Eine empirische Zwischenbilanz zum Bologna-Prozess. Göttingen: SOFI.

Krüger, Heinz H,; Rabe-Kleberg, Ursula et al. (Hg.) (2011): Bildungsungleichheit revisited. Bildung und soziale Ungleichheit vom Kindergarten bis zur Hochschule. Wiesbaden: VS Verlag

Kupfer, Antonia (2011): Bildungssoziologie. Theorien - Institutionen - Debatten. Wiesbaden: VS Verlag für Sozialwissenschaften.

Lange-Vester, Andrea; Teiwes-Kügler, Christel (2006): Die symbolische Gewalt der legitimen Kultur. Zur Reproduktion ungleicher Bildungschancen in Studierendenmilieus. In: Werner Georg (Hg.): Soziale Ungleichheit im Bildungssystem. Eine empirisch-theoretische Bestandsaufnahme. Konstanz: UVK, S. 55–92.

Leven, Ingo; Schneekloth, Ulrich (2010): Die Freizeit. Sozial getrennte Kinderwelten. In: World Vision Deutschlang e.V. (Hg.): Kinder in Deutschland 2010. 2. World Vision Kinderstudie. Frankfurt am Main: Fischer, S. 95-140.

Leschinsky, Armin; Mayer Karl Ulrich (1999): Comprehensive Schools and Inequality of Opportunity in the Federal Republic of Germany. in: The Comprehensice School Experiment Revisited: Evidence from Western Europe. Frankfurt. S. 29-39

Liessmann, Konrad Paul (2006): Theorie der Unbildung. Die Irrtümer der Wissensgesellschaft. Wien: Zsolnay.

Löw, Martina (2006): Einführung in die Soziologie der Bildung und Erziehung. 2., durchgesehene Auflage. Opladen: Barbara Budrich (Einführungstexte Erziehungswissenschaft, 8).

Luhmann, Niklas; Schorr, Karl-Eberhard (1982): Das Technologiedefizit der Erziehung und die Pädagogik. In: dies. (Hg.): Zwischen Technologie und Selbstreferenz. Fragen an die Pädagogik. Frankfurt am Main: Suhrkamp, S. 11-40.

Mangold, Werner (1978): Zur Entwicklung der Bildungssoziologie in der Bundesrepublik Deutschland. in: Bolte, Karl M. (Hg.): Materialien aus der soziologischen Forschung. Darmstadt: Druck- und Verlagsgesellschaft. S. 209 - 265

Müller, Walter; Mayer, Karl U. (1976): Chancengleichheit durch Bildung? Untersuchungen über den Zusammenhang von Ausbildungsabschlüssen und Berufsstatus. Gutachten und Studien der Bildungskommission. Stuttgart.

Müller-Benedict; Volker (2007): Wodurch kann die soziale Ungleichheit des Schulerfolgs am stärksten verringert werden? In: KZfSS 59, 2007 (4), S. 615–639.

Müller-Schöll, Nikolaus (2008): Die Zukunft der Universität. In: Ulrike Haß und Nikolaus Müller-Schöll (Hg.): Was ist eine Universität? Schlaglichter auf eine ruinierte Institution. Bielefeld: Transcript, S. 125–150.

Münch, Richard (2008): Globale Eliten, lokale Autoritäten. Politik unter dem Regime von Pisa, McKinsey, Disney & Co. Frankfurt am Main: Suhrkamp.

Nickel, Sigrun (2007): Partizipatives Management von Universitäten. Zielvereinbarungen – Leitungsstrukturen – Staatliche Steuerung. München/Mering: Rainer Hampp.

Niederbacher, Arne; Zimmermann, Peter (2011): Schulische Sozialisation über den ‚heimlichen Lehrplan'. In: dies.: Grundwissen Sozialisation. Einführung zur Sozialisation im Kindes- und Jugendalter. 4., überarbeitete und aktualisierte Aufl. Wiesbaden: VS, S. 106-110.

Pechar, Hans (2005): Internationale Fallstudien zum Hochschulzugang. In: Zeitschrift für Hochschuldidaktik, Dezember 2005 (06), S. 53–65.

Pfadenhauer, Michaela (2003): Professionalität. Eine wissenssoziologische Rekonstruktion institutionalisierter Kompentenzdarstellungskompetenz. Opladen: Leske + Budrich.

Pfadenhauer Michaela (Hg.) (2010): Soziologie der Kompetenz. Wiesbaden: VS (Wissen, Kommunikation und Gesellschaft. Schriften zur Wissenssoziologie.), S. 29–48.

Pfadenhauer, Michaela / Sander Tobias (2010): Professionssoziologie. in: Kneer, G. / Schroer, M. (Hg.): Handbuch Spezielle Soziologien. Wiesbaden: VS Verlag, S. 361 - 378

Prisching, Manfred (2008): Bildungsideologien. Ein zeitdiagnostischer Essay an der Schwelle zur Wissensgesellschaft. Wiesbaden: Verlag für Sozialwissenschaften.

Roth, Gerhard (2011): Bildung braucht Persönlichkeit. Wie Lernen gelingt. Stuttgart: Klett-Cotta

Rothmüller, Barbara (2011): Chancen verteilen. Ansprüche und Praxis universitärer Zulassungsverfahren. Wien: Löcker Verlag.

Rothmüller, Barbara (2012): Sozialwissenschaft und der Glaube an den Sinn des Spiels. Pierre Bourdieu über die sozialen Bedingungen sozialwissenschaftlicher Arbeit und Kritik. In: Gruhlich, Julia / Weber, Lena / Binner, Kristina / Dammayr, Maria (Hg.): Soziologie im Dialog. Kritische Denkanstöße von Nachwuchswissenschaftler_innen. Berlin: LIT, S. 175-196.

Ribolits, Erich (2009): Bildung ohne Wert. Wider die Humankapitalisierung des Menschen. Wien: Löcker.

Schedler, Kuno; Proeller, Isabella (2009): New Public Management. 4. Aufl. Bern, Stuttgart: UTB.

Schimank, Uwe (2005): Die akademische Profession und die Universitäten: "New Public Management" und eine drohende Entprofessionalisierung. In: Thomas Klatetzki und Veronika Tacke (Hg.): Organisation und Profession. Wiesbaden: VS (Organisation und Gesellschaft), S. 143–164.

Schönig, Werner; Farhauer, Oliver (2004): Bildungsförderung, Verteilungspolitik und soziale Durchlässigkeit. In: Aus Politik und Zeitgeschichte, 2004 (28), S. 17-23.

Solga, Heike (2009): Bildungsarmut und Ausbildungslosigkeit in der Bildungs- und Wissensgesellschaft. In: Rolf Becker (Hg.): Lehrbuch der Bildungssoziologie. Wiesbaden: VS, S. 395–432.

Sommerkorn, Ingrid N. (1993): Soziologie der Bildung und Erziehung. in: Korte Hermann / Schäfers Bernhard (Hrsg.): Einführung in Spezielle Soziologien. Opladen: Leske und Budrich

Spitzer, Manfred (2010): Medizin für die Bildung. Ein Weg aus der Krise. Heidelberg: Spektrum

Statistik Austria (2011): Bildung in Zahlen. Schlüsselindikatoren und Analysen. Wien

Stellungnahmen zum NQR:
http://www.bmwf.gv.at/startseite/studierende/studieren_in_oesterre ich/nqr/stellungnahmen (Stand: 6.3.2012)

Stichweh, Rudolf (1994): Wissenschaft, Universität, Professionen. Soziologische Analysen. Frankfurt am Main: Suhrkamp.

Stojanov, Krassimir (2011): Bildungsgerechtigkeit. Rekonstruktion eines umkämpften Begriffs. Wiesbaden: VS.

Taschner, Rudolf (2012): Beendet Bologna! In: Die Presse, 5.1.2012.

Tippelt, Rudolf (Hg.) (2002): Handbuch Bildungsforschung. Wiesbaden: VS Verlag

Vester, Michael (2006): Die ständische Kanalisierung von Bildungschancen. Bildung und soziale Ungleichheit zwischen Boudon und Bourdieu. In: Werner Georg (Hg.): Soziale Ungleichheit im Bildungssystem. Eine empirisch-theoretische Bestandsaufnahme. Konstanz: UVK, S. 13–54.

von Humboldt; Wilhelm (1967): Ideen zu einem Versuch, die Grenzen der Wirksamkeit des Staats zu bestimmen. Stuttgart: Reclam.

Weiss, Hilde (2006): Bildungswege der zweiten Generation in Österreich. In: Barbara Herzog-Punzenberger (Hg.in): Bildungsbe/nach/teiligung in Österreich und im internationalen Vergleich. KMI Working Paper 10/2006. Wien: Kommission für Migrations- und Integrationsforschung der ÖAW, S. 27-39.

Wroblewski, Angela (2006): Handicap Migrationshintergrund? Eine Analyse anhand von PISA 2000. In: Barbara Herzog-Punzenberger (Hg.in): Bildungsbe/nach/teiligung in Österreich und im internationalen Vergleich. KMI Working Paper 10/2006. Wien: Kommission für Migrations- und Integrationsforschung der ÖAW, S. 40-49.

Anhang: Textauszug

aus: Dahrendorf, Ralf (1965): Bildung ist Bürgerrecht. Plädoyer für eine aktive Bildungspolitik. Hamburg: Nannen.

„Die überzeugende Begründung einer aktiven Bildungspolitik kann nun – so möchte ich behaupten und argumentieren – nur in Anknüpfung an den Gedanken eines Bürgerrechts auf Bildung erfolgen. Das klingt zunächst nebelhaft und idealistisch. Aber so wie die scheinbar handfesten Motive des Wirtschaftswachstums, der Anpassung an sozialen ‚Druck', des internationalen Vergleichs, des Bedarfs sich bei näherer Betrachtung verflüchtigen, so läßt sich das scheinbar flüchtige Motiv einer Bildungspolitik im Interesse menschlicher Rechte genau und bestimmt fassen." (Dahrendorf 1965: 22)

„Die Verfassungsartikel, aus denen sich eine aktive Bildungspolitik entwickeln läßt, müßten lauten:

1. Jeder Mensch hat ein Recht auf eine intensive Grundausbildung, die ihn befähigt, von seinen staatsbürgerlichen Rechten und Pflichten wirksamen Gebrauch zu machen.

2. Jeder Mensch hat ein Recht auf eine seiner Leistungsfähigkeit entsprechende weiterführende Ausbildung.

3. Es ist die Pflicht der staatlichen Instanzen, dafür Sorge zu tragen, daß diese Rechte ausgeübt werden können.

Das Bürgerrecht auf Bildung hat wenigstens drei Aspekte, die zwar alle demselben Prinzip entspringen, sich aber nicht eindeutig in eine Formel fassen lassen. Das Bürgerrecht auf Bildung ist zunächst ein soziales Grundrecht aller Bürger, das gleichsam den Fußboden absteckt, auf dem jeder Staatsbürger stehen darf und muß, um als solcher tätig zu werden. Dieses Recht ergänzt die anderen großen Bürgerrechte vor dem Gesetz und im Staate. Es hat in der allgemeinen Schulpflicht seine erste konkrete Gestalt gefunden und ist seither ständig durch neue Inhalte ergänzt worden. Dieser Prozeß der Ergänzung wird nie abgeschlossen sein (...).

*Der zweite Aspekt des Bürgerrechts auf Bildung betrifft die Chancen-
gleichheit in jenem rechtlichen Sinne, in dem dieser Begriff zumeist
gemeint ist. Es darf keine systematischen Bevorzugungen oder Benach-
teiligungen bestimmter Gruppen auf Grund leistungsfremder Merkmale wie Herkunft oder wirtschaftliche Lage geben.*

*Aber die umwälzende Kraft des Bürgerrechtes auf Bildung liegt in sei-
nem dritten Aspekt. Rechtliche Chancengleichheit bleibt ja eine Fiktion,
wenn Menschen auf Grund ihrer sozialen Verflechtungen und Ver-
pflichtungen nicht in der Lag sind, von ihren Rechten Gebrauch zu machen. Wer seine Kinder zwar auf die höhere Schule schicken darf, aber
durch den Kenntnis- und Wunschhorizont seiner sozialen Lage – als
Katholik etwa, oder als Arbeiter, als Dorfbewohner – gar nicht auf den
Gedanken kommt, dies auch zu tun, ist ein sehr abstrakter Staatsbürger, ein Staatsbürger der Theorie, doch nicht der Realität. Daß jede
Chance zwei Seiten hat, die der objektiven Möglichkeit – der Erlaubnis
– und die der subjektiven Möglichkeit – der Fähigkeit –, ist ein Gedan-
ke, der fast so alt ist wie die modernen Verfassungen, die dennoch
immer wieder Menschen Dinge erlauben, ohne sie in die Lage zu ver-
setzen, ihre Rechte auch auszunutzen. Das Recht aller Bürger auf Bildung nach ihren Fähigkeiten bliebe daher unvollständig ohne das Zer-
brechen aller ungefragten Bindungen, also dem Schritt in eine moderne Welt aufgeklärter Rationalität. Um dieses Bürgerrecht zu garantieren, reicht auch die beste Verfassung nicht; hier ist vielmehr Politik
nötig."* (ebd.: 23-24)

*„Bildungspolitik in der Bundesrepublik ist also noch längst nicht ein
Mittel, um das Leben der Menschen angenehmer und reicher zu machen, sondern vielfach noch immer ein Instrument, um Menschen die
Teilnahme am Leben der Gesellschaft überhaupt zu ermöglichen."*
(ebd.: 24f.)

*„Um eine freie Gesellschaft zu errichten und zu erhalten, ist es jeden-
falls unumgänglich, daß jeder Mensch Bürger sein darf im Sinne der
rechtlichen Chancen, und Bürger sein kann im Sinne der sozialen Reali-
täten. Hier hat das Bürgerrecht auf Bildung seinen Sinn für die Ord-*

nung einer Gesellschaft, der das größte Glück der größten Zahl über alles geht." (ebd.: 25)

„Aber das Bürgerrecht auf Bildung wird von vielen zur formalen Chancengleichheit verkürzt und dadurch um seinen Elan gebracht. Als materiale Chancengleichheit, genauer als Lösung der Menschen aus zugeschriebenen Bindungen und Befreiung zu eigener Entscheidung, ist das Prinzip der Bürgerrechte zugleich virulent und konkret. Gewiß handelt es sich um ein Werturteil, begründet in bestimmten Vorstellungen von den Zielen und Formen der richtig geordneten Gesellschaft. Aber wenn dieses Werturteil schon ein Bekenntnis bedeutet, so hat es doch praktische Konsequenzen. Mehr als die zweifelhaften Motive der internationalen Konkurrenz, des ‚Druckes' von unten und des wachsenden Bedarfs befähigt dieses Prinzip uns, Prioritäten der Bildungspolitik zu setzen und Maßstäbe zu gewinnen, um zu entscheiden, was nötig und was überflüssig, was jetzt und was später zu tun ist." (ebd: 26-27)

Zeitfracht Medien GmbH
Ferdinand-Jühlke-Straße 7
99095 Erfurt, Deutschland
produktsicherheit@kolibri360.de